OPEN 是一種人本的寬厚。
OPEN 是一種自由的開闊。
OPEN 是一種平等的容納。

木村泰賢
新大乘運動思想觀

根本佛教解脫道論

木村泰賢——著
江燦騰——主編
釋依觀——譯

目次

第三章　龍樹之前的大乘佛教

（西元一世紀至三世紀）

第二篇　大乘佛教思想文化在東亞的開展

第八章　本願思想的開展及其道德的、文化的、宗教的意義

第三篇 現代視野下的大乘解脫道之溯源與開展

附錄

近百年來最貼近木村泰賢治學理念之書

——《根本佛教解脫道論》導讀

江燦騰／臺北城市科技大學榮譽教授

一

這本新編《根本佛教解脫道論》是由我與譯者依觀比丘尼長期合作，將木村本人畢生佛學精華重編，成為堪稱最接近他本人生前未能親自完成的一本書——有關根本佛教解脫道論新體系詮釋著作。之所以取名新編《根本佛教解脫道論》的原因，意在取代木村泰賢過世後，才由其門下匆促為《木村泰賢全集第六冊．大乘佛教思想論》一書的內容。

此因直到木村逝世之前，甚至連已完成多年的《阿毘達磨佛教思想論》[1]的書稿，都尚未出版，所以不可能有出版《大乘佛教思想論》一書的預定計畫。

可是，在他猝死後，為了出版一套六冊本的《木村泰賢全集》，所以在出版第五冊的《小乘佛教思想論》時，為求體系完整，全集編輯委員便委其幾位親近門人將木村已出版，並曾一度造成大轟動的佛學暢銷書——《印度佛教哲學思潮》、《邁向解脫之道》、《從真空到妙有》三書，分別摘錄出

1. 編按：木村泰賢門人為其出版全集時列為第五冊並命名為《小乘佛教思想論》，繁體中文版由臺灣商務印書館於二〇二〇年六月出版。

一些性質各異的篇章，並匆促編成一本不具木村獨特批判性的新佛教論書《大乘佛教思想論》。因此，當全集再版時，甚至連非常自負的宮本正尊博士，在其擔任《大乘佛教思想論》一書的導讀時，其所撰全文除了先暢論木村的學風與宮本自身過去學術觀點之外，其餘主體的論述內容，只順著《大乘佛教思想論》的既成內容及其前後出現順序，分別依次概述其各章的內容要點而已。可以說完全未考慮到如此編排是否合乎木村生平學術的主要取向？

然而，據我所知，木村一九二一年出版其《原始佛教思想論：特別注意有關大乘佛教思想的淵源》一書時，在其前序中，曾提及他的書中論述，深受當時東大名教授姉崎正治博士不久前出版的《根本佛教》一書新成果的重大影響。

之後又因他在書中曾吸收姉崎正治博士首度翻譯的德國哲學家叔本華核心著作《作為意志與表象的世界》一書的「盲目意志」概念，並將其類比原始佛教緣起論中，關於佛教「無明」概念本質內核的新詮釋，因而在其後數年甚至一度引起重大的有關原始佛教緣起論的認知爭辯大風暴。

所以，其逝世後門人所編全集中的《原始佛教思想論》[2]書末，新增一篇〈附錄：原始佛教緣起觀之開展（特就赤沼、宇井、和辻諸位教授所說而論）〉，這是木村生前已發表的答辯質疑與反駁對手的經典論文。因此，公平地說，這其實是在木村逝世後，對其原有書中論述觀點，再次進行平衡陳述的一種合宜的補救做法。

可是如今，我們若再度翻開此《大乘佛教思想論》一書內容，並將其與前述三書（《印度佛教哲學思潮》、《邁向解脫之道》、《從真空到妙有》）的原來內容對照，會立刻發現：凡是涉及木村生前引爆的有關其詮釋盲目意志與佛教無明的相關論文，且曾收錄於《邁向解脫之道》這本木村最暢銷的名著者，都一概被編輯者剔除而未納入。

如此，便導致連木村最具原創性的佛學觀點，也一概無法用來貫串《大乘佛教思想論》一書的詮釋學體系。於是此書若不改變其內容的話，則將只能被列入一本現代佛學觀點的無特色著作而已，根本不足以代表木村最具原創性的佛學觀點之所在。

我之所以會發心與依觀比丘尼共同合作、重編此書，就是基於想去除現有的各種書中不妥之處，並重新納入原《邁向解脫之道》書曾被刪除的內容，使木村最具原創性的佛學觀點，能夠如實的再度呈現世人面前。

另外，我們新增一篇過去從未編入《木村泰賢全集》的〈佛陀的女性觀〉，當作全書的附錄。如此，我便能再進一步調整其全書的各章順序，並成功建構出新編《根本佛教解脫道論》這樣嶄新的全書詮釋體系。

因此，我甚至敢於自比為木村生平佛學思想詮釋的當代臺灣唯一的百年知音。相信讀者讀過之後，應該不會認為我是過於自誇才對！？

再者，我又認為，新編《根本佛教解脫道論》的內容，其實也是承繼木村的追隨者——姉崎正治於一九一〇年出版其劃時代著作《根本佛教》後，由木村所著的另一本新型現代佛學名著亦將問世。

有關這一論述主張的根據為何？本文稍後會有進一步解說，而擬先就新編《根本佛教解脫道論》的內容，與其與前述三書（《印度佛教哲學思潮》、《邁向解脫之道》、《從真空到妙有》）的原來

2.編按：繁體中文版由臺灣商務印書館於二〇一九年一月出版。

出版的學術史，在下一節中略作必要的溯源解說。

二

我們若稍加回顧即知，木村泰賢於一九三〇年五月十六日凌晨三點猝死後，除有當時日本佛教學者及其東京帝大印度哲學科的眾多授業門隸參與喪禮之外，在當年七月的《宗教研究》第七卷第四號，也有「木村教授追悼號」刊載，距離他去世還不到二個足月。

而據我所知，「木村教授追悼號」各文，應該也是迄今最權威的木村生平與其學術成就的各家評論文獻，所以本文在撰述時，會經常加以引述。

其中，尤以當時同樣隸屬東京帝大印度哲學科的常盤大定博士，所發表的評論最為持平與最全面概括，且其文內還有如下段落的綜合評價：

木村是印度哲學界的一大慧星。其綿延數十里的光芒劃破夜空，教壇十九年，行年五十，猝然結束其一生，然其業績足堪刮目者甚多。木村善於應用大藏經的資料，又大成六派哲學之研究，其成果超越泰西學界，對於原始佛教，給予新的形式與內容，因而喚起現代學界的注意，進而又爲傳譯以來幾乎被束之高閣的阿毘達磨佛教注入新的生命，故有斯學第一人之稱。

木村的長處在於其組織力特強，善於整理如亂麻之教義，並給予清新之體系。予以發表時，其筆致既明晰又饒富趣味，可說是意到筆隨。

木村是頗有見解的學者，筆力之外，又具辯力；智力之外，又兼具熱情；由於具有熱情，故勇氣十足、由於勇氣十足，故不只是書齋中的人，而是不斷地留意思想界的趨勢，時不時，還立於街頭作獅子吼。

出身於困厄的木村對於前輩甚是謙恭，對於後輩，學術指導之外，還具有所謂無微不至的同情心。

（引自常盤，〈故木村教授之構成力〉，載《宗教研究》第七卷第四號）

但是，這些評論仍欠缺關於新編《根本佛教解脫道論》的內容，以及其與前述三書的出版學術史溯源性的直接解說線索。

相對於此．姉崎正治是最理解木村的，他當時評論提到：

（前略）作爲一名學者的木村其研究成果，若就材料之蒐集而言，可說是木村專擅，故其眼界弘廣，且著眼明敏。至於在彙整材料與論點時，木村是依其思想予以陶冶整理，進而以條理清晰且犀利的筆調呈現。就能使其思想與現實生活接軌，又能活用學問，且其豁達性格因其明敏判斷而完全呈現而言，他是一名思想家。……而如此的性格，如此的思想，正是木村所說的新大乘運動之意，也是新大乘運動之力。若是如此，是否可以說其思想生活是其人之生命，是其人之血，因而參預於社會運動？

（引自姉崎，〈追懷木村泰賢〉，載《宗教研究》第七卷第四號）

由此可知，木村被其視為「新大乘運動」的「思想家」，應是沒有疑義的。因此，我們也可以認定，現在這本新編《根本佛教解脫道論》的內容，同樣也是木村生平最大治學動力，亦即就是他在建構有關「新大乘運動」的解脫道行動綱領。

可是，有關前述三書的原來出版的學術史溯源性解說線索，他仍然未能直接點明。於是，以下本文擬改從木村原先發表各書的年代及其相關學術背景來理解。

三

首先，有關一九二八年出版的《印度佛教哲學思潮》，原是收在當年由岩波書局出版的《世界思潮》一書的頁七到頁四四。直到一九三〇年五月十六日猝死之後，其恩師高楠順次郎博士，於當年八月初旬，匆促為木村編出一本新書《印度哲學佛教思想史》，交由東京甲子社書房出版，並有高楠所寫的短序。

此書共收有上篇的「印度哲學思想史」、下篇的「印度佛教思想史」、以及作為附錄的「印度佛教與瑜伽哲學的交涉」共三篇。

其中，附錄「印度佛教與瑜伽哲學的交涉」全文，在之後另編六冊版《木村泰賢全集》時，移到第四冊《阿毘達磨論之研究》[3]一書，構成其第二部第五章內容。至於下篇的「印度佛教思想史」全文，則被納入《木村泰賢全集》第六冊《大乘佛教思想論》的本論第一篇內容。

因此，在我新編的《根本佛教解脫道論》一書中，也同樣納入全書的本論第一篇。

至於有關木村於一九二四年出版其所有著作之中，最暢銷與最具社會思想影響力的《邁向解脫之道》一書，原是木村晚年親自編輯的有關其「新大乘運動」的解脫道行動綱領建構的第一本著作。出版後，一時各方佳評如潮，隨即多次再版，堪稱締造日本現代佛學著作空前未有的出版盛況。

可是，一九二九年，亦即木村英年猝死前一年，正當要出版繼其大受歡迎與狂銷的《邁向解脫之道》之後，另一本相關系列著作《從真空到妙有》時，恰逢其身體狀況不佳，無法親自進行全書編輯。所以先由甲子書房的老闆筒井春香，代為搜集未出版成書的各論文。

其次，負責整理其全部論文材料，並且還訂正和修改其論文缺失的，是其最親信的資深女助理正木春枝，代為執筆。

最後，幫忙其校對全書文稿的人，則是其東京帝大印度哲學科的畢業生文學士坂本幸男負責。

至於木村本人，當時因嚴重的眼疾，所以主治醫師嚴禁他親自執筆與校稿。因此《從真空到妙有》是由他人代編代校的，他只是點頭同意而已。

但是，從《從真空到妙有》出版後，到木村猝死之前，未出版與未發表的稿件，除《阿毘達磨佛教思想論》外，尚有一篇名稱是〈部派佛教中的分別上座部之地位及其宗義〉新論文。之後這篇論文，先是在《宗教研究》第七卷第四號「木村教授追悼號」上的刊出，之後再收入《木村泰賢全集》第四冊《阿毘達磨論之研究》的第二部第一章。

以上所述，就是有關前述三書的原來出版學術史的第一步溯源解說。

3. 編按：繁體中文版由臺灣商務印書館於二〇一八年二月出版。

四

但是，為何木村會在一九二四年出版其所有著作之中，最暢銷與最具社會思想影響力的《邁向解脫之道》一書呢？

推測其目的，很可能如前所述，原是擬作為有關其「新大乘運動」的解脫道行動綱領建構的第一本著作才寫的。然而，為何會有《邁向解脫之道》的論述構想呢？究竟其背後原因為何？

透過比對當時日本佛學著作的出版狀況，正常的情況之下，先出版其作為授課教材的《阿毘達磨佛教思想論》的書稿才合理。但出人意料的，他先於一九二四年出版其《邁向解脫之道》一書。這當中的關鍵轉折點是出現在何處？

而此一解謎之道，我們別無他法可以突破，同樣還是必須再次比對當時日本佛學著作的出版狀況來觀察才行。

於是，在日本國會圖書館的大量藏書中，我們再度發現如下的相關新出版線索——

首先是，來自西洋佛教學者中，與木村研究部派佛教論書思想，最接近的普仙教授，曾於一九一六年出版其通論性著作《邁向涅槃之道》一書，此書一出，立刻獲得當時西方學術界高度的評價。當時此書尚無日譯本，但木村應該知道此書。

更何況，在此之前，早有姉崎正治於一九一〇年時，即已出版其全部佛學著作精華彙編的《根本佛教》一書，並確曾對於木村關於原始佛教思想與部派佛教思想的文獻批判學研究，產生過巨大的衝擊與深遠影響，就像木村所曾敘述過那樣。因此，木村才會分別於一九二二年四月出版其《原始佛教思想論》，以及同年十一月又出版其博士論文《阿毘達磨論之研究》。

而此兩書，又可視為是奠基於《根本佛教》一書的論述基礎。於是木村在其出國深造時，才會又重新改寫並增補了其最新學術發現而成。因此，木村一躍而成當時東京帝大印度哲學第一講座教授，亦即晉升為此領域研究的日本學界首席權威。

但是，我們也發現，幾乎與木村撰述此兩書的略晚時期，日本佛教哲學研究者新銳鈴木文助，亦於一九二三年出版其《解脫之哲學》一書，並有當時佛教學權威椎尾辨匡文學博士為其校閱及其撰序推崇。

因而，木村也在隔年（一九二四），立即出版類似之前影響他的著作——姉崎著《根本佛教》及普仙著《邁向涅槃之道》——此二書合體的新通論性論集《邁向解脫之道》一書。結果，木村此新著出版後，立刻一鳴驚人，馬上呈現空前暢銷的盛況，並且也直接遮蓋住前一年才出版《解脫之哲學》一書的鈴木文助之新銳學術光芒。

之後，由於受此新風潮的巨大影響，於是一九二六年，普仙的英文版原著《邁向涅槃之道》，便由木村善堯譯成日文本，交由東京的甲子社書房出版。木村善堯在其譯序中，明白提及翻譯的動機，實是受木村泰賢先前出版《邁向解脫之道》一書，大獲成功的影響所致。

之後，東京的甲子社書房又於一九二九年出版木村生前的最後一本書《從真空到妙有》。可見，從姉崎一九一〇年著《根本佛教》一書，對於木村的深刻影響，到木村生前的最後一本書《從真空到妙有》的出版，其間各書是前後相互激盪的。

而且，此一情況，也正如一九一六年橘惠勝出版其《佛教心理之研究》之後，木村立刻參考戴維斯夫人的南傳佛教心理學研究的成果，也陸續發表其相關研究新論文。之後，再分別或由他者編入木村逝世後才出版的《阿毘達磨論之研究》一書的第二部內容；或由木村自己於生前納入《阿毘達磨佛教思想論》一書初稿的第二部各章內容，並建構成為其研究部派佛教心理學的開創性論述。所以其相關外緣的當代影響是不能被忽略的。

五

在解說上述與木村出版其相關著作的時代學術背景之後，相信本書讀者已稍可理解，有關新編《根本佛教解脫道論》的內容，與前述三書的原來出版的學術史，彼此存在著密切關連性。於是接著，我們便必須再繼續解說，有關新編取名《根本佛教解脫道論》，即是奠基於木村的追隨者姉崎正治博士劃時代著作——《根本佛教》的另一新形態的現代經典名著。這一論述主張的相關根據為何問題。

但是，除非先對《根本佛教》全書內容，所涉及的相關思想論述，有其一定程度的理解，否則上述主張即難逃過於武斷的負面批評。因此，我們在此分別解說如下：

其一、雖然根據姉崎本人在《根本佛教》一書的自序中，提及此書是：「意圖在從來的佛教研究之上所不曾有過的，亦即藉由巴利佛典與漢譯三藏的對照，探討作為宗教的佛教以及佛陀弘化的真面目。此一信念，即是撰此《根本佛教》一書之由來。對於佛陀的探討，基於與此相同的見地與研究，筆者先前已出版《現身佛法身佛》一書。至於該書所用的材料，加以整理之後，係以“*Four Buddhist Agamas in Chinese*”之名出版。本書與此二書有密不可分的關係，因此，若有意對筆者的研究與見解作更進一步了解，敬請參照此二書。」

其二、在此之前，一八九八年姉崎正治除應聘在日本東京大學擔任講師，講授《比較宗教學》之外，又出版日本第一本《印度宗教史考》，充分利用十九世紀後期三十年間西方古印度宗教文學史各種最新著作的成果，建構出吠陀時代宗教史、佛教從印度到亞洲的傳播史、印度教發展史的系統完整綱目。

其三、更重要的是，姉崎在其前言自序中，呈現意圖翻轉東亞佛教學者或各佛教宗派僧侶，長期以來一直囿於以佛教作為印度宗教正統派的背離史實詮釋觀點，於是清楚交代當時西方各國著名研究印度宗教史各階段，從而佛教的崛起與發展歷程也納入印度宗教全史的架構中來理解，及其展開各領域最新研究成果的代表性著作或代表性學者。因此，這是劃時代的新東亞批判性宗教史學詮釋的轉折點。

其四、當東京帝大文學士姉崎開始出版其日本第一本《印度宗教史考》，充分利用十九世紀後期三十年間西方古印度宗教文學史各種最新著作的成果時，寫出印度宗教史的新體系，不只使姉崎本人的新詮釋架構很快形成當時日本印度宗教與印度佛教思想的變革新研究主流；就連姉崎本人的後續研究，在之後的十年內所出版的著作如：《佛教聖書史論：大乘經典之成立及其批評問題》（東京：經世書院，一九〇〇）、《上世印度宗教史考》（東京：博文館，一九〇一）、《現身佛與法身佛》（東京：文榮閣，一九〇四）、《根本佛教》（東京：博文館，一九一〇），也可以說，全都在同樣的新詮釋建構下，逐步進行一次又一次的深刻文獻對比批判。

其五、同時也逐步建構出更明晰的佛教思想開展與其所源自的早期印度宗教思想、或在印度教經義書寫梵文化及其教勢大復興時代對於大乘佛教經論形成的相互滲透狀況。

其六、但是在一九〇〇年，姉崎正治出版其明治時期現代形態的佛經批判學著作《佛教聖書史論：大乘經典之成立及其批評問題》的作法，值得在此稍加說明。

因姉崎在其書序的解說之外，還在書的最後把十九世紀中葉費迪南德．克里斯蒂安．鮑爾（Ferdinand Christian Baur，一七九二～一八六〇年）《牧者書簡論》一書與富永仲基的《出定後語》並列為學習典範。

這是歷來首次如此兩書內容對照。因此，顯示姉崎正治新型翻轉的宗教文獻批判學，本質上是與十九世紀中葉，由黑格爾左派開啟的「基督教聖經批判學」風氣密切關聯。

其七、姉崎正治便在其《佛教聖書史論：大乘經典之成立及其批評問題》序言上，直接清楚宣稱，他其實是想效法鮑爾的所作所為；或師法日本前輩中，最具批判性的富永仲基在《出定後語》所曾主張大乘非佛說的先例，同樣也能開啟日本批判佛教聖書的新學風。

其八、姉崎正治在一九〇四年出版其博士論文著作《現身佛與法身佛》之後，不但將叔本華的根本著作《作為意志與表象的世界》，陸續譯成日文版出版，又綜合以上各書相關參考文獻及其對於印度宗教史新詮釋學，於一九一〇年出版其生平最高佛教詮釋體系的《根本佛教》一書。

而此書也是姉崎正治的最後一本佛教哲學思想著作，並由追隨他研究進路的後起之秀木村泰賢，再次沿著他所經歷從《印度宗教史考》到《根本佛教》一書的詮釋歷程，出版他的著作——從第一本合著《印度哲學宗教史》到其生前出版的最後一本書《從真空到妙有》的詮釋歷程。

其九、但是，如今我們很訝異的發現，姉崎正治的《根本佛教》一書，過去都被誤解成是在詮釋佛陀傳道時代的佛教解脫思想，亦即是比木村的《原始佛教思想論》更為原始階段的佛教解脫思想。

其實，《根本佛教》一書的詮釋學內涵，是用當時「最新比較宗教學」的角度，溯源早於佛教出現的婆羅門奧義書的宗教解脫哲學思想，及其對於佛陀所開創的原始佛教四聖諦與八正道的深刻影響，並以此作為全體佛教思想的根本基礎，歷經「部派佛教的論書」的思想詮釋，再過渡到「大乘佛教各宗派主要經典」的一貫思想傳承與更弘大的思想內涵。

這就是為何我們認為，此一新編著作的內容，為何稱其為《根本佛教解脫道》的原因。

六

但是，新編《根本佛教解脫道》的內容，自有其本身的優越性與更具當代性佛教解脫思想的特色，所以我們以下也對此部分略加解說。而首先我從其新的編輯結構和其新詮釋體系的真貌為何來理解：

其一、新編《根本佛教解脫道》全書的內容，共分五大部分，除導論的〈現代佛教學術研究方法學綜合解說〉之外，在本論方面共分三大篇：第一篇「大乘佛教思想史」、第二篇「大乘佛教思想文化在東亞的開展」、第三篇「現代視野下的大乘解脫道之溯源與開展」，另有新增的附錄一篇〈佛陀的女性觀〉。

其二、可以認定，新編《根本佛教解脫道》的內容，正是木村生平最大治學動力；亦即就是在建構有關『新大乘運動』的解脫道行動綱領。

其三、相對於新編《根本佛教解脫道》的內容，原先收入《木村泰賢全集》第六冊《大乘佛教思想論》的全書內容，共分為四大部分，除緒論〈佛教的研究方法及其方針〉外，第一篇「印度佛教思想史」、第二篇「大乘佛教教理論」、第三篇「大乘佛教實踐論」。

其中，與新編《根本佛教解脫道》的內容巨大差異，出現在兩者的第二篇與第三篇的內容與排序。例如新編《根本佛教解脫道》的第三篇內容，是以原木村的《邁向解脫之道》內容，作為全書第三篇的主要內容；而其第二篇，則是從《大乘佛教思想文化在東亞的開展》，來重新調整原《大乘佛教思想論》第二篇「大乘佛教教理論」的並列式各章，改成依次呈現且各章互相連貫的「大乘佛教思想文化在東亞的開展」之各種內涵。

其四、不過，有關緒論提及的，曾廣泛地涉及現代佛學的研究方法與相關批判思辨態度，局部與整體的搭配之間，乃至從歷史研究、教理研究和現代社會實踐之間，如何擇取與思考的大原則問題。

他在一九二六年七月，於甲子社曾出版小冊子《佛教研究的大方針》，都有最詳盡的解說。此小冊子是木村前一年在東京都芝區增上寺所舉辦的第一屆東亞佛教大會上所發表的，有關現代東亞佛學研究方法學的主題演說全文。而這是木村在一九二六年九月初完成其《阿毘達磨佛教思想論》全部書稿之前的力作。所以，不難透過此文來了解木村如何從事現代佛學研究的精華思考真相。

其五、至於附錄的〈佛陀的女性觀〉，是預備用來呈現原始佛教時期的釋尊提出的開明佛教女性觀，縱使放在「現代視野下的大乘解脫道之溯源與開展」的社會脈絡下來應用，也不會過於落伍或閉塞。

其六、此外，從原《大乘佛教思想論》的內容中，也抽出幾章未收，例如第三篇「大乘佛教實踐論」的第二、六、七、八共四章內容，因其與新編《根本佛教解脫道》的全書詮釋體系，略有重複出現或過於蔓延者，所以預備放在新增的另本新編木村其他論文集出版。但，目前全書尚未完成編輯。

七

最後必須提的是，戰後臺灣最早譯出中譯本《大乘佛教思想論》的是，在一九五三年時，由香港來臺灣新竹市青草湖靈隱寺擔任「新竹佛教講習會」佛學教師的釋演培比丘所翻譯出來，並公開發行迄今。

但，由於釋演培比丘其實是一九五二年時，才首度來臺灣，除教導佛學課程之外，也在竹市青草湖靈隱寺，同時向在「新竹佛教講習會」擔任日文課程的老師關凱圖居士持續學習閱讀日文。

在此機緣之下，又因一九五三年夏季暑假，他曾應釋如學比丘尼之邀，去南投碧山巖講授短期佛學課程，恰好又發現戰前，曾留日並畢業於日本曹洞宗私立駒澤大學佛學科的釋如學比丘尼，所購置的日文版木村泰賢《大乘佛教思想論》一書。於是，他在短期佛學課程結束之後，立即向釋如學比丘尼借其書，一回到新竹市青草湖靈隱寺，便常抽空勤奮閱讀，並開始嘗試翻譯成中譯本。

他邊譯邊請教關凱圖居士，有關書中疑難之處，前後共費時九個月，終於譯成全書二十五萬字出版。但此書翻譯與出版，長期存在四大美中不足之處：

其一、刪去書中緒論，〈佛教的研究方法及其方針〉全文未翻譯。

其二、全書的陳述語句非常生硬而不流暢，所以常無法正確呈現日文版木村泰賢《大乘佛教思想論》的精闢流暢論述涵義。

其三、凡是木村泰賢《大乘佛教思想論》所涉及的有關西洋哲學著作或哲學家等專有名詞，幾乎都用中文近似同音字含混譯出，所以非常費解，甚至錯誤連連。

其四、釋演培比丘除了在日版的《木村泰賢全集》的各冊編輯序言中，讀到一點木村泰賢《大乘佛教思想論》相關簡略出版資訊之外，基本上不清楚《大乘佛教思想論》其實是由木村另外出版的三冊著作，摘錄相關章節粗糙組合而成的。

因而，我才力邀釋依觀比丘尼合作，她負責翻譯，我負責全書新編重組，現在這本新編《根本佛教解脫道》的全書內容，不但完全修訂了釋演培比丘中譯本，所出現的四大美中不足之處，甚至比日版《大乘佛教思想論》的內容編排以及相關學術史溯源解說，這本新編《根本佛教解脫道》更能精確反映出木村畢生佛學精華。

因此，我們可以認為，讀者若有此一新編《根本佛教解脫道》一書在手，則其便於閱讀理解的程度，遠勝現今臺灣各佛教道場流行的幾種艱澀難懂的佛學名著。希望讀者不要輕易錯過！

緒論　現代佛教學術研究方法學綜合解說

第一節✦明治以來至大正時代佛教研究的現狀

自明治以來，佛教的研究有長足進步。尤其近來，在種種方面，出色的學者輩出，佛教的研究遂更為深廣，就斯學而言，實是慶事。雖可視為此乃是跟隨一般學問進展的自然趨勢，但不外於也是近來各宗大學設備逐漸完整，公立大學的所謂印度哲學講座逐漸充實，並且一般人對於佛教之研究也逐漸產生興趣所導致。加之，西方國家的東洋學者，尤其是佛教學者所採用的批評兼具細心的研究法，對於國內佛教學界給予強烈刺激等等，相對地皆使佛教的學術研究更為興盛。

從而在成果上，對於種種問題皆予以注目，可以說簡直是德川時代的佛教學者等夢想所不及。尤其佛教歷史方面的研究乃是近代佛教學趨勢，從而在此一方面，有諸多可觀的研究成果陸續被發表。

的確，佛教的研究是大為興盛。但剋實言之，此僅只是單方面的觀察。若從另一方面看來，現今的佛教卻是處於窒礙難行的狀態。此因往昔的俱舍學、唯識學、天台學、華嚴學等基於分科的訓詁學研究法，逐漸背離時代，但新研究法的根本方針尚未確立；加之，學問研究的常態是隨著研究逐漸趨向細微精緻，對於全體的注意力也趨於散漫，如此導致無論作如何區劃、以何等方針進行研究，都難以視為是澈底研究佛教全體之道。如此一來，學者或基於興趣，或基於必要，對於種種部門或種種題目進行研究，雖有相當成果，但對於自己是以何等方針進入佛教學的何等部門，以及對於全體的研究，此具有何等意義完全不在意。換言之，可以說僅是安於零零散散的片段研究，此即是佛教學界的現狀。

從而學者之間往往彼此欠缺理解，僅各自進行一己之研究，更且堅執某一題目某一方針為是，以他為非，如此的現象絕對不少見。最為顯著的例子是對於研究方法，古式訓詁學者與新式自由研究家之間，在研究法上存在著爭議。雖是古式學者逐漸凋零，新式學者終見獲得勝利，但不能忽視的是，同樣以新式學者自居的人仍不免其弊。

以大乘為主而進行研究者，視原始佛教及小乘佛教的研究者為迂腐而輕蔑之；反之，原始佛教以及小乘佛教的研究者，譏笑大乘佛教的研究者為粗雜；著重於歷史考證者，非難從事教理組織之研究的人過於草率；專門研究教理者，則貶稱考證派是拾枯葉之手。如是等等，因於不同立場而輕視他人所學，乃是佛教學界的現狀。當然，如此的爭議未必是公開的，但至少存在於私底下的談論等等之中，此乃斯學的研究者親所見聞。從而對於佛教學，意圖進行較新研究的人往往迷失方針，難以決定其研究態度，也是自然之理。

基於如此現狀，目前最為為難的是各宗的大學。此因各宗大學其設立主要目的，在於以各自的宗學為中心，對於佛教全體，是以具有權威且富含有效性的探究為其理想，但如前所述，研究的方針不能確定，對於如何才能達其目的甚感困惑。往昔對於教科只是簡單的區分成宗學、餘乘學，以各種古典作為教科書，對此等進行極為簡單探究，完全與進步的佛教學沒有交涉。因此在佛教學上，不僅不能獲得有權威的知識，如此古式的研究，其應用也極為狹隘，在佛教思想的弘揚上，恐是助益不大。

若是如此，如何進行才是具有權威，且富於有效性？如前所述，若不立其研究大方針，則無法徹底解決教科的配置、授業的方法進行等問題。如是，不得已之下，採取新舊交替暫且予以敷衍的，乃是各宗大學佛教探究的現狀。其結果是，相較於其他輔助學科，學生對佛教的課程興趣缺缺。因此在知識方面，或在信念涵養方面，不能達到預期效果，也是不能避諱的事實。

佛教的研究雖然盛行，但從某種意義而言，卻是停滯不前，吾人觀察的理由實在於此。

若是如此，如何打開此一局面？此當然是大問題。尤其是對於各種狀況，若欲一一就其研究方針與方法等探究，則非一朝一夕得以解決。而且最後的問題，往往是歸結於人與金錢，可是此兩者的問題又完全超脫吾人此次所欲論述的研究主題。但無論如何，從理想的立場而言，若不以某種方式、若不確立根本大方針、若不揭出其所據，則隆盛的佛教研究終究不能獲得大效果，此乃筆者最引以為憂的。如是，筆者所作的種種規畫固然尚未成熟，未能予以具體解決，所述極為粗略，但筆者相信未必毫無所用，故在此斗膽提出，敦請識者賜教，祈願真正的方策因此得以樹立，此即是筆者撰述此文之所以。

第二節◆關於預備知識或參照學科

雖總說為佛教，然其範圍涉及多方面，其文獻也極為廣泛，此固然無庸贅言。從而為進行全體研究，作為正當理解與批判的準備，需要種種預備知識，而且也有必要參照種種學科。因此，由此述之。

首先就語言觀之，佛教文獻中最為完備的，當然是《漢文大藏經》。作為佛教的研究者，當然有必要熟悉漢文，但漢文佛經主要是翻譯自梵文，無論術語，或表現法，乃至在文體上，自成一種特色，因此在通曉一般的漢文之外，更需要通達佛教漢文。基於此義，即使是今日，筆者認為對於代表性的古典佛教研究者仍須具備大致的訓詁學習，種種思想之外，也要通達種種文體，此乃佛教研究上不可欠缺的一種準備。往昔將古典的訓詁研究視為佛教研究之眼目，固然是落伍思想，但就基礎的準備而言，仍有其必要。

但僅依漢文進行研究佛教的時代已然消逝，中國、日本的撰述另當別論。漢文聖典既然大抵譯自梵文以及其他印度語、西域語，就有溯其本源之必要。更且此等原典縱使非其全部，但直至今日仍陸續被發現、整理及出版。在進行佛教研究時，若不以此等為基礎，進而對照漢譯、藏譯，確定其意義，則無法得其根本。從而就此而言，研究佛教——得其根本——語言學的準備，需通曉梵語、巴利語，若有可能，西域的古代方言等也有必要通曉。尤其作為諸多大乘經典之原語的梵語、作為南方佛典之聖語的巴利語，若不能大致通曉，可以說根本沒有論述佛典的資格。在漢譯方面，雖已費盡千言萬語，但僅藉由一冊原典，當下即能完全推翻先前的研究，此一情況並非不存在，故當切記切記。就翻譯而言，漢譯是佔第一位，但此外也有藏語、滿語、蒙古等語的「藏經」，皆各具特色。尤其藏語的「藏經」中，包含諸多原典已佚失，漢譯也不見傳的經論，且其譯文近於直譯，在佛典的研究上，具有次於漢譯的重要地位。從而若有可能，應學習藏語，此在佛教研究的準備語言學上，極為重要。

此等古代語之外，佛教研究的準備語言學上，不可忘記「近代的西洋語」。印度文明的科學性研究，相較於日本，可以說西洋較為盛行。從而對於佛教部門，英、德、法語等的研究成果眾多，幾乎是不勝枚舉。其所影響致使今日的日本佛教學大為進步，此如前述。因此若不參照此等的研究成果，佛教的研究終究無法是世界性的。從而通曉此等的西洋語，在佛教的研究上，與其說是較為方便，不如說時在今日已是不可或缺的一個條件。

如是，就語言學論之，作為佛教研究的學者，本國的語言固然無庸贅言，梵語、巴利語、漢文、藏語、英語、德語與法語的學習都是必要，當然就個人而言，全部通達應是幾近不可能。但就理想而言，還是應有朝此努力的心理準備，實際上，若不通達其中的三、四種，尤其是漢、梵之外，也通達一種西洋語，可以說完全不具有專門研究佛教的資格。此因若不具有此功力，其研究可以說是眼界偏狹，在材料的使用上，過於狹隘，故其成果不能完全。

進而若依學問性質的立場論述其準備的知識或可參照的學科，同樣也是有種種，雖是如此，然今揭其較為主要的如次：

無庸贅言，佛教是宗教，因此為闡明佛教的特質，首先有必要了解何謂宗教？此因若非如此，則無法了解在種種宗教中，佛教占有何等地位。從而基於必要，對於宗教學、宗教史，也應有大略的理解。尤其對於出現於佛教前後的印度各種宗教，更有必要具有深厚的造詣。此因佛教在中國、日本等雖已有特殊發展，然其源頭是在印度，從而其中含蘊諸多與印度其他宗教共通的要素。印度一般的思想若欠缺理解，將無法區別何者是佛教的特殊思想，何者是與一般共通的思想，從而對於佛教的特長或精髓，自然無法完全理解。

佛教不僅是一門宗教，就其所具印度思想之特質而言，也可說是一門哲學。從而哲學性地處理佛教，並闡明其特質，在佛教之研究上，乃是重要的一種方法，至於在進行時，參照西洋哲學當然是極為方便。此因批判的、論理的，是西洋哲學的特長，因此在佛教哲學的研究上應用其方法，正是得以闡明其思想的哲學意義之道。進而佛教的教理中，可以說含有諸多神學的問題，其中與基督教相同題目的，絕對不少。至少作為他山之石，佛教的研究者若能大致了解基督教神學，佛教教理的研究才得以更為精緻，亦即此乃是極為必要的準備。

若是如此，對於佛教作歷史研究時，需要何等準備？有關此一方面，將在第四項論述，現前首應注意的是，培養一般史學研究法的知識。亦即諸如文獻的處理方式、遺跡遺物的鑑定法、年代的確定方法等，舉凡歷史研究的方法皆應學習，並將此應用於佛教歷史的研究之上。佛教中所流傳的史傳，可說是大致的事實與傳說相混而成，因此對於此等，若不培養充分的鑑識能力，真正的佛教史終究不可得。尤其就此而言，最麻煩的是，佛教聖典的成立時代大抵不明。大乘經典等，幾乎無一得以確定其成立年代。在闡明佛教發展史時，若不依據史學研究法，對於一一史料，給予非常緻密的考證，終究不能獲得全面的理解。

上來所揭是有關佛教研究，必須了解的主要知識與學科。但剋實言之，前文所述絕非所有準備既已殆盡。在進行特殊題目之研究時，不可忘記更需特殊的準備。例如研究佛教的心理論時，有必要參照一般的心理學；研究佛教的世界觀時，也有必要比較耆那教與婆羅門教的世界觀；為了研究中國佛教史、中國史之外，對於道教與儒教等也有必要大致理解。總而言之，今後的佛教研究，無論任何部門或題目，應基於最正確的材料，若不盡可能廣泛的從諸多方面得其資助，終究不能得其全貌。新的佛教研究法的特質，實在於此。

但上來所述，並非意味著全部的準備尚未齊全之間，不能進行佛教研究。此因前述的一一事項，縱使是大略的，若就得以應用的程度而言，幾乎是畢生的事業。筆者在此所主張的是，縱使極為困難，但至少應多加用心，須常注意於此，在進行佛教研究時，盡可能的學問正確，並具有廣泛的文化意義。

第三節◆研究的區劃（三大部門）

心理具有上來所述的準備之後，即逐漸進行佛教研究，若是如此，應將此分成幾種部門？細分的話，當然可分成眾多項目。但論其主要的區劃，筆者認為分成三大部門最為恰當——亦即可分成歷史部門、教理部門與實際的部門等三大類。

依據歷史部門闡明佛教發展的次第，依據教理部門論究佛教的宗教哲學意義，依據實際部門研究並確立其作為宗教的實際機能。更且理想上，此三部門相即不離，三者之間應有聯絡，相互支持，可以說是三位一體的進行研究。當然實際言之，此三部門之中，包含有關佛教的所有題目，因此獨自研究其全部將是不可能。但總括來說，理想上，此三部門合一是佛教研究的最高目標，此當切記莫忘。尤其各宗大學等在編制教科時，應改變從來的組織，提出立足於此三部門制之方案，從而亦應以此三部門為基點，揀選各種專家為其教授，筆者相信此乃停滯不前的佛教研究得以打開新頁之所以。此因據此才得以立於全體的基礎之上，作合理的分科，同時也得以開啟鑽研學習其總合精神之方法。更且對於任何部門，其研究方法不可墨守舊習，而應澈底發揮學問的批評精神。得以淨化佛教，增其光彩的推進性研究，在於新的研究精神，此當切記莫忘。

因此，以下稍就在進行前述三大部門的研究時，特需注意之處，略述筆者所見。

第四節◆歷史部門

無庸贅言，佛教自釋尊立教以來，至今業已經過二千五百年，從而無論教理或教勢，當然有種種變遷。而研究此變遷之次第的，即是歷史部門。

若是如此，此一部門可作幾種分類？此中雖可分成種種項目，但就題目的性質而言，分成教勢史與教理史等二大項將是學問性的分類。前者主要是就佛教以外的趨勢，亦即有何等人物出現、彼等有何事蹟，以及教團的分裂、部派的盛衰、傳道的狀態、教團組織以及它與一般文化的關係等等的問題，闡明其間的變遷以及發展次第。反之，後者（亦即教理史）是專就其內在的思想方面，亦即闡明從原始佛教，經由小乘教乃至大乘教，其教理之變遷與開展。當然，實際上作如是區分有其難度，但至少為方便於研究，對於佛教史的研究，有必要分成前述兩大部門。

首先從教勢史觀之。眾所周知，佛教的史料方面，印度所能提供的，可說極其貧乏，反而中國與日本所存較多。雖然如此，但可稱為史傳的，大抵是高僧傳，因此在一般形勢的闡明上，顯然有所缺憾。如是，基於此等材料而提出的從來所謂的佛教史，主要是以僧傳為中心，述說其活動——某一時代有某一高德出世，開創某宗，獲得某一權高位重者尊崇，開創某寺等等，對於此類的事項有較多論述，其他重要事項往往捨棄不顧。亦即有關當時一般思想界與佛教的交涉，因佛教傳來或興起，當時的民族文化有何等變化，政治與佛教的關係如何，進而大至佛教全體隆替之起因，小至教內宗派之起因，如此等等，作為教勢史最為必要的文明史的記載極為貧弱，而此正是從來佛教史的一般形態。當然，藉由一一論究此等事項而觀察佛教大勢，無論材料的蒐集或作判斷，可說非常困難，但總括來說，對此一方面加以注意，乃是教勢史的主要工作。此若忽略之，將是從來的佛教史，進一步言之，將是佛教史家的一大缺憾。此因二千五百年之間，佛教在種種方面具有特色的發展，並非只因於個人的特殊力量，實際上，如前所述，是經由直接或間接的種種事情所促生，因此作為佛教史，若無法闡明此等事情，可以說並沒有真正完成其任務。

所幸近時意圖研究佛教與政治、佛教與經濟、佛教與文學美術、佛教與社會事業等等，與歷史相關的學者漸增，雖只是部分，但就彌補前述缺憾而言，實感大為欣慰。但今後佛教的教勢史研究上，當切記莫忘的是，於綜合此等的研究之外，更須依佛教文化史的立場，以全面的觀察與敘述為中心而進行研究。從而材料上，不應僅侷限於佛教方面，而是廣泛搜索各個方面，凡是與佛教文化史有關的，皆應取之，且予以正確且豐富的研究。

其次是教理史的研究。在明治時代，對於所謂的教理史研究，是指針對一定的論師，以及部派的主張，依其年代順序而進行研究。至於作為其基礎的經典，則完全視為是佛陀親口所說，故用以判斷經典所載之別的，僅基於所謂的「教判論」。今日的學者不再以此研究法為滿足，雖能促使斯學有所進展，但對於今日所見已有千百年發展的經典，尤其大乘經典中的某些經典是佛滅後千年才成立的見解，教界仍未能達成共識。從而所謂的教理史研究，應是對於此等聖典的成立次第予以闡明，並探究此等與部派思想以及論師思想之間的關聯，藉以釐清佛教教理的開展，此乃是斯學研究者共同一致的意見。

若是如此，在進行教理史之研究時，何者應予以注意？首先必須確定何者為原始佛教或根本佛教。此因佛教中雖有所謂的大小、權實、顯密、聖淨等種種區分，然究其本源，則是原始佛教，是故，原始佛教的特質若無法明確，則無法確定各種教理開展的出發點。基於此意，近時對於原始佛教的研究相當盛行，其自身的問題之外，更探究其教理史方面的出發點。第二，在探究種種教理從原始佛教的開展路徑時，當然必須徵於經論文獻，但對於隱藏於其背後的心理論或論理論的經過，也應多加注意。經論上的記載往往只是揭出其結論，若不尋出隱藏於其背後的論理，則其間發展之脈絡恐無法獲得。基於此意，在進行佛教的教理史研究時，需要培養能從文字中發掘其思想的眼識。第三，應予以注意的是，如同前述的教勢史，應闡明當時的思想界與佛教思想的交涉。此因佛教教理的種種發展，孕育自原始佛教之外，承自當代種種思想的，也不在少數，從而若闡明其間的交涉，則得以了解佛教教理開展之所以。

教理史的研究上，有如是種種應注意事項，但在此必須指出的是，對於第二項的應用，尤其日本佛教存在著必須深加考慮的問題。此即應如何確立自家宗派的教理確實是原始佛教之所發展？

從前的宗學大抵是應用相承說與教判說。一般皆主張自己的宗派最契於佛陀本懷，但時至今日，至少就學問的立場而言，若依前文所述理由，無論相承說或教判說皆無法維護其所說。如是，為維持佛陀與大乘諸宗派之間的聯絡，只能從自己宗派的立場探究原始佛教的論理開展，從中尋出其歷史的必然性。但若依據筆者所作研究，此乃是若不施予諸多衝撞，則無法完成的問題。此因表面上看來，原始佛教與行於日本的某些大乘派之間，有非常大的差異存在，但若從內在而言，仍有得以從佛陀的人格，或從佛陀的內證，或從佛陀的說法導出的理由。可嘆的是，日本佛教學界，尤其各宗的大學並不將此視為重大問題。今日各宗大學佛教學教授所呈現的奇觀是，在此課堂中，該宗派的所謂宗學大家對於往昔所傳宗學完全不加絲毫批判，並辯稱無論從相承或從判教言之，我宗乃是佛陀出世本懷之代表；但在另一課堂中，文學士的某教授則在佛教史的課程中，探究大乘教的成立年代。此間的調和之道若不重視，最可憐的莫過於台下聽課的學生。由於不知何所依循，對於宗學遂抱持不信或懷疑之念，之所以如此，追根究柢，無非在於不重視作為調和法的教理史的方法。總括來說，在性質上，今後此一問題乃是取代從前教判論的重大問題，筆者甚至敢如此斷言，對於各宗之宗學，此乃是其生存與否之問題，否則有關大乘教派與世尊的聯絡，終將在只是傳說的批評聲浪中失其立場，此當切記莫忘。

第五節◆教理部門

近來佛教的研究較為興盛的部分，至少就專家所喜好的而言，主要是著重歷史事項的研究，對於教理方面則不甚重視。當然在種種的佛教學校中，仍有俱舍的教理、唯識思想、天台或華嚴的哲學等等的講授。但立於高處，將佛教純粹視為思想的問題，批判性的或組織性的論究此中所含種種題目的風氣，近來不免有大衰之感。從而就佛教雜誌等見之，對於教理的認真評論非常缺乏，先前井上圓了博士撰述《佛教活論》或村上專精博士撰述《佛教統一論》而提振教界氣魄之舉，今已不得重見。此因歷史事項之研究較能確實進行，其成果亦因其事項而較容易舉出，反之，教理問題的處理上，其述說方式必須平凡化，否則將招致種種方面的批評。因此對於教理的研究若僅停留於古典（諸如《俱舍論》、《唯識論》）之探究，不採用新的組織方式予以論究，則斯學的研究絕無可欣景象。佛教學者常自詡在哲學的深度上，佛教是世界第一之宗教，但在現今狀態下，其事實如何證明？今日的佛教研究所呈現的狀態是，雖說是研究佛教，但對於佛教中必須給予解決的種種問題——不論古人是如何論述——皆不能給予任何解答。例如佛教是宗教，此乃萬人周知之事實，但對於「何以佛教是宗教」之問，今日的佛教學者之中，有幾人能給予明確回答？此因對於宗教的定義，宗教學者最常採用的是神與人的人格關係，或者對於宇宙的絕對依憑的感情等等。若依據此一定義，原始佛教與般若系的大乘佛教等，不能說是宗教，從而若欲依循佛教的見地，則有關宗教的定義必須從其他立場，否則佛教中，將有不屬於宗教的流派，但眾多的佛教學者對此卻不作任何考慮。舉例而言，佛教的心理學，在古代的心理考察之中，可說相當卓越，西洋學者如此認定，日本的佛教學者也如此誇口。但若進一步提問，何者是佛教心理學的長處，或許彼等對於五遍行、五別境、大地法或大善地法等所謂心所的說明頗為詳盡，但若從學問的心理學的立場而言，能指出其優缺點，得以為今日的心理學研究提出貢獻的人有多少？

更舉一例言之，佛教採用善惡業說作為其根本教理，因此作為其結論，在意志論上，是決定論；在命運觀方面，則是宿命論，此乃一般人之所認定，實際上對佛教作如此判定的人也不少。但若依據經典所述，佛陀並不是決定論者，也未必是宿命論者，相反的，極端的決定論或宿命論，乃是佛陀之所破斥。若是如此，若問其根據為何？佛陀主要是依實踐論的立場，通常對於理論性的，並不作說明，因此，今日諸多佛教學者不視此為重大問題，但事實上，此一問題的解決，對於佛教而言，乃是很大的問題。此外，佛教中的自力他力論、救濟觀、懺悔論、迷悟論等等，無論教義學或宗教哲學的問題，都是極為重要的問題，但從專家的立場而言，近來就此予以根本性論究的，或許是筆者寡聞所致，至今未曾見聞。對於現代所發生的種種事象，應以佛教精神給予強烈的批判以及給予指導，但在佛學上有深厚造詣的人卻往往三緘其口。當然在眾多的佛教學者之中，多少存有僅埋頭於古典的研究，不觸及時代精神的人，對於此類人士，筆者表示讚嘆，但多數的學者對於作為佛教徒必須解決的問題卻不加以注意的態度，實令人不勝唏噓。佛教中，至少就材料而言，此等問題固然無庸贅言，其實含有解決種種哲學問題的方針。從而佛教學者的通例是，一旦某一主張風行，而佛教中已有類似的思想，頓時辯說佛教早已言及此等。如是，倭鏗（Eucken）、柏格森（Bergson）、泰戈爾（Tagore）、胡塞爾（Husserl）等等之所言，佛教學者認為並不稀奇，但奇怪的是，若是如此，何故不在彼等提出之前，先提出自己的主張？歸根究柢，其因在於眾多佛教學者從來僅遵循先哲所給予的問題及其解決之道，在教理研究方針上，嘗試從教內尋出得以解決近代人疑問的方法欠缺興趣所致。筆者絕不贊成盲目追隨近代的思想化與姑息方法，但至少對於佛教內所包含的種種思想，以及作為當然的義務，對於佛教內必須解決的問題，在題目的選擇上、在處理的方式上，除了沿襲前人之外，還應推前數步，才是真正研究佛教教理之道。

若是如此，立於如此見地，研究佛教教理時，應注意的事項眾多，但主要有如次數項。

一、作為其材料，當然是前項所述的歷史研究，尤其教理史的研究成果，但在作組織性的處理時，必須採用所謂的方法論。究竟是將此視為宗教或視為哲學？總之，必須決定目的、確定範圍、確定出發點、確定論究方法，窮盡論述其問題範圍。但此際特應注意的是——如先前教理史所述——切記莫忘對於思想進展的經過，應給予細心思考。此因佛教的思想極為高遠，尤其某些又特為繁瑣，且往往是略去其思想進行經過，僅揭出其結論，而此進行的經過若不依種種徵證予以補足，則不能完成學問的組織。但從來的佛教學者往往忽視之，佛教難以被一般學界接受的主要原因在此，故今後對此應特加注意。

二、佛教教理的研究未必需要對所有的佛教思想都予以辯護。若將有價值的思想與無價值的思想置於同列，看似公平，其實不然。必須無忌憚地批判其優缺點，既強調其中的真，同時，對於不該存在的要素，也應指出其弱點。佛教的淨化運動其本源實出自於此。

三、論究或整理佛教思想時，所用語言盡量使用現代語。其術語若有原語，應參照之，盡可能翻譯成現代語最為理想。此論究結果不僅有助於令一般人理解，實際上，整理者在釐清自己的概念上，也是必要手段。此因佛教一般多用關係疏遠的術語與表現法，若完全沿用，雖大致可了解其意，但往往因此曖昧的觀念而招致誤解，故應改變往昔所用表現法。若能如此，自己是否真正理解其義，從來習慣使用的術語有否需要給予內容的研究等等，昭然若揭，據此大致可以增加思想的正確與緻密。

第六節◆實際部門

近來，佛教界逐漸覺醒，在種種方面，開始發起實際運動。亦即藉由退則改良教團組織，進則改善國家社會，圖謀佛教精神的實際化。尤其就所謂的社會事業言之，無論個人或團體，佛教徒所經營的，其數相當多，此誠然可欣可喜。但無可諱言的，其氣勢不彰，成果大多不可觀。何以故？固然經營法與運動法拙劣是其原因，但就筆者所了解，其因在於對其事業欠缺根本的確信，從而對其事業缺乏熱情。此因長久接受德川時代的保護政策，教團對於能發起實際運動的機能全然忘卻，但時勢既已變遷，若不發起實際運動，本身的存續將有困難，然而對於此一現狀，僅焦躁地追隨西洋輸入的運動等等，卻怠於提出自身特有的部署。如是，無論其教團的改良運動，或所經營的各種社會事業，或對國家社會的思想挑戰，完全只是模仿與追隨，真正能從佛教精神發露而出發的，可說非常少見。在此情況下，如何喚起潑辣的精神？其運動之所以微溫，也就不足為怪了。無論社會事業，或是傳道事業，宗教在發起實際運動之際，若意圖藉此維持或發展其宗教的社會勢力，可說已是所謂的有所得心。至少從第一義諦的立場而言，此乃是不能契合宗教事業精髓之所以。佛陀勸誡對於善事不應存有所得心的理由，全在於此。宗教事業應以能完成其根本精神為主，若不幸因而招致其宗教衰運，仍應義無反顧地出發，如此才是其本義。如是，真正之魂魄才能湧現。何況是欠缺護法精神，僅以「盤腿端坐」等緩和社會非難，亦即只是以微溫動機出發的眾多佛教徒的事業，如何能生意盎然？若真正論及佛教的根本精神，就其本來立場而言，為了個人以及社會，應具有完成所有施設的灼熱精神，此徵於大乘之理想的菩薩大誓願，應是無可懷疑的事實。佛教並不是主張若不依據追隨則無法獨立完成種種施設的宗教，此無論從教理，或從歷史事實看來，都清楚可知，若無法明白此中意涵，僅依據追隨勉強完成其職，對於如何具體化佛教根本精神的根本問題卻忽視不顧，難免招致徒趨風潮之咎。佛教徒必須反省之處實在於此，更且將實際施設根本精神的研究視為佛教研究的必須分科之所以，亦在於此。

若是如此，其研究方針如何？無庸贅言，第一，以前項的歷史與教理作為背景，尤其依實際化的立場對此作直接的觀察與整理。亦即就歷史而言，研究從佛陀時代，經由阿育王，乃至中國、日本，佛教的精神如何呈現於實際的施設，尤其所謂的社會事業等，同時批判其利害成否之跡。又就整理而言，當然是以佛陀活動的精神以及菩薩實踐的誓願為基礎，尤其是有關大乘精神的處理方式，需特加注意。亦即將從來的觀念或信仰上，已經完成的部分，移之於實際社會，並從中探求將來理想的指示以及實行精神之原理。例如以各種形態現身救度眾生苦厄的觀音菩薩是理想，但由此聯想到「我」也是觀音之分化，在實際社會中，實現觀音行，即是契合佛教精神本義；又如死後往生極樂是我人之理想，但以極樂為模型，努力於此土實現之，則是佛教徒的任務等等。如是，無論諸佛諸菩薩所構成的淨土，或其救濟活動的施設，乃至作為大乘佛教之蘊奧而到達的泛神的世界觀等等，皆屬將來於此土實現之理想，朝此努力乃是佛教徒之任務等等，若能有此確信，雄大的實踐氣魄自然湧現。

如是，此乃首要的準備，第二項應予以注意的是，為因應現代，如何將其精神具體化於種種施設？首先有必要洞察現代社會的真相。亦即從種種方面研究現代事物，對於現代思想之傾向及其中心勢力，乃至優缺點等，應作科學的研究更且予以評判，進而依據佛教的理想，隨處適切地應用佛教精神。若非如此，無論其根本精神如何卓越，其成果終究不能顯現。除此之外，強迫將流行的傾向結合佛教精神的浮薄態度，應大為警戒，根本方針是澈底的完全依據佛教精神。若非如此，將有主客顛倒，亦即以佛教精神為副，以組織與運動為主之虞。

近來各宗大學皆設立實際科或社會事業科等科系，從種種方面研究實際的施設，確是一大進步。但此中的大部分其所行並不澈底，往往以僅有社會事業經驗者為講師，認為只要有適用上的學習，即可達其本來目的，實是不可思議。此乃是視末技的應用為首要而非根本精神，因此，縱使出自佛教徒之手，終究也只是組織，也只是事業，欠缺氣魄，此乃學校當局者必須深思的。如是，如何將根本精神與適切的事業作調和性的聯絡，令彼等渾然成為一體，將是今後的大問題，需要認真的研究，此乃是訂此為研究三大部門之一之所以。

第七節◆全體研究的二方面

上來粗略述說佛教研究之大方針。無庸贅言，此僅只是大體方針，以此大方針為背景，具體研究種種題目時，更需下特殊工夫。但筆者在此最為強力主張的是，如前所述，在研究任何題目時，常將前述的大方針置於心中，明確意識到自己是以何等方針擔當何等部門，覺察自己在全體研究中的地位。宛如蓋一座房子時，木匠們雖隨其所長，負責各個部分，但最終仍不可忘卻全體的構造，同此，佛教各部的研究者不可忘卻此等最終仍屬應彙整成全體研究的材料。從而所有的研究者當然預先需要對於全體有大致的理解，之後雖進入專門的研究，但仍應不斷地參照其他部門或項目的研究，且與彼等不斷地協調。佛教研究者往往流於固陋之所以，無非過分專注於專業而不顧及其他，故在此有必要特別強調。

若是如此，所謂全體的研究，具體而言又是如何？就筆者所見，此有二途。其一，是平面的方法，另一是立體的方法。所謂平面的全體研究是前述的三大部門及其細分，換言之是以枚舉式的研究彙整其成果。亦即作教勢史（以印度為首，涵括各國）、教理史（以原始佛教為起點，涉及所有佛教思想）、理論的教理學（涉及所有問題）、實際的教理學（與所有實際施設有關的理論根據）之研究，並彙整之。相對於此，所謂立體的全體研究，是以其中某一主張某一立場為中心，為重振之而使用全體的材料，亦即以新的形態表現往昔各宗開祖所作的判釋精神。前者可說是依據客觀方法的研究法，後者則是依據主觀方法的研究法。但都以佛教全體為對象，此即是全體研究的二方面。朝向於何者，固然依研究者的興趣與地位而定，但依筆者所見，作為研究，當然應依據前者，但在佛教國家的日本學界，應是依據後者的研究法，此乃是思想界之大所期盼。此因若只依據客觀方法的研究，由於公平對待，缺乏內在的統一，故不能獲得新的力量，反之，若只依據主觀方法的研究法，雖有流於獨斷之弊，但得以統一，且能獲得新的主張。至於將朝向於何者，至少就現狀而言，僅只是準備的時代，此當切記莫忘，故不輕率不冒進，乃是忠實做學問的態度。只是不可忘卻最後終將以此為目標。

本論

第一篇

大乘佛教思想史

第一章 總論

第一節◆印度思潮中佛教的歷史地位

印度自古就是一個宗教、哲學乃至詩歌之國。從而發生於斯、生長於斯的思潮極為多種，但其中最為宏大的，無庸贅言，當然是佛教的思潮。若是如此，佛教思潮於其中占有何等歷史地位？

印度思想史上，佛教是所謂第四期的產物。第一期是梨俱吠陀時代（西元前一千五百～一千年），專以自然現象作為神祇，禮拜之，且是雅利安民族開其進路的時代；在思想上，可將此名為神話的宇宙觀時代。第二期是夜柔吠陀至梵書時代（西元前一千～八百年），雅利安人種從五河流域推進至恆河上游區域，逐漸進入定居生活，且銳意確立社會制度（四姓之區別）以及宗教儀禮的時代。所謂婆羅門教之確立，是在此一時代，在思想上對於制度與儀禮的態度是，給予宇宙論的基礎是其最大目的，就此而言，可將此名為祭壇的宇宙觀時代。第三期是奧義書時代（西元前八百～五百年），形式上是繼承前期思想，但已逐漸轉換之，最後開啟意圖以自我解決一切的時代。所謂自我哲學即於此一時代確立，更且印度之思想界於此時有一大轉換。

以上的思想潮流雖可分為三期開展，但廣義而言，仍是吠陀思想之流，相對於此，第四期的思潮則與此大異其趣。從舞台言之，第三期主要是以印度河流域至恆河流域為中心，相對於此，此一時期是以恆河下游流域為活潑思想之中心地；從階級而言，前期主要是由祭司的婆羅門進行思想開拓，但此一時期，則是武士階級的剎帝利種的思想活動。從而就舊思想見之，此一時期自然是將傳統的婆羅門思想（以前三期為其背景）改成種種形態，但最為活潑的，則是無視於傳統的自由思想（大多是非婆羅門教的），更且不同主義的諸多教派輩出。據此，筆者認為此一時期可名為諸派競起的時代（西元前五百～三百年）。佛教即是乘此趨勢，興起於此一時期。故此下將略述在第四期思潮中的佛教地位。

若詳細分析興起於第四期的思想潮流，雖可分為種種，但若作大致分類，則可分成婆羅門教系與非婆羅門教系。前者是以某種形態承認吠陀聖典的權威與婆羅門種的神聖，後者與此相反，完全依自由的立場批判及解釋一切。此中具有新意的，如前所述，是屬於非婆羅門教系的，可以說第四期之代表在於此一方面。例如在佛陀時代，已極其有名，且直至後世，其中某些人依然具有勢力的，實屬此自由派。

若是如此，此等教派如何感化以及影響當時人心？在婆羅門教系方面，因於傳統，在種種方面還擁有勢力，但早已不能因應新的時代。相對於此，新的自由派促進人心覺醒，但彼等往往趨於極端，故危及世道人心，此依佛教中的紀錄等，得以知之。亦即一言以蔽之，當時的思想界中，古老的思想逐漸頹廢，新的思想尚未確立，從某一方面而言，雖是極為活潑，但從另一方面而言，則是極為混沌，人心不免呈現非常不安的狀態。

當此之時，為世相之不安所驅，受思想混亂所惱，遂獨力臻於大自覺之域，並及於他人，將其所覺悟之法遍傳於天下的，正是佛陀——釋迦牟尼（西元前約五六〇～四八〇年）。佛教實發其端緒於此。就其思想系統而言，無疑應屬於非婆羅門教系，但佛陀也採用婆羅門教系的長處，更且將一切融合統一於其偉大的人格中，排除極端、依據中道的立場，依據新鮮而健全的道法引導世人，此實是佛教最大之特長。如是，佛教依其開祖崇高的人格感化力以及獨自的立場，且依對於當時的新思想與古思想皆予以止揚的態度，逐漸安定人心之歸嚮。起先只是諸教派之一，但他派漸漸無從追隨，遂勢力大漲，尤其在印度的政治史中，最大的統治者阿育王（西元前二六八年即位，二二六年薨）致力於弘揚佛教，不只是全印度，也向國外傳播，可說真正開啟世界宗教之端。自此，向外顯著地擴大其範圍，在內部，其精髓能完全保持，又能與時代精神策應，隨著時代遷移，其說明法與適用法皆有變化，此正如前所述，從原始佛教至部派佛教，從部派佛教進展至大乘佛教。其結果，就教會的勢力言之，印度國內固然無庸贅言，是擴及於亞細亞全土；在教理組織方面，至少吸收西元五、六世紀之前發展的全印度思想之精華（有時也沾染其弊），故形成龐然的一大宗教。據此，可以說佛教其起源雖是印度思潮之一支流，但最後無論其內容或形體猶勝於印度思潮全部。

然而當印度國民的風氣再回歸於傳統主義，更且佛教本身於擴展其範圍時，常陷於失其控制之弊，結果在西元八世紀前後，具有如此偉大意義的佛教於其本土逐漸失其勢力，此不只是佛教，也是印度本身最為遺憾之事。此因佛教若是隆盛，因於其平等精神與慈悲博愛心，印度國民無論在社會上或在政治上皆得以團結，但當印度人回歸於傳統精神，固守其階級主義時，國民精神之間產生分裂，此乃其喪失獨立之一因。至於佛教不僅發展至國外，在雪山地方（大乘）與錫蘭島（小乘），皆可見其往昔面影，近年復興之氣運亦逐漸於其本土興起。

第二節◆印度一般思想與佛教思想的共通點

如是，佛教雖超越印度所有思潮，然其本源是發生於印度，更且如前所述，是策應印度思想而發展，無論佛教的課題或是解釋法方面，可以發現與印度一般思想共通的，實是不少。因此若欲真正理解印度佛教思潮，首先有必要知曉印度一般的思潮，故試揭數項如次：

一、中心課題

印度思想雖有種種，然其中心課題，都在於人生問題的解決。非僅對於真理的思慕，而是意圖尋出人生歸趣，確定生活根本方針，亦即實踐的要求是一切思想的中心，佛教的課題也在於此。從而就佛教見之，無庸贅言，如康德所言，是從實踐理性的立場。

二、觀察的基點

對於人生的解決方法，印度的思想中雖有種種，然其觀察基點皆屬自我論。自我，是宇宙之中心，是一切價值之本源，此乃《奧義書》之所言，爾後的印度思想界縱使不認同自我的價值具有如此高度，但總括來說，仍以自我作為一切觀察的基點。佛教的無我論，看似與前揭立場相左，但實際上也只是就自我本身的解釋有差別而已，可說同樣以自我為中心。

三、人生觀與宇宙觀的一致

從人生的問題必然推進至宇宙觀，印度諸派宇宙觀的特色，大抵是其人生觀擴大。換言之，在構成其宇宙時，與其說是以純客觀的宇宙作為觀察對象，不如說是以個人為立場而作觀察，據此而定宇宙的本質及其目的。其結果是，小宇宙＝大宇宙（microcosmos ＝ macrocosmos）此乃《梵書》既有之傾向，而又以種種形態傳至後世。佛教的宇宙觀中，也有此心理經過的產物，此如後述。

四、支配人生的業力

對於左右人生命運之力，印度諸教派雖立下種種原理，但皆將業視為是一種根本力。亦即前世所造善惡行為，作為餘習力薰附於我人的靈魂，而此乃是支配今世命運之因，至少是其中一因，從奧義書終期，此一思想趨於圓熟，諸派競起時代以後，一般學派亦予以採用。佛教雖主張無我論，但仍認同業說、輪迴說，可以說不外於也是乘此潮流之產物。

作為此業說（以及輪迴說）之結果，諸有情之間有廣義的親戚關係，此乃諸派一致之所見，更且其所說的有情，是古時神話中所認同的諸天、鬼神、惡魔乃至地獄都包含在內，此即是諸派一致的有情觀。

五、厭世與解脫

伴隨輪迴觀的興起，從前被視為最高樂所的天界，不再是永遠的安住所，學派時代以後，印度的思想界遂有厭世的傾向。實言之，厭世的傾向當然未必只出自於輪迴觀，從某種意義而言，反而是來自更高的理想觀，總之，伴隨著輪迴觀，其傾向逐漸顯著，乃是不爭之歷史事實。從而作為結論，印度一般思想界通常以解脫，亦即以超越不安的人生，且安住於不變不動之境地為其理想，也是自然之數。人生問題之解決，在某種意義而言，說是以此解脫問題作為中心亦無不可，此在印度思想界成為中心課題，而佛教也不例外。

六、作為解脫法的禪定

到達解脫的方法，即是各派的實踐觀，其色彩當然各異。但此中，各派共通的方法，即是禪修，此被稱為三昧（sāmadhi）、靜慮（dhyāna）、瑜伽（yoga）等。佛教三學中的定、八正道中的正定，不外是採用此一般所行的禪定方法。

如是看來，佛教雖稱為佛陀無師自悟的產物，但至少其思想形式，承自當時一般思想的，實是不少。但此中不可忽視的是，佛教並非只是抽象理論的產物，而是與民眾有實際的聯繫，故得以教化彼等。

第三節◆佛教思想的特質

如是，佛教承自不少當時的一般思想，若是如此，何者是佛教思想的特質？此將是隨之而來的問題。直言之，此乃是相當困難的題目，但從大體而言，筆者認為佛教特有的思想特徵可以揭出數項。

更且以彼等互為關聯而作考察時，可以發現此乃是佛教思想根柢之特質。筆者所揭的項目是佛，是法，是緣起，是心，是中道，雖有此等項目，但實則是從同一中心所出，此等之任一項若澈底推進，終究是涉及全體，是佛教根本的立基點。更且此乃是原始佛教乃至大小乘的特色，今主要以原始佛教為據，簡單論述其關聯狀況如次：

一、佛陀

佛教於後世雖有種種發展與變遷，但若就佛教是成立於佛陀的人格、自覺、說法與行動而言，乃是各種佛教普遍皆相同的。縱使後世於歷史的佛陀之外，別立種種理想的佛菩薩，但此等無一不是經由歷史中佛陀介紹與開示，才與吾等有所聯絡，故不外於是歷史的佛陀之延長。佛陀的直傳弟子始終說道：「吾等之法以世尊為本，以世尊為眼目，以世尊為依據。」如此確信在所有情況下，皆適用於佛教徒，離此確信，佛教不能成立。更且此一確信，亦即確信佛教是成立於最高最大的歷史人格者其親自體驗的保證，相對於其他教派，正是佛教最強的特徵。

二、法

如是，佛教是以佛陀為中心而成立，但若依據佛教所傳，佛陀——縱使是理想佛——絕對是有別於他教所立的神，亦即不是天生的，而是作為人，經由修行而到達的，此乃是大小乘一致的看法。吾人得以成佛的根據，雖有種種說法，但終究不外於是證悟法、實修與體驗法，此同樣是佛教一般通用的解答。更且此法雖是佛陀所開示，但實際上是「法爾自然」，佛出世或不出世都沒有差別，是永遠之道，是不變之乘物，差別的是，佛陀悟之、體驗之，並為吾等開示之，而此乃是佛教一貫之教理。從而就此而言，佛教的根源與其說是佛，不如說是法，無論是歷史的佛陀，或是種種的理想佛，不外是以此法形塑所成。到了大乘，相較於應身（人格佛），更重視法身（法本身）的原因在此。實際而言，法佛一如（說為報身佛是另一種表現法）是佛教的真精神，但總括來說，如是思考時，可知佛教的基礎觀念是從以「佛」為中心而推進至以「法」為中心。

三、緣起

若是如此，何者是佛所說的法？若依據佛教的用例，法有種種意義，但從理法的立場而言，所謂法，主要是指有關緣起（pratītyasamutpāda）的法則。「見緣起則見法，見法則見緣起」「緣起是法住法位，無關如來出不出世」之說，明白道出此間消息。從而依此立場而言，所謂因於悟法而成為覺者，終究是指悟此緣起之理法，歷史的佛陀在菩提樹下成就大覺，也是悟緣起，緣起觀是法觀之中心，此乃是不爭的歷史事實。若是如此，所謂的緣起，具有何義？詳細的解釋雖有種種，然其根本觀念主要是「此有故彼有，此無故彼無，此生故彼生，此滅故彼滅」，簡言之，一切現象皆依相互依存的關係成立，故此中並無任何實體的原理。而可稱為佛教三大格語的「諸行無常，諸法無我，一切皆空」，實是導出此緣起觀之根據，同時，也是從緣起觀所導出的結論。如是，基於此緣起觀，一切皆是無常遷流之法，苦樂的命運也是此遷流過程的產物，此外別無自性，若能如此達觀，勘破此世界，即是解脫。就此而言，佛教所謂的解脫，就是斷此緣起，令歸於空之當體，從而所謂的悟緣起，可以解釋成即是體驗空。但吾等必須注意的是，此乃是體驗空，並非歸於虛無絕滅，要言之，不外於是破除從前我執的個別世界，通達空之後，得以開展新的自由世界，此稱真空妙有。但就客觀而論，此妙有的世界既然成立於相互依存的關係之上，故仍是緣起法則之運行。不同於從前的是，先前的立場（自然的狀態），是緣起之所行，故有束縛，有苦惱，反之，至於此境，一切納入於自主的活動之中，緣起的被完全轉換為自由。強調此一方面，主張妙有緣起觀的是大乘，無論《華嚴經》的無盡緣起觀，或是《法華經》的諸法實相觀，或是《大無量壽經》的淨土觀，或是《起信論》的真如觀，皆屬由此出發的觀察。

要言之，同樣的緣起觀如是逐漸深化、複雜化，乃是佛教教理有種種開展的主要原因，但此等一貫的根本立足點是：（一）一切成立於關係之上，脫離關係，並無實體存在；（二）其根源在於心。更且此乃佛教世界觀、人生觀之精髓，是佛教異於其他教派的最大特質。

四、心

如是，進入緣起觀的問題，直言之，緣起觀——其適用有種種——原以心觀為出發點而構成。其依存生起觀認為吾等的心理活動是一種複合的經過，其經過之間有一定法則，但此中是由實無實體存在的事實之所導出，自然的狀態是歸著於空，將空再轉換為妙有的根據，主要在於吾人的心，脫離此心，緣起的理法終將失其所據。筆者先前指出緣起觀的根源在於心的理由，全在於此。從而說為法，說為緣起，終究不外是我人一心的種種相，此乃是從原始佛教乃至大乘全然一致的觀點，更且佛教認為支配世界之道其實是在於我人之一心，故從中奠定修行的根本方針。從而就此而言，緣起觀之發展，其背後必有心觀之發展，而心觀之發展必然促進緣起觀之發展，先前所述的種種緣起觀也可改以種種心觀述之，兩者之間有密切不離的關係，此乃是理解佛教之基本準備，此當切記莫忘。

五、中道

無論法或緣起，最後皆歸於一心，而將此適用於生活態度的是，同樣被視為佛教一大標幟的中道觀。此因印度的一般風潮是凡事皆趨於極端，無論思想或行為，往往有失其健全之虞，相對於此，佛教基於由心觀所確立的——最為健全而中正的生活方針，即是中道觀。從而此中道觀之適用，雖依情況而有種種，但最為主要的是對於人生的價值判斷與實踐的態度，故此下且就此述之。

首先從對人生的價值批判而言，如其緣起觀之所顯示，吾人的生活是不斷地重複，更且常受必然法則之所支配，但既然以精神之特質的自由作為目標，無可懷疑的，必然是束縛的、苦惱的。佛教將人生判定為苦界，且以解脫為理想的原因在此。但佛教認為無論苦惱或束縛，並非客觀的事實，而是因於我人的心態，以我執我欲為基礎的生活，將更加添欲求。是故，吾等若超越我欲，即於所謂的空，依永遠的立場重新認識人生，縱使客觀的事情相同，但得以察覺人生並不是苦，不是束縛，而是無限的自由與平安的境地，如前所述，此乃是佛教一貫的解脫觀之精髓。如是，大體上雖高唱人生無價值，但若就從解脫的立場再確認其價值而言，相較於印度任何教派，佛教可說是人生肯定論者，更且此完全是以心態為標準的中道人生作為批判所得的結論。

其次，將此適用於實踐方針的，則是有名的不苦不樂的中道觀；亦即快樂主義固然不正確，但專致於苦其身的，也是愚昧，真正的生活之道是止揚苦樂而歸著於精神生活，此乃是佛教對此所作的結論，更相傳也是佛陀創教之初，最早所提出的觀念，可以說是佛教的特徵。

若就中道觀對於個人與社會的適用見之，佛教所著重的，當然是個人的救度，初始未必以社會全體為其目標。但佛教既然認為救度的根據在於心，則有別於婆羅門教等將個人之救度附加任何限制，而是只要有心，一切都有解脫的可能，都有成為覺者的資格。其結果即是人格尊重主義、四姓平等論、強調慈悲心等，亦即其他學派不得見的強烈倫理色彩。如是，若再推進，則由個人的救度必然推進至人類社會全體的救度，實際上佛教成為社會宗教的歷史事實根據，不外正是來自前述立場。但問題是，社會全體的救度，原則上而言，並不是以社會為全體，而是一一的分別救度，故終究是個人的，實際上關於此一方面，佛教的立場雖相當不確定，但佛教的理想仍是中道，不離個人的社會救濟，不離社會的個人救濟，這是其高遠的目標。應此要求而起的，亦即就僧伽（教團）所趨的理想而言，是全人類皆歸依教團，教團成為個人修德的道場，同時成為最完備的社會統制體是其最後目標，此至少是存在於僧伽根柢的意義。更且其所描繪的理想社會，即是大乘佛教所盛行的淨土觀，個人與社會的關係完全止揚，而此乃是對於現實的僧伽，對於社會的理想模型，此如筆者在他處之所述。

六、結語

上來揭出代表佛教思想特徵的主要項目，並論述此等輾轉進行的經過。佛教的思想雖極為複雜，但若完全理解之，可以發現其複雜的方面也可歸著於簡單原則。《華嚴經》所揭的「心佛眾生三無差別」「十二緣起分皆依一心」，雖是較為後世的表現，但實際上卻能直接表現出前述的佛教精神。總而言之，佛教的根本精神在於此一心，認同緣起法則，基於緣起，無論理論的或實踐的，皆予以批判及施設一切。

第二章　大乘興起以前部派佛教的思潮

（西元前三百年至西元一百年）

第一節◆部派的起源

對於原始佛教教團而言，教主佛陀的入滅是非常重大的事件。但剋實言之，佛陀四十五年的教化中，對於佛滅後，教徒的行止方針大體上既已確立。佛陀入滅之際，給予其堂弟阿難的「以法為光，以法為依所。以自己為光，以自己為依所」之遺誡，即表此意。總括來說，是以佛陀所遺留的法作為修行標準，此乃永遠以佛陀為中心的教團得以存續之所以。未達悟境的弟子縱使因佛陀入滅而一時迷失方向，但至少長老們早已把持著教團的大方針，且確實的實行之。依據傳說，佛陀滅後不久，彼等所著手的事業，即是所謂的結集，迦葉為上首，阿難與優波離為誦出者，五百大眾齊聚一堂，編輯佛陀所訂定的戒律與教法，確定僧伽（教團）運作標準。後世傳說此時所結集的，即是現今傳予吾等的經律論，此當然不可信，但至少當時確實是以某種形態，基於維持教團的必要而訂定經律基本原則，此乃是不爭之事實。

自此，佛弟子尊迦葉為上首，尊諸長老為師為兄長，以教法與戒律為根據，戮力於自己的修行，同時既教導弟子，也教導信徒承繼佛陀的傳道精神，據此逐漸擴張其教勢。佛滅後百年，大致是以恆河沿岸的城市為中心，但爾後擴及於南北印度。但就某種意義而言，此可說是不幸，因為此間欠缺統一的機關或總本山的機構。初始摩揭陀的教團似乎具有教團中心的地位，但隨著長老們相繼入滅，以及教勢擴大，受制於地理與經濟條件，散居各地的僧人已逐漸不可能於一定時期（雨期）集中於一處，彼此之間往往欠缺聯絡。從而聖教的解釋與適用，因地域或僧人之意向而有所差異，也是自然之數。得以免於趨於極端的緣由是長老們的感化力，以及以一定的聖典（？）以某種形態傳持，但至少在某些細微的問題上，各地的教團有某種程度的差異，縱使只是佛滅後百年內，也是在所難免。雖然如此，但在百年內，如此的差異並沒有被注意，同時也沒意識到各地的教團中已存在著差異，而是認為彼此同樣都是傳承佛陀本意的一大教團（精神的），亦即此乃是表面上仍有所謂教團一味之所以。如是，趨勢所致，當終於意識到彼此之間的差異，且無法相互和解的，即是公然產生分裂的根本原因。

依據南方所傳（巴利文的記載），或依據北方所傳（梵文的記載），可知部派之分裂是在佛滅後百餘年。雖然如此，但對於分裂的事由，南北所傳之間多少有所不同。依據南傳的資料（《島史》等），佛滅後百年，以吠舍釐的拔闍種族（Vajjī）為中心的東方教團觸犯有關戒律的所謂十事非法，西方教團的耶舍予以舉發。依此機緣，各地的教團派出代表者參預，且謂其非法為正，為此，上座的長老們召開第二次結集。但對於結集結果深表不滿的群眾，又另外舉行對抗性的結集，自此遂有上座部（長老派）與大眾部之區分。相對於此，北傳的資料（《異部宗輪論》等）所載是，同樣是佛滅後百餘年，摩揭陀的教團中，對於羅漢的資格與人格提出五種新論點（後文將述及），此一契機，遂分成不同意其論點的上座派以及同意的大眾派。亦即南傳認為主要是對於教團戒律的意見相左，北傳則認為教理的問題是其分裂機緣。但大致說來，應如南方所傳，有關教團規律之適用法因各地教團不同而有某種程度的差異，就當時的事態而言，有此誘因應較近於事實。此間當然暗含著教理見解上的差異，且是爾後促成分裂的主因，但最初仍應是有關戒律的問題。總之，分裂一旦成為公然，趨勢所致，對於種種的問題，同一地方的教團內，尚且容易發生異論，何況缺乏聯絡的各地教團更容易發揮其特色，於是佛滅後的三、四百年之間，遂成為部派競起的時代。就教團史而言，通常將此等總計為十八部，更且依其派別而傳承種種的分派系圖。

第二節◆原始佛教與部派佛教之間主要立場的差異

原始佛教的立場是將一切歸著於心，依此心決定世界的價值。但除此之外，至少從常識的立場而言，原始佛教仍然承認心外的事實世界，此如前所述，對於當時一般所說的輪迴觀與神話的世界觀，在不傷害佛教立場的情況下，是予以攝取的，更且在原始佛教思想上，此仍具有重要地位，只要是持平研究原始佛教的人都承認此一事實。只是原始佛教的特徵是——此事實的客觀世界終究是與吾人之心相應，吾人之心若得以掌控，此等亦得以掌控，亦即完全將心置於重點（就此而言，筆者認為原始佛教的立場可以稱為倫理的唯心論）。但既然承認事實的世界，尤其承認任何人最為關心的死後輪迴，以及既然是探究與心有關的主觀生活，則對於事實世界，其利害感將極為強烈，從而對此有興趣研究也是自然之數。如是，隨著原始佛教其教條逐漸完善，對於此一方面的注意也逐漸顯著，至少在將佛教作神學的解釋與論究時，必然將此添加於其所關心的生活而作考察，此一狀況佛在世時既已開始，尤其佛滅後的聖典整理時，更為顯著。

部派佛教的使命是完全承認具有前述傾向或組織的聖典，更且論究其真意何在？此因從表面而言，原始佛教重視的比例是心七分，物三分；價值七分，事實三分；實踐七分，理論三分。由於具有如此的組織，故澈底予以論究與整理時，遂含有得以作種種異解之餘地。

若是如此，對於前揭之使命，各部派所採取的態度如何？大體上，可將此分成三系觀察。第一是南方上座部（分別上座部），特以其七論為中心之立場；第二同樣是上座部，但相當發揮其特色的說一切有部；第三是大眾部系（包含案達羅派）。此中，分別上座部的立場在於將契經視為佛陀的教理，故就其主要題目予以整理蒐集，一一分別其性質，且警戒若超脫經典，將趨於極端，故自稱為分別部。從而表面上看來，此部派最近於原始佛教之立場，但在觀點上欠缺原始佛教的優劣評斷態度，換言之，是採取五分五分式的妥協，因此帶有常識性的實在論傾向也是自然之數。與此相應，對於原始佛教一即一切的強力緣起觀，由於給予機械的分析，專注於發生的觀察，故不免有欠缺總和之嫌。就此而言，分別上座部並不能如其教徒所主張，是原始佛教根本精神的代表，只不過是諸部派之一。但從形式上而言——將五部四阿含視為原始聖典——是採取平凡而穩健的立場，此乃其他諸派在種種開展的經過中，必然經過的立場，此不能忽視。

第二種有部的立場。恐是承繼前述分別上座部的系統，但意圖極端發揮其實在論的傾向。此一系統認為無論心或物，都是作為要素而存在，進一步言之，吾等之所思——不與契經有正面衝突而言——都具有一種實在性。更且此等不僅於現在，即使於已滅的過去或未生的未來，亦即一切法皆以某種形態存在。所謂的「三世實有，法體恆有」之說，是此派之標幟。此部派其論究法精緻，故作為理論佛教大張其教勢，並對於其他種種教派給予影響，就此而言，縱使實際上不是直接的上座部思想，但至少被視為是上座部系的有力代表者，此乃吾人不能忽視的事實。

就回歸原始佛教而言，相對於前揭上座部系的客觀主義，第三種的大眾部系是以主觀主義為其特徵。遺憾的是，如前所述，吾人欠缺大眾部所屬論書，故不能知其詳，若徵於片段的資料，從「一切法假名無實體」（一說部）或「諸行只是死灰」（雞胤部或牛家部）之說看來，顯然唯象論是大眾部世界觀之特質。亦即將原始佛教一切皆依心而決定的實踐觀念論更予以推進，從認識論的見地更推進至一切不外於心的表象（prajñapti），可以說至少是進步的大眾部立場。後世所提出般若的空思想即是此一系統之所發展，但大眾部系的遊軍派是早已明白主張皆空說的教派，此依文獻得以知之（如《論事》的大空派，如世親《佛性論》中的分別論者）。

上來大致的觀察部派佛教的立場，茲再對照原始佛教的根本教條，就其主要問題的特質見之——原始佛教的根本教條，無庸贅言，是苦集滅道等四諦。前二諦是揭示所謂世間的因果，是緣起生觀之概要，後二諦是有關出世之因果，是緣起滅觀之概要。從而雖說是部派佛教，然其所著重的，仍不出於前揭四諦，但對於問題的觀點，亦即在前二諦與後二諦之間，事實化顯著的部派佛教多少有或輕或重之別。亦即究竟是以事實的世界為主要題目，或以實現理想為重，在觀察態度上有差別。換言之，其差別是以輪迴問題為主，或以解脫問題為主。今將此對照前述的部派特徵進行考察，總括來說，上座部諸派是以解決輪迴問題為中心，此徵於其部派內立輪迴主體的學說競起，得以知之。其實在論的傾向，在某種意義上，說是完全由此而推出的結果亦無不可。就此而言，上座部系是以苦集二諦為中心問題，更且以此為方針，將此擴及於世界觀。反之，大眾部以修行解脫作為最高課題，其唯象論的世界觀終究是出自意圖闡明修行解脫之根據。亦即對於四諦說，是以滅道二諦為出發點，而此亦適用於世界觀。

據此看來，原始佛教與部派佛教之差異，在於雖皆將四諦視為心的問題，但或將此作全體性的處理，或將此分成前後二諦，並由此推進至世界觀；而上座部與大眾部的差別，在於或以事實世界為主，或以理想世界為主。若就皆以四諦觀為中心題目見之，彼此只是解釋與適用的差別，可以說不外於是立於同一地盤的種種相。

上來所述只是就其大體而言。實際上，大眾部系中既有近於上座部立場的觀念，反之，上座部系中也有採取近於大眾部立場的觀念，此無庸贅言。今只是依其主要傾向作大致分類，此乃筆者必須完全承認的。

以前述的特質作為背景，此下將述說部派佛教所處理的問題。由於無暇一一觸及，故僅就主要題目的四、五項，略略述之。又，關於諸部派的世界觀應以另設一項較為妥當，但既已大略的以與前述立場有關的說明代之，故此處略過不提。

第三節◆佛陀觀

佛陀是佛教的開創者，同時在佛教教理史上，也是最重大的題目。就某種意義而言，佛陀觀之發展導致佛教的教理有種種變遷與發展。從而在部派佛教中，無庸贅言，此一問題實與佛前生的菩薩論有所關聯，是相當被重視的一個問題。

佛陀在世時，至少在信仰深厚的佛弟子心目中，佛是超人，是更勝於當時神話中重要角色的梵天或帝釋天，是三界的大導師，是人天教主。但除此之外，在世的佛弟子也熟知作為人的佛陀其一生經歷及日常生活。如是，佛弟子的佛陀觀是將佛陀視為不離吾人，但又超越吾人的最高完成者，是最高解脫者。如是，在佛陀生前以及佛滅後不久的年代，前述的佛陀觀作為教團常識已很充分。但在神學上有澈底要求的部派時代，如此常識性的解釋已不足夠，進而何以佛陀是佛陀？佛陀的人性方面是其真相或是假現？同樣是解脫者，佛陀與其弟子的聲聞（羅漢）的區別何在？如是等等的問題一再被提起，此乃作為教理題目而有佛陀論產生之所以。

對此，首先是任何教派大致都持相同觀點——佛陀及其弟子的聲聞（śrāvaka）雖同樣是解脫者，但至少其修道過程有別，故其力用也大不相同。佛陀並非僅只釋迦此一生，如《本生經》所載，其前生曾作為菩薩，更且多生積功累德，最後成就菩提（bodhi，覺悟），到達佛位。從而其相貌端嚴，具足所謂三十二相，在力用方面，具備他人所無的十八不共法，自在救度一切眾生是其特質。反之，佛弟子的聲聞是聽聞佛陀教法而成為佛弟子，換言之，是只求自己迅速開悟，故無論在相好上，或在智慧上，免不了較劣於佛陀。尤其在濟度眾生上，雖非不用心，但未必認為是其必然義務，亦即完全以自悟為主。從而就聲聞的羅漢而言，只要依循佛陀的教法修行，任何人皆能成為羅漢，但佛陀則是真正特殊的大覺者，故此娑婆世界僅此一人，更且於多劫之間，也僅一次出現——此乃是諸部派公認的佛陀觀。尤其大眾部，更揭舉種種羅漢的缺點，將之與佛陀作對比，用以提高佛陀的資格，對於佛陀與佛弟子之間設下嚴格區別，乃是小乘佛教的一大特徵（雖然諸部之中，也有將佛與羅漢視為同一解脫，同一道的）。

進而對於佛陀之超越我人至於何種程度，部派之間也有種種異解。大體上，上座部系仍著重於佛陀的歷史存在，至少就肉體而言——縱使佛具足妙相，具足種種妙用——雖是佛陀，但仍有一定的限制；其色身雖然高大，仍有一定限量，壽命也有一定界限，並不是漫無邊際；又雖是佛身，仍是酬前世業之果報身，縱使佛自己不起煩惱，但並不是絕對不令他人生起煩惱的對象。例如曾有婬女見佛生起欲情，也有外道見佛生起瞋恚。不只如此，雖是佛陀，仍住於世間，而佛之所言未必皆是出世無漏，有時也有與日常生活相關的，又，佛陀依其大智慧、大慈心與大神通力，雖得以引導世間，但不能令無常變為常，不能令不可能成為可能。佛陀之所以是佛陀，在於其精神界的純淨、智慧、大慈心與大自在，其肉體上雖有一定的限制，但絲毫不損佛陀之所以是佛陀的尊嚴與權威，此乃以分別上座部為首，有部等上座部系諸派之所主張。相對於大眾部系的強烈理想化，彼等所見的佛是不離人性的佛，故不能忽視此中含有依據歷史回顧的現實性。

相對於此，大眾部系所見的佛陀，原先主要是在於佛陀的性質，但逐漸地，其色身也趨於理想化，此為其特色。例如說出世部主張佛陀的身心超自然，故得其「說出世」之派名，依據《宗輪論》等所載，大眾部系主張佛身無漏（此中也有主張佛陀的排泄物勝於世間任何妙香的）。佛的精神力幾近於全能，了知一切，能隨意轉一切，佛力能令無常物化為常住。尤其教化眾生的作用乃是佛陀出世本懷，所以是極妙；佛陀所言皆是妙法，更且佛能以一音說一切法，眾生應機悉得饒益。如是，大眾部逐漸提高佛陀的本性，結果是主張佛的色身、威力、壽命皆悉無邊際，佛陀是為教化眾生而假現於此世，其本地其實是在兜率天，出生於此世間或說法皆非事實的教派也出現。要言之，上座部系完全以歷史的佛陀（應身？）作為基本，依此推進其佛陀觀，反之，大眾部系以佛陀之所以是佛陀的理念作為基本觀察，可以說大眾部的佛陀觀位於法身與報身之間。

第四節◆有情觀

如是，由於在世界觀或佛陀觀方面，部派佛教的見解有種種差別，故其有情論（以人為中心）也有種種異解。尤其對於有情的本質，或心理觀，或心性淨與不淨，或輪迴的相狀等等的問題，彼此之間有種種異論。原始佛教基於其緣起論而提出無我論，但如前所述，既提出無我論，卻又承認輪迴，雖然如此，主要還是著重於實踐，故其理論方面並不鮮明，因此如前所述，理論問題不得不在部派佛教中解決。

首先就有情的本質論言之，原始佛教說為有情（sattva, satta）的，主要是指由諸種條件和合而成立的一種現象，其間並無另外特殊永恆固定的某物。就要素而言，只是色（物質）、受（感覺與感情）、想（表象、知覺）、行（意志）、識（統覺）等五蘊結合，作為現象而呈現為有情形狀，更且此五蘊常是前滅後生地持續不斷，故此間並無常住的我體存在。於此中作為貫串的，即是先前所作的作業，也就是所謂的業習，換言之，成為無意識的性格，受規定並特殊化後，成為生起五蘊之原動力且持續前進的業之相續。雖說為輪迴，終究是指此業之相續經由死之階段，再誘起或和合成新的五蘊，予以規定並繼續其進展而已。是故，有情終究只是眾緣和合之產物，此中並無永恆固定的某物，但又能持續不斷——此即是離所謂斷見、常見的中道之真理。若是如此，此思想傳到部派佛教時，有何等開展？分別上座部至少於其較早的時代，大體上完全繼承前述思想，此徵於其七論中，對此並無提出特別出奇的新說得以知之。雖然如此，一旦作為事實而重視輪迴，在種種方面，無論理論上或俗情上，僅以前揭的說明，難以令人信服，此固然無庸贅言。如是，首先生起的問題是，維繫今生與來生，換言之，其中間狀態的有無。此因對於生生死死之際，分別上座部雖以古五蘊滅之當下，新的五蘊產生，即是轉生作為說明，但有關其間的銜接還是不甚分明，故此中若納入數論所說細身的靈魂之中間狀態，將有助於理解。基於此一見地，提出所謂中有（antarābhava）的，是有部、正量部與東山部等，相對於此，主張「無中有說」的是分別上座部與大部分的大眾部諸派。此一問題在部派佛教之間是引起相當強烈爭論的火種，總的說來，帶有實在論傾向的上座部系傾向於承認有此中有，但立於唯象論之基點的大眾部派則傾向於不承認。如是，作為生前死後的聯絡機關，既然已有部派承認此中間狀態的存在，則作為有情的本質，認為通常的五蘊以外，另有貫串此等的一種生命的原理（換言之，將業作生命論的解釋），也是實屬自然。而推進至此的，恐是犢子部、正量部的非即非離蘊我說之外，又有化地部的窮生死蘊、經量部的細意識說等，爾後，甚至分別上座部也承認所謂的有分識（bhavāṅga），故逐漸由上座部系開展出一種有我論的思想。相對於此，至少在表面上，大眾部系是排斥與靈魂說混淆不清的本質論，完全主張因緣所生說。雖是如此，然就其立足點而言，大眾部雖提倡解脫的最終根據應於心中探求（心性本淨論），主張吾人之心其本性清淨，煩惱只是客塵，但若由此推進，終究將形成有我論的傾向。之所以世親認為大眾部也主張根本識，其因在此。要言之，大眾部系當然是無庸贅言，上座部系雖然澈底排斥外道的靈魂說，但逐漸不得不承認在有情現象之根柢，有自然生成且非解脫所產生（某派也稱為解脫後）的一種永遠持續的原理，此乃是部派佛教其有情論頗為顯著的一種特質。大乘所發展的阿賴耶識思想與如來藏思想實出自於此一系統。

進而就與前述本質論有關的部派佛教的心理論見之，大體上此可分成機械主義與生機主義等二大系統。之所以說為機械主義，是因於原始佛教將心視為複合的經過，由此推進，對於心理作用專作分析性的觀察，對於其結合經過，作某種程度的機械性說明，分別上座部與說一切有部的心理觀即屬此說。之所以說為生機主義，是因於認為心是其統一之原理，種種的心之作用，不外於是其原理的種種相，如經量部，又如案達羅派中的數派是此說之代表。總之，對應原始佛教將心理活動視為一切觀察之基點，部派佛教的心理觀大為開展，因而於此間產生種種異論亦不足為奇。

此中，首先成為爭論之火種的是，眼、耳、鼻、舌、身、意等六識，究竟是別體的作用，或同體的異作用？此因若徵於原始佛教所傳，既可說是六識別體，但也可解為同體。對此，如文獻之所顯示，大部分的部派雖是採用別體說，但也有採取一體說的，亦即以所謂六窗一猿之譬喻作為說明的部派，此如《成實論》等之所揭示。大抵是採用相當進步的生機說的部派之所倡，遺憾的是，不知其派名。總之，此乃是部派間的一個問題，此自然無可懷疑。其次的問題是，無論是將心識視為六或視為一，此中顯然有種種所謂的心的作用，但此等作為獨立的心所（caitasika），究竟與心識（citta）是不同種，或是心識本身的不同作用？將心作機械性觀察的（如分別上座部、有部等），認為心王與心所是別種，但此間有相應關係（samprayukta）存在，故呈現同一行相；相對於此，生機主義者或唯象論者（例如經量部、王山部、玉成部等），主張離心王無別立心所之必要。又，可說是心所之一的煩惱論中，特應注意的是，對於纏（paryavasthāna）與隨眠（anuśaya）之區別，部派間也有爭議。此因纏或隨眠，原先都是煩惱的異名，但部派佛教中，或解釋為意識性的，或解釋為無意識的，遂成為爭論之火種。分別上座部與有部等認為纏與隨眠都是意識性的煩惱，其差別只是用法之廣狹而已；反之，化地部、經量部與案達羅派等將纏視為意識性的煩惱，而隨眠是無意識的，認為在性質上，兩者之間有區別。更且在此問題之背後含有心作用中是否有無意識的成分，此在佛教心理觀上具有重大的意義，故不能忽視。上來暫且揭出三大題目作為部派佛教心理觀的代表，實言之，部派佛教心理觀的特質就此等問題，在種種方面作綿密的論究。但今無法再往前推進，只能割愛。只是當切記莫忘的是，部派佛教雖致力於心理觀之研究，然其目的仍在於為解決善惡的倫理問題以及迷悟的宗教問題等作準備。就此而言，部派佛教的心理觀雖不脫於倫理心理學或宗教心理學之域，但彼等超越了原始佛教，觸及心理論方面，可說是其最大的特色。

在此有情論之最後，稍就輪迴的相狀述之，如前所述，與此有關聯，既有承認有中有的部派，也有不承認的部派；既有承認輪迴主體的部派，也有持否定的部派，因此對於流轉相續的具體樣式，部派的說明當然也有某種程度的差異。對於其間的異論，今暫且不談，此下僅就原始佛教時代既已萌芽，但尚未明顯的輪迴之一般形式述之。簡言之，輪迴的形式可納為惑、業、果等三段。亦即因煩惱而有善惡行為，依其行為餘習而有與此相當的果報。對此作更為詳細的說明，更且對配過去、現在、未來等三時，分為十二段而說明輪迴形式的，即是十二緣起觀。亦即在生老病死方面，已經不是對於生老病死的關心，而是作為生理事實的生老病死，從而一切都從輪迴論的立場作解釋。亦即無明（惑）與行（業）是過去所造的煩惱及其業習之總代表，識是指死後作為新生而托胎的初剎那，可以說就是魂魄，名色、六入、觸、受則是依次開展的生理以及心理機關的完成與活動，因而成為一個獨立的有情，此即是現在的果報。自此依愛欲與取（執著）營造現世的活動，同時種下未來生活的種子，直至未來生活具體果報的大致決定，即稱為「有」，自此死後又生於一定的境界，體會苦樂以及接受老病死的命運是「未來的生活」，更且重覆先前的狀態，此乃是輪迴無窮之所以。如此的解釋早已見於《長阿含・大緣方便經》與《中阿含・嗏帝經》，部派佛教雖然對此的詳細解釋多少略有差異，但對於其形式所述一定，更且逐漸給予具體的說明，最後遂形成三世兩重因果說。

如是，依據前述形式，有情因業習所致，受生於欲界、色界、無色界之中，流轉於地獄、餓鬼、畜生、阿修羅、人、天等六道（或去掉阿修羅的五道）之間。此間人道與天道雖有體會快樂的機會，但此樂亦非常在，總之，皆由業力之所支配，故若從要求精神自由的立場而言，三界都是苦界。從苦界解脫，安住於真正自主的生活的，即是涅槃的理想界（以上是從實在論的見地所作說明，但上來的解釋也適合立於唯象論見地的部派。此因雖說是唯象論者，但就現象而言，仍是承認三界與輪迴）。

第五節 ◆ 修證論

相對於原始佛教，可以說在修行與解脫論方面，是部派佛教的特色——原始佛教對於世間的道德給予莫大的關心，反之，部派佛教主要是傾向於出家主義，故僅致力於出家道的闡明，是其一。同樣的出家道，原始佛教的目標在於現身證知與體驗涅槃，但部派佛教為對應其強烈關心的輪迴論，因而對於隔生的持續修行特加注意，同時，彼等認為真正的理想境地是在死後所謂的無餘涅槃完成，此為其二。又原始佛教認為無論戒律或種種德目，都是悟證之門，任何一門澈底行之，終究可到達解脫，亦即是基於此等精神而施設的，但部派佛教因於作分析性的觀察，認為戒律或一一德目皆具有特殊意義，更且給予階段性以及修行進展的道程，此為其三。從而至解脫之前的修行階位遂極為複雜，而非原始佛教的單純認知，此為其四。

如是，部派佛教的修證觀極為複雜難解，因而對此也產生種種異論，然今無暇一一予以觸及，故僅就其重要事項約略述之。

所謂修道的要諦，無庸贅言，當然在於滅煩惱而開悟。對於其最終根據，大眾部之某派基於心性本淨說，認為所謂開悟，主要是心性完全的呈露；分別上座部與說一切有部基於其心心所別體論，認為在於心不與不善、煩惱的心所相應。理論上雖多少有所差異，但實際上，就除去煩惱以及養成智見，即是解脫道而言，兩派觀點相同。

解脫的方式雖有種種，但通常分為二種。其一是見道（darśanamārga），另一是修道（bhāvanāmārga）。所謂見道，是指智性方面的修行法，主要是觀察以及會得四諦之理；所謂修道，是指情意方面的修行法，著重在破除種種本能習慣的煩惱。此中，通常認為見道是屬理論性的，故得以在某一時期頓速實現；而修道其性質是逐漸的實現。但對於見道之頓速，部派內也有異議，例如正量部認為見道也是經由漸修，因此，此亦成為教界內的問題之一。此因主張頓速的，是將四諦視為彼此不離的一個題目，反之，漸修論者認為苦集滅道等四者，在某種程度內，有其獨立的範疇。

無論如何，依見道直觀會得四諦之真理，即是解脫修養的最大要件，達成此境的，即是初果，亦即所謂預流（srota-āpanna），可入聖者之列，最遲再經七生的輪迴，終可成就解脫之極果的阿羅漢果（此稱極七生）。據此更進入修道位，依種種方法分分打破習慣性的情意性煩惱，逐漸推進至第二果的一來（sakṛdāgāmin），第三果的不還（anāgāmin），第四果的阿羅漢（arhat）。證第二果後若死亡，只需再經一次往返的輪迴，必得阿羅漢果，故稱一來；證第三果後，若死亡，將往生於天界，不再回返人間，在天界完成涅槃，故稱不還。亦即從初果至第三果，雖未脫輪迴界，但已漸次脫離，雖是聖者，但還有應修的課程，故稱為有學（śaikṣa, sekha），雖然如此，但也有人認為是由於有人在修行的半途中死亡，為顯示縱使在半途中死亡，其修行並非無效，故附上前揭名稱用以顯示其進展狀態。相對於此，第四的阿羅漢（應供）是一切煩惱斷盡無遺，臻於自覺之位，通常稱此「所作已辦，滅存在之欲望，不再墮輪迴」。之所以稱為阿羅漢（亦即應供），恐是至於此階位才堪受他人信施，但確實情形不明。總之，到達此境，是佛弟子之最高階位，是真正的完成所學，故又稱為無學（aśaikṣa, asekha）之聖者。但實際言之，此一階位終究是自覺之境，當然因人而有深淺之區別，故其中潛在著不能僅以「完成所學」（kṛtakāraṇīya，所作已辦）之說即得以解決的問題。此即部派佛教對於羅漢的資格產生種種議論的原因。總而言之，上座部系盡可能提高羅漢的地位，反之，大眾部則將佛視為最高階位，對於羅漢位則給予常識性的解釋。

尤其大眾部（主要是案達羅派）提出五事：（一）雖說已證羅漢階位，既然仍是肉身，故不免仍有遺精夢洩之現象；（二）也有不知的事物；（三）對於教理問題也有疑問存在；（四）也有不知自己既已覺悟，還需師長告知，才知自己已得羅漢果；（五）又雖說已證羅漢果，但若不藉由某種方便，例如依「苦哉」之言，心無法寂靜等等。故引發教界爭議，大體而言，彼等雖意在反抗上座部，但所說也是事實。從而對於縱使已得羅漢果之自覺，但也有可能為某種事情所惑，為此有關羅漢有退或無退之爭論，也成為部派間喧擾不已之問題。

對此，分別上座部、化地部、經量部等，以「所作已辦」之說作為根據，主張無退說，但正量部、大眾部、有部等則以事實為基礎，承認有退。雖承認有退，但並非意味著因此永遠退轉，只是一時呈現如凡夫狀態而已，故一旦證得羅漢位，終究不失，此乃任何部派都一致的看法。

無論採取有退說或採用無退說，只要是擁有肉體，雖稱為羅漢，但終究不免有作為人的弱點，此乃是事實。其心雖充滿著絕對安全與絕對解放之欣喜，但至少身體上仍有種種障礙。基於此意，羅漢雖是現證涅槃，但若從輪迴的立場而言，仍未達於究竟，部派佛教稱此為有餘涅槃（sa-upadiśeṣa-nirvāṇa），亦即雖是涅槃，但仍有酬報前世之業的身體留存（有餘涅槃一語初始被適用於第三果，至此才被定為具有身解脫之意）。相對於此，時期一到，其肉身亦予以捨離之位，即是無餘涅槃（anupadiśeṣa-nirvāṇa），此乃是完全解脫輪迴，不生不滅，無為寂靜的境地。對於此一境地的解釋，部派之間也有異論。此因若就切斷一切因緣關係的境地而言，此一境地可以解釋成完全虛無的當體，但若從另一方面而言，雖說言說意路皆斷絕，但也可解釋成是一種最充實的神祕境地。經部是前者的代表，但其他部派大抵以某種形態認為是一種特有的——勉強可稱為絕對空力——積極境地。尤其是主張心性本淨論的大眾部以及立非即非離蘊我的犢子部（跋闍子部），依其主張將此境地朝向可解為常樂我淨（借用後世所說）的方向推進。

第三章　龍樹之前的大乘佛教

（西元一世紀至三世紀）

第一節◆大乘思想之起源及其特質

就形式見之，部派佛教時，佛教的陣容大為整然。所依經典既已確定，教義學的解釋也確定，教團的規定非常緻密，此外，一切方面都趨於完備，但也因此喪失原始佛教的活潑精神，甚至佛教不能與一般的民心保持密切接觸，此也是不能掩蓋的事實。大乘家貶稱部派佛教為小乘（Hīnayāna）之所以，實來自於此。實際言之，雖同樣是部派佛教，但大眾部——尤其是案達羅派——卻是採取相當自由的立場，也為精神涸渴的傳統佛教灌注些許活水，卻仍受限於部派佛教，無法過於激進，亦即在西元前後，部派佛教已臻於停滯不前的狀態，乃是不爭之事實。

如是，承繼大眾部系自由派之系統，但嘗試更進一步往前，打破部派佛教的形式化，將佛陀的精神對應時代，以復活為目標而發起的，即是大乘運動。就此而言，大乘佛教一方面是小乘佛教之延長，另一方面則是對於形式的小乘佛教的反抗運動，但也可說是一種復興運動。

若是如此，此大乘運動是在什麼時代，什麼地方，由什麼人，以什麼標幟宣揚？此當然無法知其詳，但大體而言，可以如次認定：

首先從時代言之，大乘仍發展自原始佛教，故若尋其思想萌芽，應從原始佛教探其起源。但彼等成為顯著的運動，應是在西元前後。若徵於印度文獻，若干被視為撰述於西元前後的著作中，大乘的思想尚未顯著，若從中國的譯經史看來，大乘經典的翻譯是始於西元二世紀，因此大乘佛教的起源，若欲推溯自西元前更早之前，將是相當困難。但在西元二世紀時，主要的大乘經典大抵已被公認是佛說，故至少可以判定在西元前後，其運動已相當成熟，雖然粗略，但對於大乘佛教興起時代，首先作如此推定。

其次，是初期大乘其中心地的問題，對此，學者之間有種種意見，但筆者認為南印度的案達羅應是初期大乘，尤其是般若大乘的發生地。此因案達羅地區，如前所述，是大眾部自由派最為隆盛之處，其思想也相當接近大乘，亦即此地的佛教具有能發展為大乘之基因。《小品般若》所載的「此般若波羅蜜經滅後起於南方，從南方推進至西方，從西方推進至北方」，正是傳達前述消息。但若就代表大乘通俗方面的諸菩薩與諸佛崇拜看來，則相較於南方，應是北印度較為繁榮，此對照今日所見的佛教藝術以及其他種種徵證即得以知之。是故，統合說來，大乘思想興起於南印與北印，前者是空的代表，後者是有的代表，但當兩者合流為一時，大乘運動終於顯著的表面化。

若是如此，此大乘運動是何等種類的人所提倡？大體上可以認為有兩種人。第一是進步的比丘，第二是同樣抱持自由主義的在家男女眾；尤其第二類人的大乘思想最為活潑。此徵於種種大乘經典中，諸如維摩居士（Vimalakīrti）、勝鬘夫人（Śrīmālā）乃至賢護（Bhadra-pāla）等十六賢士等等，在家信眾在教理上扮演著重要的角色，得以知之。比丘們可能受制於傳統，反之，在家信眾可以超越傳統，直接因應其性靈與生命的要求，意圖掌握佛陀的真精神，故有此運動產生。從而就此而言，大乘運動至於其伊始，是相對於部派佛教的教會本位主義；相對於部派佛教的專門性，彼等屬於個人主義，彼等是一種通俗運動。

此大乘運動作為教會的革新運動，大致是以種種形態表現，但彼等最為著力之處，是新經典的結集。亦即從來的傳統經典（小乘的經律論）以外，彼等將確信是佛陀真意的思想假託佛陀所說而結集之，更且主張此等經典遠勝於從來的聖典，最能代表佛陀之真意。為對應如此的主張，因此在表現的形式上，相對於阿含聖典之教訓的、記述的表現方式，大抵以文學、戲曲的體裁，自由的表徵化其思想，此即是大乘經典之特色。從而相較於傳統佛典，大乘經典在內容上或形式上富含變化，但種種的大乘經典中，相對於從來的傳統佛教，存在著一種顯著標幟。亦即以自己成佛作為最高理想，且以此自勵。依據傳統的小乘佛教所傳，如前所述，佛陀乃是常人之所不及，常人所能及的，只是作為佛弟子（聲聞），聽聞佛陀教法，自我解脫，至於如佛陀般的廣度眾生，終究是非吾人所能企及。從而在度眾方面有所欠缺，此固然無庸贅言，部派佛教被視為出家主義、寂靜主義、消極主義的原因在此。反之，大乘運動是對於部派佛教此一心態與行徑不滿而發起，任何人只要立大志，就能成為佛陀，此在原始佛教既已明言，故吾人也應以成佛為理想，願如佛陀般的圓滿，如佛陀般的廣度眾生，須得如此，才得以說是隨順佛意。小乘主張只有一佛，相對於此，大乘立種種佛之所以，也是由此思想之所導出。此因既然任何人皆得以成佛，自然種種已成之佛就可能同時存在。但實言之，雖然大乘將佛陀視為最高的理想，但也不是認為驟然即得以成佛。因此，大乘傾其全力在於指出人人皆是佛陀候補者的菩薩（bodhisattva），故應發起上求菩提、下化眾生的大誓願，為自己，同時也為世界努力行善。此乃是大乘從本生故事思想所發展出的，在古本生故事中，種種轉世的菩薩畢竟皆與釋尊一佛的前生有關，相對於此，大乘佛教中有無數同時存在的菩薩之外，任何人只要發起菩提心，就是菩薩的一份子，此一特色乃是大乘也被稱為菩薩乘之所以。更且此菩薩一如本生故事之所揭，未必是出家沙門，而是現在家身，從事種種職務，亦即只要有上求菩提、下化眾生之念的都是菩薩，從而其活動範圍廣，人生觀也積極，可以說是肯定的，相對於小乘，此乃是大乘最為顯著的標幟。就此而言，大乘的特色雖說以佛陀為理想，但實際上卻是佛道的通俗化，其目標相較於最高之理想狀態（涅槃），則是較著重於為實現此理想而努力行進的過程。

上來主要是從佛教教會內部方面揭出大乘佛教之興起，此外，促使大乘興起的原動力，也不能忽視當時一般思想界對於佛教的刺激。當時《摩訶婆羅多》（*Mahābhārata*）與《羅摩衍那》（*Rāmāyana*）等大詩篇既已完成，數論、勝論等種種哲學說也見大成，以毗濕奴、濕婆為中心的新婆羅門教也逐漸趨於興隆。加之，北方的希臘與波斯文化入侵印度，在種種方面給予影響。大乘運動雖是承繼原始佛教、小乘佛教的系統，但在某種意義上，可以說是策應此一時代，意圖從中發揮佛教精神而興起，此乃是持平研究佛教者終究不能否定的事實。大乘經典中，其論述有諸多可與新婆羅門銜接之所以，也在於此。更且彼等所依準的是，常與時代接觸而擴張其教線的原始佛教的態度，此乃是大乘與無視時代精神的小乘佛教大為不同的特質之一。

第二節 ✦ 龍樹之前主要的大乘經典及其思想

基於前述的原因與次第，大乘運動因而盛行。然其初始，可以說也只是曠野中的吶喊，至於真正能使此一運動傳達出佛教蘊奧，能浮現於佛教教團表面的是龍樹菩薩。但龍樹並不是大乘經典的編輯者，只是就存在於彼之前的大乘諸經予以註解與利用，據此樹立其大乘教學而已，因此若欲研究龍樹之前的大乘，首先必須探查在龍樹之前，有哪些大乘經典成立，以及此等所鼓吹的是何等思想。

在進行龍樹時代大乘經典的探查時，有二種互補的方法。其一，探察龍樹的著作中所引用的經典；其二，探察龍樹時代之前（西元三世紀），漢土所翻譯的大乘經典。龍樹有種種的著作，在《大智度論》及《十住毗婆沙論》中，龍樹引用諸多大乘經典，更且有理由認為龍樹利用當時散在諸方的種種大乘經，故可認為其中所引用的經典，在當時至少是屬於代表性的。探察中國的譯經史是另一個方法，被視為龍樹之前或與龍樹同時代的支婁迦讖（西元一六七年來華）、吳支謙（西元二二〇年來華）、康僧鎧（西元二五二年來華）、竺法護（西元二六五年來華）等人，先後來漢土翻譯出種種大乘經典，彼等所譯出的經典可以視為是成書於龍樹之前至龍樹時代。

如是，依此方法所得出的經典，其中當然有今日吾人所不得見的經典，但與現存經典一致的，其數也不少。其中較為主要的有《大品般若經》（《二萬五千頌般若》＝《光讚》或《放光般若》）、《阿彌陀經》（《大無量壽經》）、《般舟三昧經》、《維摩經》、《首楞嚴三昧經》、《思益梵天所問經》、《華手經》、《阿閦佛國經》、《彌勒菩薩所問本願經》等之外，另有種種大乘佛典存在。當然此等未必與吾人現今所見同一形式，同一內容，且大多較今日所見不完全，但總括來說，主要的大乘經典——至少在原型上——在龍樹時代之前業已成立，此依前述的方法可以確定。

若是如此，前述的諸經是經由何等經過而成立？其相互之間有何等交涉？此乃是極為困難的問題，非一朝一夕得以解決，但對於主要經典之間的關係，筆者認為大抵如次：

就地理方面考察，如前所述，同樣的大乘佛教，其起源有二。其一主要是俗信的菩薩觀，以及由此所導出的，以佛陀觀為中心而開展的信仰，其興起之地是以北印度為中心；菩薩以及佛陀為主的經典具有強烈的此一色彩。其二是相對於此，以南方為根據地而興起的，以般若為中心，專以理念為主，亦即相對於前者的信仰性，此乃朝哲學方面開展。但此僅只是大致的區分，實際上所出現的經典大抵是兩種要素相互影響與混合，故若欲嚴格作地理的區分，實是相當困難。更且在起源上，雖兩者之間有所差異，但都是以菩薩「上求菩提，下化眾生」的誓願為主要，且背後都含有諸法皆空的思想，故就此而言，一切大乘經可說是一致的，因此，依據地理差異所作的分類且留待將來，此時暫將此等經典視為是同一潮流朝不同方面分化，至少基於思想史的見地而言，在經典的處理上，將較為方便。此下將以般若為出發點，對於主要經典其思想特質及其相關狀況，簡單述之。

一、《般若經》（*Prajñāpāramita-sūtra*）

諸大乘經中，最為原始且是根本的是《般若經》。此因般若所代表的空思想，既是原始佛教緣起觀之結論，又是部派佛教所發展的種種空觀之總合。同時，所有大乘經典的人生觀或世界觀，都是於其上所建立。故就此而言，如往昔所傳，般若是三乘通申（聲聞、緣覺、菩薩等三道共通的）之教，且是所有大乘教之母胎。從而此般若部經典逐漸增廣，最後遂形成玄奘譯的《大般若經》六百卷的大部叢書，但龍樹時代所見的，如前所述是《小品般若》（*Aṣṭasāhasrikā-prajñāpāramita*）與《大品般若》（*Pañcaviṃśati-sāhasrikā-prajñāpāramita*）。徵於譯經史，前者是後漢竺佛朔（西元一七二年來華）與支婁迦讖以《道行經》之名譯出以來，約有十次的翻譯，後者是西晉的竺法護譯出《光讚般若》以來，有四次的翻譯。從內容而言，《大品般若》主要是《小品般若》之增廣，若說其間有思想上的進展，可說相較於《小品》，《大品》是在妙有的方面有較多進展。

般若的立場若與其經典浩瀚的比例相較，可說是極為簡單。要言之，是達觀一切法，其本質上是空，據此長養不受限的自由生活的活動力。更且異於先前小乘教對種種事物作分析，空觀是當下依據大直觀之總合的達觀所得。此達觀即名為般若，亦即智慧。從而智慧與知識（vijñāna）之性質完全相異，知識是經驗（基於欲望）之積聚，以分析作為其作用之特質，但智慧是於止揚與超越知識時，所呈現的超越經驗的認識，以綜合為其特色。雖稱為智慧，或稱為空，然其所指，實是同一事實，亦即從主觀方面稱為智慧，從客觀方面稱為空。

如是，依智慧而到達空之認識的是《般若經》的立場，若將此般若的世界觀或人生觀理解為虛無主義，則是大錯。般若的目標在於依據所謂無礙正觀而獲得不受我執、我欲所囚的無礙自由的心境與活動，並不是強將事實的世界消融於觀念之內，而是要打破從來的價值世界（基於個別的）。從而到達其空的結果，至少心境上而言，是可到達無憂無慮的廓然玲朗[4]之域，同時，若處於此一立場時，是以全新的視野重新評估以前的世界，此乃是即真空之妙有。更且此乃是《小品》至《大品》，非常顯著的傾向，《般若經》一方面主張空，另一方面又明顯地顯示泛神論的色彩，據此即可理解。對此，龍樹也如次道破：

4. 編註：禪宗用語。同於廓然洞豁、廓然靈朗、廓然靈瓏。

般若波羅蜜多中，或時分別諸法空是淺，或時說世間法即同涅槃是深，色等法即是佛法。

（《大智度論》七十二卷）

從而據此可以說對於空力及於實際人生的功能，《般若經》給予非常誇張地說明，要言之，就對於人生價值判斷的根本轉換而言，是在揭示完全超越從來困擾吾人的苦樂、貧富、迷悟、善惡等等，雖處於任何狀況，仍澈底實行所謂的「任運自在」之生活。

般若的立場主要是從妄心緣起觀出發，更且歸之於空，據此開啟真正自由的天地，進而開展出最充實的、新的、妙有的世界。此真空妙有的思想是所有大乘思想之基礎觀念，其差別在於或著重真空，或著重妙有；是將此視為人格活動，或視為觀照的世界；是著重其道行，或著重極致的說明。雖然如此，但總括來說，可以說一切大乘是從般若出發，是以般若為中心，故《般若經》占有極為重要的地位。

二、《華嚴經》（*Avataṁsaka or Gaṇḍavyūha*）

如是，般若所含的妙有思想也由《般若經》開展出來，然其開展並非一朝可就。承繼此思想，經過轉折，亦即從淨心緣起的立場開展出廣大妙有世界觀的是《華嚴經》。實際言之，現今所見的《八十華嚴經》或《六十華嚴》，是否在龍樹時代已齊全，不得而知，但當時已有《十地經》與《入法界品》，此依龍樹的著作得以知之，從譯經史見之，支婁迦讖、支謙，尤其是法護，既已翻譯諸多華嚴部聖典，故可推定龍樹之前大部分的華嚴聖典既已成立。

華嚴的立場同於般若，是唯心論。「三界所有，皆由於心」「十二因緣分皆依於一心」是《十地經》

的名句，又如「心如工畫師，畫種種五陰，一切世界中，無不造是法」之說，皆在揭示此意。但華嚴大異於般若之處——當然從華嚴可以窺見般若，《華嚴經》與般若相同之說眾多——但如前所述，般若是立於妄心緣起之立場，相對於此，華嚴以滅卻此妄心的空心，亦即以清淨心顯現的世界為其主眼。依據《華嚴經》所載，佛陀的華嚴思想是在菩提樹下，成道的三七日思惟之間，入海印三昧，且是只為初地以上菩薩顯現大日（Vairocana）之相，此恐是基於原始佛教的緣起觀是菩提樹下思惟的歷史事實，原始佛教所說是從無明開始，最後歸結於老死，但佛陀既已破除無明，立於清淨心（空心）之當體，是為自我觀緣起，則其緣起觀是經過空的緣起觀，故可以說是妙有重見的立場，因此，其緣起正是淨心緣起。

如是，作為其結果而開展的華嚴世界觀完全是泛神觀，整個法界是法身的毗盧遮那（Vairocana，大日）之所顯現，一草一木之中，無非全世界之反映，一瞬一秒之中，無不含蘊永遠。亦即此世界是由無限的緣起所聯繫，無論時間或空間，一切之一切皆相互關聯，即使只是一毫，亦非孤立而是莊嚴無限的一大建築。此即是漢土的註釋家所謂的十重無盡緣起，就此明白予以揭示的，即是華嚴宗的十玄六相說，總括來說，華嚴的立場是一即一切、一切即一的緣起觀，並將此擴及於世界觀，更且將其世界視同法身，任何人只要是心清淨，縱使就任何事物也能體悟這般消息，將此作譬喻性說明的，稱為法身說法。但仍是從解脫的一心之所導出，因此可以說仍以原始佛教的緣起滅觀為出發點，經由般若的空思想而臻於此。

三、《維摩經》（*Vimalakīrtinirdeśa-sūtra*）

具有前揭般若與華嚴（？）的思想，但意圖將此思想在實際生活上體現之，同時又立於高處破斥小乘的一部經典，即是《維摩經》（本經從支謙以來，直至玄奘，計有六譯，最通行於世的是，羅什譯的《維摩詰所說經》三卷）。

雖以般若為背景，但相較於消極性地主張空，肯定一切為妙有即是本經之特質。從而從宇宙論的立場而言，本經與《華嚴經》相通之處不少，此固然無庸贅言。但本經的立場，相較於世界觀的觀照淨土之建設，更著重於吾人之人格，更且主張就實際的生活中發現佛道。依據本經所述，既然是不思議解脫的立場，則吾人的生活完全是真如之顯現，此差別的世界完全是淨土。從而佛道的修行未必需要遠離人群，在不捨道法的情況下，仍舊行凡夫所行；在不斷煩惱的情況下，仍舊進入涅槃的，即是坐禪；直心、深心、菩提心所住之處，就是道場。真正的佛道，未必如小乘教者所行——在隱遁捨離之處，反而在稱為煩惱、稱為惡業之中，得見菩提。真正的佛道正如同利用糞泥卑微地生長出蓮華，是就煩惱而見菩提，此即是《維摩經》的立場。其真意恐是在於——就自然狀態而言，我執我欲是煩惱，但若能窺見潛在於我執我欲內部的意義（佛性、菩提心），據此而指導與淨化我執我欲時，即能開啟真正的理想生活。

如是，雖是從般若的立場所導出，但絕非傳統的、所謂的小乘教者所能接受。本經因於持此立場，故有必要與從前的小乘教徒力戰。如是，作為本經主角的維摩居士，雖住於塵世，卻縱橫發揮超越世俗的力用，尤其在呈現舍利弗等十大弟子的無見識方面，是本經結構上的最大特質。從小乘家的立場而言，舍利弗是聲聞的理想人物，為貶斥聲聞，故採取專就其理想的人格給予猛烈攻擊，據此擊破全體的小乘家。就此而言，此經顯然暗示著當時在家信眾與傳統佛教者之間的對抗，在了解當時自由佛教運動的空氣上，具有極為重要的意義。

四、《首楞嚴三昧經》（*Śūraṅgama-samādhi-sūtra*）

與前揭的《維摩經》幾乎是異曲同工，但主要在揭示依三昧之力，而發揮不思議解脫之力用的是《首楞嚴三昧經》。依據經錄的記載，本經前後有九次翻譯，但現存僅剩羅什譯。

佛教，尤其是大乘佛教，雖是述說種種三昧，然其中最為強而有力的有二種。其一是首楞嚴三昧（śūraṅgama-samādhi），另一是般舟三昧（pratyutpnna-buddhasammukhāvasthita-samādhi，諸佛現前三昧）。般舟三昧，如後文所述，是以定中見佛作為三昧之特相，而《首楞嚴三昧》則是基於《般若》，以一切皆空為其內容，但又意圖體現其妙有之力用，可以說正是般若正系之三昧。首楞嚴可意譯為健相、健行或勇伏，就筆者所知，雖無其詳細說明，但主要是修治心令如虛空，即是此三昧的特相，故可視為空力三昧之異名。依據本經所述，此乃是菩薩第十地完成之後，才到達的三昧。從而到達此三昧時，其中盡含一切三昧，得以經營無礙且自由的活動，故本經揭出此三昧的功能一百條。依據此三昧故，在家與出家無異，村落或空處亦無區別，男女同一平等，縱使入涅槃亦不捨生死，如此的自由自在是本經最所強調。其敘述方針完全是《維摩經》式的，差別在於將一切歸結於《首楞嚴三昧》。

此經雖是承繼《維摩經》及《十地經》之系統，但採取逐漸與二乘調合的態度，述及授記，故與《法華經》相當接近，但尚未明言三乘開會，所以是成立於《法華》之前。

五、《妙法蓮華經》（*Saddharmapuṇḍarīka-sūtra*）

從《般若》出發的大乘經典，經由《華嚴》、《維摩》、《首楞嚴三昧》等諸經，逐漸往妙有的方面開展。就對象而言，有別於《般若經》的三乘通申，此等皆以菩薩為其正機，具有破斥二乘（聲聞、緣覺）的態度。此恐是為貫徹其新的立場，不得不如此。但若僅止於此，大乘將成為特殊階級所專有，且違背其將一切眾生導向佛乘的使命。覺察之，遂將二乘包含在內，令一切歸入一佛乘的，即是《法華經》。本經由二十八品（或二十七品）組成，現存既有梵本，也有法護譯等三譯以及藏譯（中國及日本通常採用羅什譯的二十八品八卷本）。

《法華經》二十八品之中，最為重要的是最初的十四品，亦即被稱為迹門的部分。其主旨在於指出如來一代的說法雖有種種，但終究是欲令所有人歸入一佛乘。因於機根不能與此相應，故暫說聲聞、緣覺等二乘，且視菩薩乘為特殊乘，此即所謂的三乘各別，但實際上此等只是方便誘引而已。會三乘最後融合於一乘才是佛陀出世本懷，為揭示此意，故本經採用火宅喻、三車喻、化城喻、長者窮子喻等種種譬喻，為使任何人都能解其真意，故極盡通俗化，同時又極富文學性。如是，基於前述趣意，對於《維摩經》中被冷落的舍利弗等無數佛弟子（聲聞），本經皆給予將來成佛之記別，進而對於比丘尼，對於惡人提婆，乃至對於龍女也給予記別，先前被比擬為敗種的聲聞固然無庸贅言，連惡人也得以歸入一佛乘，亦即保證彼等皆可達到目的。其所據是，一切人於無限輪迴之間，曾經從過去佛聽聞《法華經》，只因機緣尚未成熟，故不能成為一乘法之人，今依釋迦佛開顯方始喚醒其自覺。

如是，《法華經》指出因於過去的因緣，故眾人將來得以成佛，但予以開顯的則完全是釋迦佛。且受其記別的，只是靈山會下的人。若是如此，佛陀滅後的眾生其成佛之保證與自覺將依何者而得？為此，就釋迦佛而提佛身常住觀的，即是《法華經》的後十四品，此即所謂的本門中心思想。據《法華經》所載，釋迦佛縱使示現入滅，但此僅是假現，實際上佛身常住不滅，故只要有意願，任何時間（久遠實成）、任何地點（常在靈鷲山）皆顯現說法（法華），也給予記別，因此直至永遠的未來，一切眾生皆獲得成佛的保證。之所以如此，恐是見法即是見佛之思想達到最高點時，為予以詮解，故對於教法，認為就是《法華》；對於理法，則主張佛性之永遠性，並將此歸著於教主釋迦佛，意圖從中尋出一切眾生成佛的普遍妥當性。

如是，《法華》提出在教法（《法華經》）上見理法，就理法談佛身常住，藉此揭示一切眾生成佛的最終根據，但《法華》絕非只是理談，完全表現菩薩的人格活動是其特色。亦即從向上門（上求菩提）而言，揭出常不輕菩薩生生世世持續不惜身命的努力事蹟；從向下門（下化眾生）而言，揭出觀世音菩薩救度一切眾生的作為，據此顯示法的向上向下之妙有化狀態。

要言之，《法華經》的止揚大小乘教之對立，是基於一切得以成佛的理由，然其最終根據在於佛性常住觀。但《法華》被視為諸經之王的理由全在於此——三乘開會——，力說悉皆成佛，至於十如是說，就《法華經》而言，未必扮演重要的角色。

六、以《大無量壽經》為中心的淨土系聖典

上來略述般若的真空思想如何經由諸經而開展成妙有的思想。此等所持的立場，或以現世為中心，或以現世為出發點，而寄望於未來於彼方成為佛陀或菩薩經營其淨土，故皆與死後的問題無直接關係。將死後問題與淨土觀結合，更且依一定條件，死後立即往生淨土的，即是淨土教系的聖典。至此之前，佛教思想史上雖有複雜的發展，但至此時起，在種種方面的眾生濟度之中，妙有思想是特別朝向死後的救度方面。

龍樹時代所通行的淨土往生觀大抵有三流。第一是以彌勒菩薩（Maitreya，慈氏）為主的兜率天往生，第二是阿閦佛（Akṣobhya，不動）為主的東方妙喜國往生，第三是阿彌陀佛（Amitābha、Amitāyus，無量光、無量壽）為主的西方極樂的往生。前揭三種思想大體上也顯示其發展史的順序。

此中，彌勒作為一生補處菩薩，目前在兜率天，未來將出現於此土成正覺，教化眾生，此乃是出自小乘時代的信仰。《彌勒成佛經》（羅什譯）、《彌勒下生經》（法護譯）等正是述此之經典，更是龍樹所引用的經典。但由此轉向，轉成念願死後直接往生兜率天，享其淨土之樂，同時直接從彌勒聞法的，即是兜率往生思想，也是《觀彌勒菩薩上昇兜率天經》（沮渠京聲譯）之所述說。其往生條件之中，稱名是其一，此雖可認為受到彌陀思想影響，但實際上不外也是下生思想所含思想之開展，而且在印度、中國、日本皆曾經形成有實際感化的信仰。

第二的阿閦妙喜國思想是與般若關係很深的淨土觀。阿閦菩薩於其因位立種種本願（自行願十二，淨土願十八），遂成為阿閦佛，於東方建設淨土。死後往生於此淨土，至少曾是大乘佛教徒的理想，此徵於阿閦往生思想散見於諸大乘經，得以知之。其淨土之特質是，相較於極樂，其理想化的程度較低，尤其欠缺藝術氣息，但在道德上、社會上、文化上的色彩較勝於極樂。從而往生於此淨土的條件，大體上是自力的，是以般若空觀為主的諸行，故與阿彌陀佛的他力本願思想相當異其趣。此阿閦佛思想如前所述，散見於諸經，而予以彙整的是支婁迦讖所譯的《阿閦佛國經》（以及菩提流支譯《大寶積經》第六不動會）。

最後，龍樹時代的阿彌陀之極樂思想，應以近於現今所見的「二十四願經」（支謙譯《阿彌陀經》、支謙譯《無量清淨平等覺經》）等一類的「《阿彌陀經》」作為代表，此徵於《十住毗婆沙論》等所引用，得以知之。彌陀思想的發生系統稍異於阿閦思想，然其本願思想仍是利用阿閦思想（阿彌陀淨土在西方之所以，是相對於阿閦淨土在東方），從一方面對抗般若，但另一方面，又意圖止揚般若思想看來，仍須視為是從真空至妙有的開展。

此阿彌陀佛及其淨土思想有種種特色，但最為顯著的有二種。第一，佛陀本身是無量壽、無量光，同時往生於此的眾生也是相同。更且此乃是彌勒淨土或阿閦淨土所無的特色。第二，他力本願思想之開展。「四十八願經」（康僧鎧譯《無量壽經》二卷）中的第十八、十九、二十等三願雖尚未明白揭示，但稱名念佛的他力易行方面，已大為發展，由此開啟佛教中他力淨土門之一門。如是，依此思想推進而成為三十六願經、四十六願經（現存梵本），最後成為「四十八願說」，無論是文化，或道德，或宗教方面，就社會思想而言，極樂世界最為完備。更且相對於《法華經》主要是從專家的立場主張皆共成佛道，而彌陀淨土則是連凡夫也包含，述說一切眾生皆容易往生，因此相較於《法華經》，更是極通俗化之妙。

第三節 ✦ 龍樹的佛教觀

一、略傳

如是，在龍樹之前，已有種種大乘經典成立。但從教會史的地位而言，如前所述，都只不過是曠野中的吶喊，尚未具有與部派佛教表面對抗的勢力。當然因於如此眾多聖典成立，大乘的空氣膨脹於四方，但大致可視為其初始是一種佛教文藝思想。相對於此，賦予教學的意義，真正能代表佛之真意，而浮出於教團舞臺表面的是龍樹（Nāgārjuna），彼在印度佛教史上，被稱為第二釋迦之所以也在於此。

依據傳記（羅什譯《龍樹菩薩傳》）所載，龍樹是南印度維達婆國（Vidharbha）人。初始專學外道諸學的傳說，恐是事實。因於奇怪的理由，入僧團出家，初學小乘，後轉為大乘的鼓吹者及大成者。之所以轉為大乘，相傳是雪山一老比丘授予大乘經典，但筆者認為此說不可輕信。龍樹之轉為大乘，從各種徵證看來，應是初始受案達羅地方的大眾部系感化，進而受般若影響，如此的推定應較近於事實。爾後為蒐集並宣揚大乘經典而行遍全印，雖是如此，其中心舞台應在南印度，尤其是獲得憍薩羅國引正王（Śātavāhana）尊崇，在黑蜂山（Bhrāmaragiri）建立伽藍，且以此地為其活動之中心地。對於其年代雖有種種異論，但從羅什於其《菩薩傳》中指出是佛滅後百餘年看來，推定為活躍於西元後第二世紀至第三世紀中葉之間，應較為穩當。

二、龍樹的主要著作

相傳龍樹所撰著作相當多，但真偽的判定並不容易，可視為確實是其所撰述的有：

（一）《中觀論》（*Madhyamaka-kārikā*）大致由五百偈所成。此有青目釋、羅什譯出。梵本方面，有月稱（Candrakīrti）的《明句論》（*Prasannapadā*, 1913 St.Pétersbourg）。

（二）《十二門論》（*Dvādaśa-mukha-sāstra*），羅什譯。

（三）《大智度論》（*Mahāprajñāpāramitā-śāstra*），《大品般若》之註釋。

（四）《十住毗婆沙論》（*Daśabhūmika-vibhāṣa-śāstra*），《十地經》的初二地之註釋，羅什譯，此是其主要。

西藏方面有：《根本中論》（*Mūlamadhyamika-kārikā*）、《六十頌如理論》（*Yuktiṣaṣṭhika-kārikā*）、《七十空性論》（*Śūnyatāsaptati-kārikā*）、《迴諍論》（*Vigrahavyārtani*）、《廣破經》（*Vaidalya-sūtra*），此等被稱為五大部。

漢譯方面有：《迴諍論》，毘目智仙譯；《菩提資糧論》，達摩笈多譯（偈是龍樹所造，釋是自在所造）；《龍樹菩薩為禪陀迦王說法要偈》，求那跋摩譯；《龍樹菩薩勸誡王頌》，義淨譯等。此外，又有《菩提心離相論》、《大乘二十頌論》、《六十頌如理論》、《大乘破有論》、《讚法界頌》等，也相傳是龍樹所造，皆是施護譯。

三、龍樹的佛教觀之大要

龍樹利用前節所述的諸大乘經，此固然無庸贅言，也利用今已不傳種種方等聖典，建設其一流的佛教哲學，又種種的大乘經典之外，對於小乘也給予其應有的地位。從而其佛教觀也極為複雜，其根本出發點當然是在《中論》，但在龍樹的著作中，也有看似與此極不相容的解說，因此作全體統一性的處理時，相當困難。古來探究龍樹的學者大抵只取自己所愛好的部分，藉以求取權威，龍樹亦因此而被尊為八宗之祖，但若就全體而言，對於龍樹究竟持何立場，尚未有定說。若是如此，龍樹的教學何以如此複雜？歸根究柢，其因在於對龍樹的著作缺少作批評性的研究，今姑且將《中論》、《智度論》、《十住毗婆沙論》、《菩提資糧論》、《勸誡王頌》等假定確是其所撰，並予以考察，可以發現龍樹的教學所以如此複雜，其因有二。

第一，出自於對應外道與小乘。亦即相對於外道，龍樹作為佛教徒之一，因此不只是大乘，對於小乘教彼也給予存在的意義，在龍樹的著作之中，雖常駁斥小乘，但又時時利用小乘的經律論。進而相對於小乘教徒，作為大乘之建設者的龍樹，在破斥小乘之餘，對於有種種立場的大乘經典，一概視為大乘，無區別的予以辯護或利用，亦即其所據雖在般若空觀，但對於淨土教系等也都予以尊重。

第二，作為教化與誘引眾生的方便階梯，龍樹利用大小乘的佛教。《十住毗婆沙論》被視為確實是龍樹所撰，作為教化之機，彼有時採取三乘（大乘、中乘、小乘）之分類，有時採取五乘之分類。所謂三乘，無庸贅言，是指聲聞、緣覺、菩薩等三乘；若是五乘，則是於此三乘之外，再加人乘與天乘，亦即完全是教化凡夫的施設。不只如此，其所謂的佛乘（菩薩乘），若從修行進展之道程而言，是將程度低的，逐漸導向於此，而誘引至於佛乘，是以十地為代表的大乘佛教之教化趣旨，因此，同樣的菩薩乘中，當然也有所謂對機說法之必要。如是，龍樹總括此等趣旨，以大乘為中心，從四方八面發揮佛教精神，此即是彼擁有廣大佛教觀之所以。其思想有高低，論調有張弛，導致看似不統一的原因全在於此，但就龍樹本身而言，彼認為此中有其一定的教化次序。

若是如此，究竟龍樹認為此中應分成幾段？若據其五乘觀看來，大致分成人天乘（以世間道德為主要，如《勸誡王頌》即是出自此一立場）、小乘（聲聞乘）、中乘（緣覺乘）、大乘等四階位較為恰當。但龍樹特有的立場是在於大乘之建設，更且由於其大乘觀有種種區別，故專就最後的一乘作分類，才是得其精神之所以。筆者認為將此分成三階段較為恰當。

第一段可以說是方便觀，第二段是真空觀，第三段是妙有觀。就文獻而言，《菩提資糧論》以及被譯出的《十住毗婆沙論》可以代表第一；《中論》、《十二門論》代表第二；《讚法界頌》若確實是龍樹所撰，則代表第三；《智度論》以第二為中心，但跨及第一與第三。若作「有空中」的分類，第一是「有」的色彩強烈，第二是「空」的色彩強烈，第三是居於其中。當然若依龍樹的精華而言，第一含第二與第三，第二含第一與第三；同樣的，第三含第一與第二，但至少在教化的態度上，可作如此分類。但此下無暇一一說明此等項目，只能大略概觀其立場。

四、龍樹的立場

如前所述，龍樹有種種著作，然其根本基調，無論如何，是在於《中論》。此論恐是龍樹壯年之作，故傾注其最強的熱情與力道，爾後的著作皆以此作為基點。實言之，《中論》的立場較為單純，首先預設三種前提：

（一）二諦的觀察方法，亦即對於物的觀點，可從第一義諦（paramārtha-satya）的立場以及從世俗諦（lokasaṁvṛtti-satya）的立場言之，今以第一義諦的立場為前提。

（二）部派佛教——特別是有部等所立的分析式的實在觀，是第二義諦的觀察結果，不是以第一義諦的真理為前提。

（三）般若的真空觀是第一義諦觀察的結果，是探究真理之蘊奧的立場。

就《中論》的任務而言，主要是從第一義諦的立場破除第二義諦的觀察之妄，為此特依一種辯證論的方法，指出小乘派所立種種題目中的矛盾，進而將一切歸著於空。恐是《般若經》雖觀五蘊、十八界、十二因緣等皆空，但《般若經》主要是立於實踐的立場，無法從理論的立場推進，故龍樹進一步以特有的辯證論法破斥小乘教的世界觀，對於大乘之根底的空觀是以神學的方式給予辯證。如是，為達此目的，龍樹首先排除從來觀察世界時所用的生、滅、斷、常、一、異、去、來等固定的觀念，改以不生、不滅、不常、不斷、不一、不異、不來、不去等所謂的「八不」表示世界真相，並指出此中皆無附上積極屬性的餘地，此即是有名的八不說。以此為基本，彼更擴及種種題目，證明其之不能成立。《中論》雖由因緣品（pratyaya-parīkṣā）乃至邪見品（dṛṣṭi-parīkṣā）等二十七品所組成，然其論法大體上相同，若通達其中之一，其他皆通。

要言之，充分利用小乘教者從四面八方分析流動的緣起世界，而提出固定的要素以及固定的關係形式，指出其中所含矛盾，據此主張其所說不可能成立。例如假定有一論法，其命題是於主觀、客觀對立之上，才產生認識，小乘教徒對此作說明時，是分成主觀的要素與客觀的要素，以及關聯彼此的因緣作觀察，相對於此，龍樹則指出脫離客觀的要素，並無主觀的要素；脫離主觀的要素，並無客觀的要素；脫離客觀，則無其關聯，若無關聯，則無認識，從第一義諦的立場而言，無論主觀或客觀或關係，或認識，一切皆空。今就《中論》最為有名的一種論法見之，在說明八不之中的不去時，頌曰：

已去無有去，未去亦無去；
離已去未去，去時亦無去。

亦即所謂的去（gamyate），依據通常所見，是指從未去的狀態移至已去的狀態。然若就此予以解析，已去（gata）之狀態，當然不能說是去，而未去（agata）當然不能說是去。而離此未去、已去，也沒有正在去（gamyamāna）的狀態，因此，畢竟是無去，一切不去〔令人想起古希臘巴門尼德（Parmenides of Elea）的運動否定論〕。如是，龍樹基於前述論法，以生滅、斷常、去來、一異等四對為中心，此外含括種種問題，論證常識的見解固然無庸贅言，即使是科學的見解（阿毘達磨的法相觀）也不能成立，雖然對於知識論的根據，龍樹欠缺明白的批判，有不夠充足之憾，然其精神在於指出無論此世界或對此之言詮，皆是以無明、渴愛為中心的緣起的產物，而此無明、渴愛不外於是執非有似有而起，故終究一切是空。乃至稱為空的表象也是空，《般若經》列出空空、大空、畢竟空等十八空的理由在此，而此乃是《中論》辯證式的力說般若真空之用意。

如是，龍樹辯證空說，對於小乘（加上外道）樹立般若之真理，雖是如此，然其本身之立場絕非僅止於空論。空亦復空，再回歸此假名（prajñapti）的世界，將此妙有化，才是其本身之立場。此從《中論》所說的「因緣所生法，我說即是空，亦為是假名，亦是中道義」，即是於止揚空有之處，開展中道實相之世界，尤其是《大智度論》，如前文之所引用：「般若波羅蜜多中，或時分別說諸法空是淺。或時說世間法即同涅槃是深。色等諸法即是佛法。」（《大智度論》第七十二卷），可以說無可懷疑的，彼之立場是從真空轉換至妙有。最明白顯示此的是其《讚法界頌》，若此頌真是彼之所撰，則彼所趨向的是華嚴式的，是轉換空為法界，是就法界見真如。

述說前文所揭妙諦如何實現的是《菩提資糧論》以及《十住毗婆沙論》等。在此等著作中，龍樹應用前節所述諸大乘經所述種種修行法，此乃彼被尊為八宗、九宗之開祖之所以，今恐繁瑣，略過不論。（《十住毗婆沙論》易行品的念佛，尤其是依念彌陀而仰其本願力所救，藉由他力而到達不退轉的方法也是其中一種。）

第四章 龍樹以後到無著、世親之前的大乘佛教
（西元三世紀至五世紀）

第一節◆當時結集主要大乘經典的用意

如是，在龍樹整理及注釋大乘經典時，大乘佛教已浮現出教團表面。但若作理論性的考察，從來的大乘經典中，雖已孕育其種子，但至少表面上尚有二、三點不足之處。

第一，關於真空妙有最終根據的說明不足。如前所述，真空是妄心緣起觀的結論，妙有是滅卻妄心，可以說是淨心當體顯現的境界，此乃先前的諸大乘經，尤其從《般若》至《華嚴》之間是最明白的思想。雖然如此，但若更進一步，對於妄心與淨心的根本關係，以及妄心緣起觀與淨心緣起觀如何區別的問題，從來的大乘經尚未明白揭示。

第二，關於一切眾生成佛的心理或論理的根據說明不足。或說為三乘各別，或說為唯有一乘，有種種的說法，但對於何以如此，從來的經典都沒有明示。《法華》雖力說一切歸入一佛乘，但其根據至少從表面上，主要在過去無數輪迴之間，曾經聽聞《法華》，故可以說是新薰種子說（經驗的），更且是基於一種神話的理由。對於其心，當然可以說是一切眾生悉有佛性論，但尚未明言之。

第三，關於佛陀論，尚有種種不足之處，尤其是法身觀尚未完成。如前所述，小乘佛教已有法身思想，到了龍樹的大乘時代，雖可說相當圓熟，但有關法身的概念並不是很清楚，從而法、報、應等三身說——《讚法界頌》若是龍樹所撰，則是例外——也未了然。但無論作為人身的佛陀（應身），或作為修行之結果而到達的理想佛（報身）之外，已提出佛陀是佛陀之所以的法身（本性），並給予一定的意義，因此有必要揭示此與其他二身的界限以及關係，此固然無庸贅言。如是，為給予解決前述三點——相互關聯，最後歸著於一——龍樹之後，遂有種種新經典結集，亦即出現與如來藏、阿賴耶識、佛性、法身常住等有關的經典。此際，無論華嚴，或般若，或淨土教系、禪系等，龍樹之前所傳承下來的經典，當然也有增加與補正，但無論如何，龍樹以後具有特色的經典，可以說必然包含前述思想。但相對於部派佛教，此等是將大眾部的心性本淨客塵煩惱論，以及上座部系生機論的生命觀等思想大乘化；相對於外道，是某種程度的策應吠檀多的主張與數論的主張，雖然因於其複雜的思想界背景，但若從大乘本流而言，仍是醞於龍樹之前的經典而未發的，至此才顯露出來。

第二節◆新經典的種類及其成立順序

若是如此，發揮前揭特色的經典，究竟有多少種類？若一一枚舉，其數當然眾多，然其主要者如次：《如來藏經》、《不增不減經》、《大法鼓經》、《勝鬘經》、《無上依經》、《大乘涅槃經》、《解深密經》、《大乘阿毘達磨經》（未譯）、《入楞伽經》等。此等經典龍樹皆未曾引用，從譯經史的研究看來，無可懷疑是龍樹之後才結集的。更且大體上是成立於無著、世親之前，此徵於世親基於此等經典撰述其《佛性論》得以知之。在《佛性論》中，就經名而言，雖僅揭出《勝鬘經》、《無上依經》、《解深密經》等三經，但若從內容看來，可以推知無論是《如來藏經》或是《大乘涅槃經》，或許《楞伽經》也包含在內，都曾予以利用。亦即在《佛性論》第四卷對於《如來藏經》所揭九譬，一一皆予以解釋，所以曾受《如來藏經》的影響，應是無可懷疑。《大乘涅槃經》的經名雖不見於《佛性論》，但論文中曾提到一切眾生悉有佛性論、法身常住、常樂我淨，尤其「法身非本無今有，本有今無」（《佛性論》：《大正藏》第三十一冊，八一一頁中）之說，正與被稱為《大乘涅槃經》之註解的《本有今無偈論》所述吻合，故無可懷疑，《大乘涅槃經》是成立於世親之前。

從而與《涅槃經》大致屬於同類的《大法鼓經》，也是成立於世親之前，又雖不見揭出《入楞伽經》一經之經名，然該經之要旨的五法、三性、八識、二無我等等之說皆散見於《佛性論》中，尤其關於三性、五法，彼所言的「性有三種，法有五分。言三性者，所謂分別、依他、真實；五法者，一相，二名，三分別思惟，四聖智，五如如。」（《佛性論》：《大正藏》第三十一冊，七九四頁中），可以視為是受該經影響（當然也有得以充分反駁的理由）。最後的《不增不減經》是一部篇幅極短的小經，似乎無關緊要，但基於認為《佛性論》受其影響，以及世親之後輩的堅慧在《究竟一乘寶性論》、《入大乘論》等明顯予以引用看來，故仍可視為是成立於世親之前。亦即如是考察時，述說如來藏、法身常住、悉有佛性、常樂我淨等思想的新經典是成立於龍樹之後，世親之前，亦即認為結集於西元二百五十年至四百年左右，大致無誤。

若是如此，前述聖典其成立的先後順序又是如何？此乃是相當困難的問題，但從內容判斷，最古的恐是《如來藏經》、《不增不減經》，《勝鬘經》排第三位，《大乘涅槃經》、《無上依經》、《大法鼓經》

等更在其次。後三經所述幾乎是同一思想，若欲定其先後，姑且假定《大乘涅槃經》另有一雛型，則此雛型可列於前，其次的《無上依經》、《大法鼓經》等是受其影響而成立的。今日所見的《大乘涅槃經》又經過若干階段，才形成今日所見形態，故今日所見的《涅槃經》，其成立大致稍遲於《無上依經》、《大法鼓經》，《解深密經》與《入楞伽經》，應是最後才成立，尤其《解深密經》不提如來藏，而是以述說阿賴耶識〔ālayavijñāna，又譯為阿陀那識（ādānavijñāna）〕為要旨，對於萬有之開展作認識論的說明，就此而言，實與如來藏諸經稍異其趣，但若從大觀看來，仍可代表如來藏潮流的某一方面。《入楞伽經》是在此之上更添加如來藏思想，可以說是在述說類似真如緣起的思想，恐是有關如來藏與阿賴耶識聖典之尾聲（《楞伽經》可能出現在世親之後？）此下將就前述聖典的思想特質及其通義述之。

第三節 ✦ 諸經的思想特質

一、《大方等如來藏經》

首先是《如來藏經》，相傳此經有西晉竺法護（A.D.290 ∫ 306）以及同時代的法祖等二譯，但此一傳說相當可疑，不值得一信。現存的《如來藏經》是東晉的覺賢（A.D.420）所譯，又有不空譯的《大方廣如來藏經》，但覺賢的譯本較為通行。最早使用如來藏（tathāgatagarbha）一語的，就筆者所知，是《十地經》在說明第十地時，其所揭無障礙解脫等八種解脫中，有一「如來藏解脫」之名。但《十地經》中的如來藏其義不明，真正有意識將此當作術語使用的，大致始自《如來藏經》。依據《如來藏經》

所述，如來藏是佛性之異名。眾生之心雖受種種煩惱所覆，但其中仍具有與如來相等之心性，更且無關佛出世或不出世，可以說此乃是法爾自然。此心性受煩惱所覆，不得彰顯，為予以顯現，故佛陀出世。成佛的種子本來恆存於眾生心內——乃是《如來藏經》全經之要旨。對此，《如來藏經》以九種比喻示之，主要是指出外表看似雜穢，但內容卻是無限珍貴，世親的《佛性論》（第四卷）與堅慧的《寶性論》對此一一給予說明，從如來藏教理史而言，可以說是相當著名。但剋實言之，《如來藏經》意在從心內探尋先天成佛的可能性，對於如來藏本身的特質，或如來藏與煩惱的關係，以及如來藏與生死輪迴的關係等等，並沒有論及，就此而言，無疑是屬於初期的產物。

二、《不增不減經》

繼承前述素樸的如來藏思想，但給予更進一步發展，在教理上相當具有組織性的是《不增不減經》（菩提流支譯，A.D.530）。從世親的《佛性論》受到本經影響，以及堅慧的《究竟一乘寶性論》也引用而言，本經同樣是如來藏思想史上應予以注意的經典之一。經中述及眾生只是一再於法界出沒，因此從大觀而言，迷既不增，悟亦不減。其之所據，主要是眾生界即是如來藏，如來藏即是法身，法身不生不滅，故以此法身為性的眾生界，從第一義諦的立場而言，可說是不生不滅。對於出沒於此眾生界中，有迷悟種種相之所以，本經是從三種立場作解釋：

（一）如來藏本際相應體及清淨法。

與如來藏本身相應的方面，是所謂的心性本淨，借用《起信論》所說，可以說是心真如門。本經如此說明：「我依此清淨真如法界為眾生，故說為不可思議法自性清淨心。」

（二）如來藏本際不相應體及煩惱纏不清淨法。

雖不離如來藏，但又不與如來藏相應的客塵煩惱方面，是無明住地，借用《起信論》所說，可以說是心生滅門。本經如此說明：「我依此煩惱所纏，不相應不思議法界，為眾生故，說為客塵煩惱所染，自性清淨心不可思議法。」

（三）如來藏未來際平等恆及有法。

立於止揚前述兩種立場，本經如此說明：「即是一切諸法根本，備一切法，具一切法，於世法中，不離不脫真實一切法，住持一切法，攝一切法。」借用《起信論》所說，恐是相當於與生滅、不生滅和合，且非一非異的阿賴耶識當體。但本經尚未臻於此境，從謂此當體為不生不滅常恆清涼不變歸依，又說為「說不可思議清淨法界為眾生」看來，是統合心性本淨與客塵煩惱之當體，但特就其清淨方面作說明。

要言之，相較於《起信論》等，在教理上，本經尚有諸多未整理者，但相較於《如來藏經》，已向原理的說明推進，就此而言，可說已有若干進步。

三、《勝鬘經》

與《不增不減經》幾乎有並存地位的是《勝鬘經》，亦即《勝鬘獅子吼一乘大方便方廣經》（有南朝劉宋求那跋陀羅與菩提流支等二譯，前者譯於西元四三六年，後者的譯出年代在西元五〇六至五三五年之間）。從經典全體的立場而言，《不增不減經》是僅闡明如來藏思想的一部小經，反之，

《勝鬘經》以十大受、三大願為首，處理攝受正法、三乘方便、一乘真實、如來藏等乃至其他種種問題，是一部龐大的經典，但若僅就如來藏思想的立場而言，大體上可以說如同前述。此經將《不增不減經》所未揭示的法身（如來藏）說為常樂我淨，又指出由根本無明（不相應無明住地）誘導出一切，因此較《不增不減經》更為進步，但從另一方面而言，本經欠缺從三種立場見一法界的——可說是《不增不減經》所具特色的組織性，交互相抵，故可視為幾乎是立於同一程度的思想。但若從詳細論述煩惱論而言，本經的地位擺置於《不增不減經》之後，應是恰當。

依據本經所述，如來藏即是厭苦求涅槃的菩提心，亦即宗教的努力是來自先天。更且作為不滅，常恆不變之原理，是一切法之基礎，亦即「是依是持是建立」，生死也是依據如來藏，此同於《不增不減經》所說。其自體即是法身藏，是法界藏，是出世間上上藏，是自性清淨藏，是如來之境界，是涅槃，是常樂我淨，然為客塵煩惱所染，故呈現雜染界之種種相。就本經的主旨言之，其客塵煩惱是心不相應的無明住地（無意識的無明），借用《起信論》所說，相當於所謂忽然念起的無明，從而其相微細難知，本經認為能知此者，唯有如來。故稱此為不思議如來境界（以上是自性清淨章之大要）。從而同樣稱為如來藏，但依其立場得以從二方面論之。其一，從離煩惱藏的自體；其二，可以說是在煩惱藏中，但能滅煩惱藏之力。

本經稱此為二種如來藏空智，並特稱前者為空如來藏，後者為不空如來藏（空義隱覆真實章），《起信論》所說的如實空鏡、如實不空鏡實來自於此。要言之，本經的如來藏觀其特色可歸納為如次二點：

（一）在說明作為理想標的而探求如來藏之原理時，必須承認無明的作用，此時才意識到說明上的困難。

（二）作為理想標的之自體及其標的是存在的原理，同時都具有破壞存在之力。此二者之任一皆觸及理論上當然的問題，同時也成為《佛性論》與《起信論》的素材，故特應予以注意。

四、《無上依經》

既受先前的《勝鬘經》影響，也受其次所將述及的《大乘涅槃經》影響，而主張如來藏思想的是《無上依經》（真諦譯 A.D.557，玄奘譯的《甚希有經》是其摘譯）。《佛性論》、《究竟寶性論》等盛行引用之，對於法身論與佛性論等之發展，具有極為重要的意義。本經之所主張，大體而言，同於先前諸經，若從本質而言，主要是指出無論眾生界，或是如來界，同樣是自性清淨，但由於煩惱，故其本性暫被蒙蔽。所謂如來藏至極清淨之說，畢竟是意指此自性清淨之菩提性（佛性未脫煩惱殼的當體）。脫其殼的，即是如來藏自身，是法身，是如如，是實際，是寂滅，是常樂我淨，是第一義，故與《不增不減經》及《勝鬘經》所說大致相同。若是如此，在如來藏思想史上，本經具有何等特色？總括來說，是著眼於修行方面，更且將此作某種程度論書式的、數目的分類，並予以說明，此乃從來聖典所無之特色。尤應注意的是，本經基於修行的立場，將根機分成五類，此與爾後的五性各別論等有關，也與《大乘涅槃經》的一闡提成佛論有關，故特應予以注意。所謂的五種人是：一闡提（icchantika）、外道、聲聞、緣覺與佛。所謂一闡提是指「執著三有，毀謗大乘的人」，此類人雖定不能成佛，但在本經，佛所以揭示菩薩道，即是為除此障，故一闡提亦得以成佛。所謂外道是指「執著我見的人」，為破執此見者，佛為說般若。所謂聲聞是指「怖畏生死的人」，為破除之，佛揭示破虛空三昧門。所謂緣覺是指「不顧及他人利益的人」，為對治之，佛陀述說大悲。如是，學習大乘，通曉般若，暢達破虛空三昧門，修大悲，最後到通達常樂我淨的，才是真正的佛乘。更且認為大乘之蘊奧在於「達如來界無染無著，能入生死輪轉生死，非煩惱縛，證大方便，住無住處，寂靜涅槃，速得阿耨多羅三藐三菩提」（第二如來界品），本經所高唱的「不住涅槃」，雖是如來藏思想的當然結果，但也是本經最大特色之一。

五、《大乘涅槃經》

先前諸經所述的如來藏或佛性思想，是在探求成佛的先天根據，可以說是出自論理或心理的要求而作的結論。但前述的思想未必僅從此一方面推進，有必要更從其他方面推進，藉以完成其偉大的發展。法身常住觀形而上化的要求即此，作為教法的法身是肉身的佛陀入滅後，作為常住之真理，永遠流傳於世間，此一思想是生起於佛陀入滅後不久，但也包含在佛陀入滅時的遺誡中。將此教法常住的思想一轉，轉成將潛藏於教法背後的理法視為法身、視為法界，並主張常住的是《華嚴》等所持的立場，此如前述。但前述的法身觀已超脫釋迦佛陀的人格，而是出自以教法為中心的立場，因此從追慕佛陀的人格之情而言，顯然過於冰冷，有所不足。作為補償而出現的是未來佛或他方佛的信仰，但此等皆出自於迫切希願歷史的佛陀常住所致，此即是《法華經．如來壽量品》的思想。然而《法華經》將一切眾生成佛的可能性，求之於過去世的教化薰習，故對於佛壽無量之根據，提出過去久遠前成佛之說，但此終究只是以時間性的表象表現，尚未推進至就內心而予以證明之地步，此如同前述。將此更往前推，以如來藏思想、佛性思想為根據，直接就歷史的佛陀而提出法身常住的，即是《大乘涅槃經》。《大乘涅槃經》原是發展自《小乘涅槃經》，現今吾人所見者之前，曾經過若干階段，受《般若》、

《法華》、《首楞嚴三昧》等龍樹之前的大乘經典影響，固然無庸贅言，進而止揚的是，利用圓熟的小乘教理乃至吠檀多與數論所說，但無論如何，給予此經最大影響的是前揭諸聖典所代表的如來藏思想。可惜的是，筆者無法確定如來藏系聖典中，何者成立在《涅槃經》之前，何者在《涅槃經》之後，但總括來說，大體上受某種如來藏經強烈影響，應是無可懷疑。若是如此，《大乘涅槃經》的思想特質如何？大體而言，其與前述諸聖典的立場無太大差異。將法身常住的思想或涅槃的屬性視為常樂我淨，認為一切眾生悉有佛性，主張一闡提終能成佛等。更且以法身常住思想為中心，將此等串聯而形成一個體系，乃是本經之特色。

今嘗試定其次序——如前所述，作為教法理法的法身常住觀最早成立，進而尋其教法理法之意義，主要是與去迷求悟的道行有關。而此去迷求悟的要求解脫，只要是具有無限的生命欲、自由欲，自然會批判現實，對現實感覺不滿，故可以說法身之當體即在我心。以此建立法身觀之當體的，即是《大乘涅槃經》的特色，無論是與一切眾生悉有佛性論，或與如來藏、菩提心、法身、佛身、涅槃結合之契機，不外於出自前揭之觀察。但《大乘涅槃經》之特色，不只將此置於心理活動之內，更形而上的，謂此為如來藏，此為法身，此為佛性，所謂的佛陀，歸根究柢是如實實現如來藏、法身、佛性之當體，不外於是永遠生命之實現。從而釋迦佛的入涅槃，絕非從來所認為的消極，而是大我的實現，是常恆的存在，是畢竟安樂，畢竟清淨之當體，此乃是就涅槃一般論而主張佛陀涅槃也是常樂我淨之當體的原因。如是，佛陀的肉身雖滅，然其真身猶存，更且其真身為濟度眾生而成為化身、應身之說，也是由此而導出的結論，從法身常住觀向人格的佛身常住觀推進的，實是以《法華》為背景，從《大乘涅槃經》出發的《金光明經》等所盛行的主張。

如是，《涅槃經》從悉有佛性觀出發而朝向佛身常住觀推進，故其當然歸結，必然是悉皆成佛論。此因既然從一切眾生悉有佛性導出佛身也是常住之說，則任何眾生皆有開發其佛性的機會。但將此視為事實問題而論時，以《涅槃經》為首，諸如來藏系經典雖如此盡力主張悉皆成佛論，但仍有絕對不信之輩存在，此乃是事實。《涅槃經》稱此為一闡提（斷善根、無信），從實際的宗教見地而言，對於彼等的處理是相當棘手。徵於文獻，被視為《大乘涅槃經》初期產物的法顯本，以及曇無讖譯的四十卷本，其前十卷專在強調一闡提不能成佛，從理論而言，不免有不澈底之感，於是在獅子吼菩薩品第二十三，遂承認彼等亦能成佛。經云：「我常宣說乃至一闡提等亦有佛性。一闡提等無友善法，佛性亦善，以未來有故。一闡提等悉有佛性，何以故？一闡提等定當得成阿耨多羅三藐三菩提故。」至此《法華經》的主張才依心理的論理根據得以完成，就此而言，中國佛教學者認為《涅槃經》是《法華經》的結經，理由在此。

如來藏思想論、悉有佛性論、常樂我淨論、佛身常住論、闡提成佛論等雖非《涅槃經》獨有，但由於《涅槃經》是大部頭的經典，其地位崇高，故前揭的思想在種種方面給予廣大影響。以《大方等無想經》（一名《大雲經》，曇無讖譯）為首，《金光明經》等皆繼承其思想，又，前述的《無上依經》也同樣可視為其潮流之一，尤其是《大法鼓經》（求那跋陀羅譯 A.D.435 ∫ 468），顯然是以《涅槃經》的思想為主要背景而撰述，如是等等，在印度佛教思想界遂占有極為重要的地位。傳至中國，此經在種種方面皆有關聯，終致有所謂涅槃宗成立，此當無庸贅言。

此經最早譯出的是，東晉法顯與覺賢共譯（A.D.418）的《大般泥洹經》六卷，此相當於《涅槃經》前十卷的部分。繼此的是北涼曇無讖譯（A.D.421）《大般涅槃經》四十卷，此正是《大乘涅槃經》之總體，而唐朝若那跋陀羅與會寧共譯的《大般涅槃經》二卷是其後面部分；完本的《大般涅槃經》是此部分加上先前的四十卷本。而依據法顯譯，就此四十卷本區分章節，稍作修改的，被稱為南本。

六、《解深密經》

上來所述的如來藏（佛性、法身）思想可以說是因應向上門的要求而成立，但此中的問題是，若是如此，基於此一立場，將如何說明此雜染的世界？就龍樹時代之前的大乘思想見之，無論是般若，或是華嚴，或是維摩，其所述都是三界所有皆由心造，然對於其心如何發動，此世界遂顯現種種相的說明甚為粗略。僅只作「因於無明，故顯現虛妄世界，因其心清淨，故淨土顯現」的說明而已，此如前述。然今對於無明，作為無明住地，提出所謂無意識的根本無明（心不相應的無明），對於淨識，提出佛性、如來藏等，如此一來，自然產生出無明與淨識的關係，以及彼等如何開展出世界的問題。此即先前所說的，基於實踐要求的本體論考察，必然朝向基於說明之要求的認識論考察推進。但此時大乘佛教思想是轉向為學問的，遂有後世所謂唯識佛教成立。將此予以學問性論究的是無著、世親、十大論師等所謂的論師所促成，但在此之前，以經典形態啟其端的，實是《解深密經》與《入楞伽經》。《解深密經》是法相宗的基礎聖典，對於瑜伽佛教，亦即無著、世親的佛教占有重要地位。中國所譯出的是，菩提流支的《深密解脫經》五卷（A.D.514）以及玄奘的《解深密經》五卷（A.D.645），另有求那跋陀羅與真諦等的部分內容譯本。

《解深密經》的思想特質有種種，然其主要的：

（一）六識之外又立阿賴耶識，可稱此為第七識。龍樹認為第七識恰如龜毛兔角，但爾後第六識的內部被認為有如來藏等之類的某物，更將此視為構成現實的原理時，《解深密經》才以阿賴耶或阿陀那之名，立此第七識（爾後生起以阿賴耶為第八識，阿陀那為第七識之說，但《解深密經》尚未作如此區別）。但之所以至此，如來藏或佛性之外，小乘派所發展的非即非離蘊我、細意識、窮生死蘊、有分識等觀念也給予一臂之力，此無庸贅言。若是如此，此阿賴耶識或阿陀那識的性質如何？

本經曰：「阿陀那識甚深細，一切種子如瀑流，我等凡愚不開演，恐彼分別執為我。」解其名稱，曰（第一卷）：「此識亦名阿陀那識，何以故？由此識於身隨逐執持故。亦名阿賴耶識。何以故？由此識於身攝受藏隱同安危義故。亦名為心，何以故？由此識色、聲、香、味、觸等積集滋長故。」亦即簡言之，心的本性或原理的阿賴耶識是在第六識的分別識內部，如瀑流之源源不絕，且是造作一切之因，是保有一切經驗之原理，是輪迴之主體，是悟（稱此為轉依）之主體。但本經對於其本性，究竟是如同如來藏之清淨，或如爾後護法之流所解釋的不淨，並沒有明示，大致是含有前文所述的根本無明思想與如來藏思想，但著重於無明的方面。此因若從探求理想標的之立場而言，有必要將此視為淨，但若從追求現實原理的立場而言，視為不淨才吻合佛教的教理。此一問題爾後產生種種分化，但《解深密經》尚未明顯確定，此為其特色之一。

（二）因應阿賴耶識說之確立，提出三相三無性說。所謂三相，是指遍計所執相（parikalpita-lakṣana）、依他起相（paratantra-l.）、圓成實相（parinispanna-l.）。所謂遍計所執相，可以說是指幻覺或錯覺，依他起相是指因緣所生法，包含常識至科學的現象世界，圓成實相是指諸法的平等真如，本經將此分成流轉真如、相真如、了別真如（識性）、安立真如（苦諦）、邪行真如（集諦）、清淨真如（滅諦）、正行真如（道諦），皆以平等為其特相。亦即相對於從來將世界分成虛妄與真實（空性）

等二類，分成三類是此三相觀的特徵，但在認識論加上妥當價值的問題。

前述三相若歸著其根源，皆不離心識，遍計所執相是指依名與相而表象於心的，別無自性存在（相無自性）；依他起是指因緣生，但因緣的根源在於心，同樣的無特殊之自性（此稱生無自性）；圓成實相是指清淨心之所緣，同樣的離心無自性（此稱勝義無自性），此乃有名的三相三無性說，唯識之宗義是，最後亦應歸著於空觀。

（三）本經揭示判釋之思想。依據本經所述，首先為聲聞說四諦法的，當然是小乘經，是未了義之說；進而為菩薩密說諸法無自性、無生、無滅、本來寂靜、自性涅槃，但所說仍未澈底，今依《解深密經》之立場，以三相三無性說，為三乘者一一揭示一切法無自性、清淨涅槃，才是其真正之蘊奧。恐是本經結集於前文所述種種大乘經之最後，更且所提出的阿賴耶新說，並不是依據《法華》等三乘開會之立場，而是依據三乘各別之立場，因此有必要予以判釋。

然此三乘分別之立場成為爾後五性各自之先驅，此最應注意。依據本經所述，《法華經》等的唯有一乘法之說，是來自於三乘皆清淨道，並非無種姓（上、中、下）之區別。就種姓而言，仍有聲聞、緣覺、佛等三姓之別，劣機決定生者無論如何仍無法迴轉於佛乘。此恐是如前所述，本經在追求理想之外，又著重現實，沒有忽視現實教團的聲聞眾之地位。

要言之，本經可說是具有某種意義的論書，其組織整然，觸及種種問題，但前述的三項或四項是其最大的思想特質，本經存在的理由也在於此。

又，就現存的經典而言，此《解深密經》可說是無著、世親之前，有關阿賴耶識思想的代表性經典，若徵於文獻，此經之外，還有種種阿賴耶識經。其中最有名的是被稱為《大乘阿毘達磨經》（或稱《阿毘達磨大乘經》）的經典。相傳無著的《攝大乘論》實是其攝大乘品之註釋，而《大乘阿毘達磨集論》（例如第一卷，《大正藏》第三十一冊，六六六頁上）、《攝大乘論》（玄奘譯，卷上，《大正藏》第三十一冊，一三四頁上）、《成唯識論》等盛引用之，幾乎具有等同《解深密經》的地位。可惜的是，漢譯所傳非其全部，僅見於種種論書引用，故應有予以匯集，試作研究之必要。

七、《入楞伽經》

如同《解深密經》的乘如來藏潮流出現，然方向稍異，開啟出另一種新天地，進而更利用之，回歸於如來藏思想，訂下理想標的，同時作現實之說明的，是《入楞伽經》。本經除尚有泉方璟日譯的梵文本（南條出版）流傳之外，又有劉宋朝譯本，求那跋陀羅譯《楞伽阿跋多羅寶經》四卷（A.D.443）；魏朝譯本，菩提流支譯《入楞伽經》十卷（A.D.513）、唐朝譯本，實叉難陀譯《大乘入楞伽經》七卷（A.D.700）等三譯，在研究上，可說材料相當完備。雖然如此，但經文內容雜亂，全體趣旨之掌握相當困難。但從思想的立腳點而言，本經的主要觀念是揭示五法、三性、八識、二無我，經中隨處反覆述之。

> 五法、三種自性、八識、二種無我，一切佛法悉入其中……
>
> 五法三自性，及與八種識，二種無有我，悉攝摩訶衍。
>
> （《楞伽阿跋多羅寶經》卷四，《大正藏》第十六冊，五一一頁中）

所謂五法，是指名（nāma）、相（nimitta）、分別（saṁkalpa）、正智（samyagjñāna）、如如（tathatā，

真如），《瑜伽師地論》、《顯揚聖教論》、《成唯識論》、《佛性論》等也見述之。所謂名，是指如同說為馬、牛等的名稱；所謂相，是指依其名而顯現之像；所謂分別，是指對於其名與相所作的判斷，此三者屬於遍計所執與依他起的分際。所謂正智，是指勘破名或相皆無實性的智慧；如如是指此智慧之對象的平等真如，可以說此五法是將迷界以及悟界分別作主客觀之區分，以及迷界的主客勘破時，其中的悟界開啟之經過，分成五段作考察。所謂三性，如前所述，是指遍、依、圓等三者，但本經所述較先前的《解深密經》等較為詳細，尤其關於依他起性，是就種子生現行，現行熏種子給予相當詳細的說明等，顯示在思想上有顯著的進展，但要言之，不外於是將前五法攝於三性之立場而作說明（名、相、分別相當於遍計與依他，正智與如如相當於圓成實性）。其次所謂八識，是將《解深密經》所揭的阿賴耶識視為第八識，其下置作為第七的末那識，於此等之上添加一般的六識。加上作為第七的末那識，顯然較《解深密經》有更進一步的整理與進步。但剋實言之，本經的八識論尚未消化，故頗多難以掌握其適切意義的。大體而言，本經是將八識分成二種或三種（劉宋譯四卷楞伽分成三種，梵本與魏唐二譯分成二種），分成三種的是真識（jātivijñāna）、現識（khyātivijñāna）、分別事識（vastuprativikalpavijñāna），分成二種的是現識與分別事識。就分三種的而言，真識是指阿賴耶識之本態，現識是指其活動態，分別事識是指前七識；分二種的是現識之中，包含阿賴耶識之本態與活動態。若是如此，本經如何看待第八識與前七識的關係？依據本經所述，現識（第八識）以不思議熏習之轉變為因（acintya-vāsanā-pariṇāma-hetuka），而真識（真如識）受無明所薰，不斷的流轉，至於分別事識則以境界分別為因（viṣayavikalpa-hetuka），且以無始妄熏習為因（anādikāla-prapañcavāsanā-hetuka），亦即以前述的名相等為其對象，且以其名相等的先天性習氣為材料因，持續其流轉，因此第八識與前七識之間，在作用上有差別，但兩者之間又有密切關係。前七識若尋其本，也是從第八識轉變而來的，同時第八識作為現識而運作，是因於前七識提供材料，因此二者的關係遂成為不一不異。如是，無論主觀或客觀，若就其根本而言，可以說是依據第八識的運作；若分而言之，可以說是依前七識之分別而起，其自身並無自性，要言之，認為一切不外於是識海之波浪的，即是本經的唯識觀。

對於停止此識海之波浪，安住於真如之根據以及工夫，本經首先提出各識皆有真相（jātilakṣaṇa）、業相（karmalakṣaṇa）、轉相（pravṛttilakṣaṇa）等三相。所謂真相，是指識的本性；所謂業相，是指其本體的業之熏習；所謂轉向，是指以此為依據的活動態。依本經所述，八識之任一識皆有此等三態，但真正的本體是第八識的真相，前七識與第八識的業相與轉相是依修行之力，尤其是依人法二空的觀念與體驗而被滅卻。更且此業相、轉向滅之當體，即是識海波浪停止之位，故稱此為如來藏、真如、涅槃、法身，有時稱為空無垢識（或稱為第九識），是真正不生不滅，清淨無垢之當體，此即是本經之立場（《楞伽阿跋多羅寶經》第一卷，《入楞伽經》卷二，《大乘入楞伽經》卷一，梵本頁三七～四六之大要）。如是，本經調合如來藏思想與阿賴耶思想，主張第八阿賴耶識有淨與不淨等二方面，從不淨的方面，生起分別的現象界；從淨的方面，確立法身、涅槃、真如的無差別平等界，此正近似《起信論》一心二門的思想。但剋實言之，本經雖提出第七識，然對於其所司所言不明，而阿賴耶識所具的淨與不淨的關係也不明，其他種種方面也有甚多不澈底之處，此乃古來對於本經立場產生種種異解之因由。總括來說，本經一方面以般若空觀為背景，另一方面又採納《解深密經》等唯識系思想，而以如來藏思想統合之，雖然在若干方面其義理不通，但如同《大乘密嚴經》（唐地婆訶羅譯），在某種意義上，頗近於大乘哲學的蘊奧，此乃不得不承認的。

第四節 ✦ 前揭諸經與小乘佛教

上來略述如來藏系所屬經典的主要立場，最後就彼等共通處述之。

首先就歷史而見，如來藏觀與阿賴耶識觀雖皆成立於龍樹之後，但若求其先驅思想，可從小乘教見之。如來藏觀是承自大眾部的心性本淨說之系統，阿賴耶識觀則從上座部系生機的生命觀獲益不少，加之某種程度也與從龍樹時代逐漸獲得勢力的數論派與吠檀多派有思想上的關聯，此乃是不得不承認的。但從大乘的立場而言，無論如何，此兩種思想也是乘大乘潮流而起，更且對於龍樹之前既已成立的真空妙有觀，提供其妙有之原理，而且在現象之間，確定其認識妥當之程度，為空觀之成立奠下基礎，此乃是無可懷疑之事實。

第二從理論的立場而言，為揭示成佛的先天根據（本覺），特將此無限生命的要求形而上化，故有如來藏思想之成立，故如來藏思想可說是本覺本位；阿賴耶識思想主要是在揭示現實的迷界其根源，同時，也是為揭示開悟的經過而提出，故可說是始覺本位。但對於二者之間具有何等關係，以《楞嚴經》、《密嚴經》等為首，實是世親等論師最為著力之處。

第三從佛陀論而言，萌生法、報、應等三身觀的種子，已見於龍樹之前的大乘經典，但法身觀方面尚未確定，所以還是妾身未明，但作為如來藏常住觀所導出的佛身常住觀結論之三身觀（有時是四身說），至少其材料在前述諸經中已逐漸開展，此亦可說是龍樹之後所發展的教理所具特質。

如是，相對於佛教的根本立足點，前述諸經給予新的基礎觀念，若是如此，在實踐方面又是開拓出何等新境地？據實而言，對於此一方面，並沒有提供太多新見地。但在修行德目方面頗為詳細，例如在六波羅蜜之上，添加方便、願、力、智而形成十波羅蜜等，總之，詳密度增加，但無論社會的問題，或個人的問題，都看不到提出解決新問題的痕跡。教團的問題方面，三姓（聲、緣、菩）或五姓（聲、緣、菩、不定、一闡提）的先天性差異是否最後有融合之道的問題盛被論究之所以，雖是承繼法華的三乘開會思想與華嚴的別教一乘思想等系統，但就某種意義而言，應是以實際社會為目標的新問題。又，前文所揭的經典雖非全部，但《涅槃經》、《勝鬘經》、《楞伽經》等，之所以特設「斷肉品」，提倡不食肉，未必是如來藏說之必然結論，而是來自於當時婆羅門社會的影響，雖然如此，但總括來說，相對於允許食淨肉的小乘教團，如來藏系經典持此主張，可說是一種新運動。又關於修行之最高理想狀態，前述諸經同樣將無餘涅槃視為最高，但受常樂我淨觀影響所致，對於涅槃是作積極性的理解，同時由於應身觀的發展，故主張並非永久入於寂滅，而是常為濟度眾生而運作，亦即力說所謂的不住涅槃。從萌芽而言，雖是萌發於大乘初期時代，但可說是前述諸經逐漸開展出的一種特質。

最後的問題是，前述諸經的成立地是在何處，無論《大乘涅槃經》，或《大法鼓經》、《無想經》，都是流行於南方，尤其《楞伽經》是以南海之濱為其說法地，因此大致上可以認為此等經典如同般若，是成立於南方。若是如此，則此等思想初始承自南方系的大乘不少，應是事實。但若徵於其他種種跡證，其之大成，應在中印或北印。對於《涅槃經》是從南方傳至罽賓，《楞伽》是出自南方作的地理考察，極不正確，若慮及《勝鬘經》是以中印阿踰闍（Ayodhyā）為中心，而無著、世親也是出身北方，尤其無著是以阿踰闍為中心，發起大乘運動等，則將此等之中心地視為是在中印，應較為恰當。此等經典是在笈多王朝（A.D.4 th ∫ 6th）的文化下成立，尤其在種種方面，阿踰闍之成為中心地，是因第四世紀末旃陀羅笈多（Candrá- gupta）第二世移其首都於此地，此地成為文化及政治之中心地所致。

第五章 無著、世親的佛教

第一節◆總論

如前章所述，龍樹以後，一方面興起如來藏思想，另一方面阿賴耶識思想也興起，但此中某種程度將兩者予以調和的思想也見產生。就予以組織而言，僅採取從容不迫的經典形式，在種種方面，顯然不夠澈底。如前所述，諸如《解深密經》或《大乘阿毘達磨經》等，已見論部性的整理，但無論如何，仍未有條理性的整然，此乃是無可懷疑之事實。如是，如同《般若經》等大乘諸經是由龍樹予以整理及作註釋，如來藏及阿賴耶識系的新聖典也需要有予以整理的大論師。應此要求而出世的是，無著（Asaṅga）與世親（Vasubandhu）等二大論師，更且至少在教理上，佛教因而具有超越龍樹的開展，同時在某種意義上，大小乘教至此得以統合。此因龍樹的特色在於藉由破斥小乘而發揮大乘之特異性，反之，無著、世親以在小乘教的繁瑣教理上，確立大乘為其特色。

相傳無著、世親兄弟是北印犍陀羅丈夫城（Puruṣapura，今之巴基斯坦白沙瓦）婆羅門憍尸迦（Kauśika）之子，長兄無著在化地部出家，世親及三弟比鄰持子（Viriñcivatsa），都在有部出家。爾後無著與世親雖皆轉入大乘，但在了解其學風上，彼等先前在化地部或有部出家之事，乃是吾等首先必須注意的。首先轉入大乘的是無著，相傳世親是受其感化，但作為大乘論師，兩者弘化的活動皆以阿踰闍為中心，此乃是了解當時大乘教學中心地時，必須予以注意的。

關於其出世年代，雖有種種異論，但筆者認為從種種方面看來，推定其生於四世紀末、活躍於五世紀後半，應較為妥當（無著七十五歲，世親八十歲入滅）。無論無著或世親皆有種種著作，原典雖已散佚，但漢譯有大量留傳。應予以注意的是，與無著有關聯的彌勒（Maitreya）之著作，依據傳說，此等著作是無著承兜率天彌勒菩薩教化編輯而成，因此就事實而言，等同於無著所撰。近年有人提出另有作為無著前輩、名為彌勒的論師，而此等是彼所撰之說，作為一家之見，雖相當值得注意，但就歷史的事實而言，若欲予以承認，還需再多作研究。因此，雖視為彌勒之著作，但不外仍是無著所撰，應較為安全。此徵於漢譯相傳為彌勒所撰的《大乘莊嚴經論》（*Sūtrālaṃkāra*），其梵本載為無著撰，得以知之。依此見地，茲將二師的撰述揭之如次：

（一）以彌勒之名流傳的著作

《瑜伽師地論》（*Yogācārabhūmi-śāstra*），百卷，玄奘譯。

《大乘莊嚴經論》，十三卷，波羅頗蜜多羅譯（*Mahāyānasūtrālaṃkāra*, par S. Lévi, Paris 1907）。

《十地經論》（本頌，世親造釋），十二卷，菩提流支譯。

《辨中邊論頌》，一卷，玄奘譯。

（二）以無著之名流傳的著作

《顯揚聖教論》，二十卷，玄奘譯。

《攝大乘論》（*Mahāyānasa ṁ graha-śāstra*），三卷，此有真諦、佛陀扇多、玄奘等三譯。

《大乘阿毘達磨集論》（*Mahāyānābhidharmasaṅgīti-śāstra*），七卷，玄奘譯。

《金剛般若論》，二卷，達磨笈多譯。

《順中論》，二卷，瞿曇般若流支譯。

（三）世親之著作

《阿毘達磨俱舍論》（Abhidharmakośa-śāstra），三十卷，玄奘譯。〔《阿毘達磨俱舍釋論》，二十二卷，真諦譯。〕

《唯識三十頌》，一卷，玄奘譯（Vijñaptimātratāsiddhi, Tri ṁ śikā. avec le commentaire de Sthiramati. par S. Lévi. Paris 1925）。

《唯識二十論》，一卷，玄奘譯（Vijñaptimātratāsiddhi, Vi ṁ śatikā. Par S. Lévi. Paris 1925）〔《大乘唯識論》，一卷，真諦譯；《唯識論》，一卷，般若流支譯。〕

《佛性論》，四卷，真諦譯。

《攝大乘論釋》，十卷，玄奘譯。〔《攝大乘論釋》，十五卷，真諦譯；《攝大乘論釋論》，十卷，達磨笈多譯。）
《辨中邊論》，三卷，玄奘譯。（《中邊分別論》，二卷，真諦譯。）
《十地經論》，十二卷，菩提流支譯。
《妙法蓮華經優波提舍》，二卷，菩提流支、曇林等譯。
《無量壽經優波提舍》，一卷，菩提流支譯。
《涅槃經本有今無偈論》，一卷，真諦譯。

此外，《五蘊論》、《百法明門論》、《勝思惟梵天所問經論》、《如實論》、《金剛般若論》等其數眾多，此處略過。

若是如此，在理解無著、世親的佛教時，對於此等應如何看待，乃是學者相當頭痛的問題。因為此等著作未必皆基於同一立場，尤其世親有種種經論之撰述，故難以確定其真正立場。加之，徵於漢譯，恐是所傳不同所致，同樣的唯識說，菩提流支、真諦、玄奘所見卻有差別，幾乎是不知其所歸，故若欲依統一的見地理解無著、世親的佛教，頗有相當困難之感。對此，筆者所見大體如次。

至少在轉入大乘之後，無著是立於一定教理之基點。亦即從聖典而言，完全遵奉基於《解深密經》、《大乘阿毘達磨經》的阿賴耶識說，故與如來藏或佛性說不具任何關係。之所以如此，恐是既然本有清淨，則不能由此導出現實的不清淨，亦即是為令其說明的立足點得其統一所致。《瑜伽師地論》、

《顯揚聖教論》、《阿毘達磨集論》、《攝大乘論》等，皆出自於此一立場，就筆者所知，此等之中，如來藏或本有佛性，或常樂我淨等語詞，一次也不得見之。

若是如此，世親則是如何？世親的鑽研範圍較無著廣，往短處看來，可說是一名著述家；往長處看來，可說是龍樹之追隨者，由於意圖建立一切大乘，故其立場不能首尾連貫。小乘論的立基點暫且不論，對於同樣的大乘，如前文所述的《法華》、《涅槃》、《般若》、《阿彌陀》等經皆予以註釋，但對於阿賴耶識思想與如來藏思想——則是傾其主力於阿賴耶識——皆予以注意，因此其著作中的立場，多少有所差異。如是，純粹承繼無著之系統，且簡單予以彙整，於內容上集其大成的是《唯識二十論》與《唯識三十頌》所持之立場，漢土所謂的新譯家（玄奘一派）即是承繼此一系統。據此，筆者將此一系統稱為瑜伽佛教或《解深密經》——世親系（或無著——世親系）之唯識派。相對於此，添加如來藏系（含《大乘涅槃經》）的思想，立於《入楞伽經》之立足點的，是其《十地經論》與《佛性論》。此中，阿賴耶識之外，更承認淨識之實有性，進而也有真如隨緣之意。筆者暫將此稱為《如來藏經》——世親系，菩提流支、般若流支、真諦等的立場，主要屬此系統。就年代而言，世親所持立場究竟以何者為先，筆者雖未能確定，但筆者認為世親並無意強將此二者融合，此乃後世同樣出自世親學統，對於識體論卻出現種種意見之所以。總括來說，無著、世親雖皆主張廣義的唯識說，但若嚴格說來，如來藏——世親唯識說以及阿賴耶識——世親唯識說之間，多少有所差別，此乃吾人必須承認的。

第二節 ✦ 無著——世親系的佛教（瑜伽佛教）

如前所述，無著——世親系的特質在於意圖藉由第八阿賴耶識解決一切。亦即立於阿賴耶識是萬有之本源，是其所依止，既是個人的原理，也是世界的原理之唯心論的立場說明現實，而且揭出其理想之歸著點。此恐是以原始佛教的倫理唯心論為出發點，經由小乘佛教的種種識體觀（根本識、窮生死蘊、細意識等），更基於大乘佛教的三界唯心說，予以綜合所得的結果，就某種意義而言，可以視為是統合大小乘教所有由心論的結果。從而無著——世親系的佛教其組織極為複雜，然而居其中心位置的是阿賴耶識論，有關阿賴耶識的觀念若能更加明瞭，則得以掌握其根本立足點，此固然無庸贅言。此徵於《攝大乘論》對於前七識置之不論，僅依阿賴耶識論述大乘概說，即得以知之。有關此一方面，若詳細予以論述，極為複雜多岐，故此下盡可能簡單揭出阿賴耶識之特質如次。

阿賴耶識一方面是世界的原理，但就其本體言之，可以說只是個人的。一切有情各有其阿賴耶識，此乃是有情之原理，同時也變作因應其業之世界。就此而言，唯識的世界觀可說是一種個人的唯心論（solipsism），但阿賴耶識的作用異於一般認識主觀的原理，就西洋哲學而言，稍稍類似萊布尼茲（Leibniz）的單子論（Monad）原理。

無論依據《瑜伽師地論》或依據《攝大乘論》所述，阿賴耶識是一切雜染之本源，故其特質完全是有漏。此無論是《唯識三十頌》或是《佛性論》，都持相同論點，因此只立阿賴耶識的瑜伽佛教，可說毫無承認阿賴耶識另具本淨方面之餘地。但如前所述，此一立場相當異於《瑜伽經》、《密嚴經》以及承繼其系統的舊譯家諸師的解釋，故應特加注意。瑜伽佛教的淨識，是止揚阿賴耶識的，所謂轉依後所顯現的心境，不能視為是阿賴耶識本具的性質，此乃無法否定之事實。

作為有情的本質，阿賴耶識是無始無終之相續，就此而言，看似外道所謂的自我或神我。但外道的我具有常一主宰之特質，反之，瑜伽佛教認為阿賴耶識是無始以來的業所引起，且被規定（業果），如同瀑流之不斷流轉相續（不斷），更且因於業，於三界受生，故各個阿賴耶識的性質有別（遍三界），絕對不能將此與意味著常一主宰的我相混。若對此阿賴耶識生起我執，即是迷的根源，無著或世親對此是極力的論證之。

若是如此，此阿賴耶識究竟是無意識的原理，或是意識的原理？在經驗上，雖相當不明瞭，但至少在形式上作為一種識體，被視為是意識的原理。然其意識作用極為微細，大異於通常的心理作用，故《三十頌》特稱此為不可知之了（微細難知的認識）。

阿賴耶識既然是如此，作為其當然之結果，此識必然有主觀（能取、能緣）與客觀（所取、所緣）之對立。無著——世親更從阿賴耶識中探求個人及世界原理之契機。據彼等所述，一般而言，識至少有二分，其一是主觀的方面，以術語言之，此為見分；另一方面是客觀方面，此為相分。從而阿賴耶識也有此二方面，其見分即是見照，心性明了之義；而相分是種子，亦即萬有之可能狀態、有根身（個人的身體）與器世界，總括來說，阿賴耶識於自我設定主觀作用之外，作為其客觀作用，也假定個人的身體、世界以及包含自己在內的萬有之可能性，此乃是有此現象世界之所以，就一切不離阿賴耶識而言，萬法是唯識所變。但此一範圍的主觀與客觀異於一般的意識之認識，就某種意義而言，是認識論的，同時其本體論的色彩強烈，此乃吾人當切記莫忘的。

如是，作為阿賴耶識之相分，所假定的種子、有根身、器世界等三者中，其性質上最為重要的是種子。所謂種子，如前所述，是指阿賴耶識所包含的萬有之潛能，此是從經量部與化地部的種子論所開展出的。此又名為習氣，之所以作此說，恐是出自於認為種種的經驗作為無意識的習慣而影響或殘留於心體（？），後來作為阿賴耶識的變作作用，再度成為現行的種子，成為其原動力。若是如此，其種子實現化，亦即現行的經過又是如何？種子雖有種種，但在性質上可分為二種：其一是名言種子，另一是業種子。所謂名言種子，可以說是指萬有的材料因方面；所謂業種子，是其動力因方面，兩者相輔相成，變作一定的活動與現象，此即是現行，以術語言之，即是種子生現行。在如是被現行的現象中，前七識（稱此為轉識）營作種種活動時，其反影再薰附第八識，此即是現行薰種子，阿賴耶識的種子源源不絕的理由也在於此。若依序考察此種子生現行，現行薰種子的經過，此中雖有時間性的經過，但種子之現行必然是有前七識，因此種子生現行、現行薰種子的關係是同時的，換言之，依七轉識的活動，作為其習氣之保持者的阿賴耶識得以持續其存在；依阿賴耶識的種子之活動，七轉識常與現行相輔，宇宙人生因而成立。此稱三法（種子↓現行↓種子）展轉，因果同時，第八識被認為是業果的原因，以及稱此為阿賴耶識的原因，也是基於此一關係。此種子不只是生現行，又有依種子生種子的作用，此乃是七轉識即使在休止狀態，阿賴耶識也不滅的原因，又阿賴耶識如瀑流，恆時存續的原因也在於此。

若是如此，作為阿賴耶識薰習種子之原動力的七轉識又是如何？所謂七轉識，是在一般的六識之上，添加作為第七的末那識（manas，義譯恆審思慮），但此末那識之添加，是在《解深密經》發展以後，此乃唯識思想發展史上應予以注意之處。此識以執著第八識，生起我執之作用為其特質。只是內在的，與外在無關，因此若從煩惱論的立場，具有重要的意義，但若從本體論的見地，或從認識論的見地，其重要性則不如阿賴耶識，此固然無庸贅言。次於此末那識的，即是眼、耳、鼻、舌、身、意等前六識，此等乃是實際心理活動之主體，善惡、迷悟皆囊括，故甚為重要，但若從阿賴耶識論的立場而言，不外於是採用從來的心理觀。從而初始與彼有關的說明，無大別於小乘阿毘達磨論之所述，例如《攝大乘論》對於七轉識就完全略過不談，但世親認為此中含有唯識能變的原理，故稱第八識為初能變、第七識為第二能變、第六為第三能變，遂有八識各自變的唯識成立。

如是，以阿賴耶識為中心，論證一切是唯識所變的無著、世親的新立場，不外於仍是繼承華嚴早已提出的三界所有皆由心之立場，此如前述。但剋實言之，同樣說為唯識所變的，若作認識論的批判，其間，在認識妥當的問題上，其確實的程度仍有某些差別。瑜伽佛教中觸及此一問題的是《三性論》，亦即將認識對象分成遍計所執性、依他起性、圓成實性等三種，如前所述，此乃是《深密經》之首唱。在第六識與第七識的認識作用之中，因其見分（主觀）與相分（客觀）之間的不一致所生起的，即是遍計所執性，實我、實法的觀念即屬於此，此稱情有理無，又名中間存境。依他起性是指因緣所生法，其自體並無實有性，但基於相互依存的關係，至少作為現象而確實存在的，故稱此為依此而起之性（依存的生起法），此乃是見分與相分一致的認識。世親時代，被定為現象構成要素的百法之中，除去真如的其他諸法，皆屬此依他起性。圓成實性是指萬有之本性的凝然真如（理念？），此乃是無活動平等之常恆體，且是第八識解脫其有漏性，獲得妙智，才得以認識的對象。

如是，將認識對象分成三段，若作更進一步考察，遍計所執性是情有理無，故當然是空（相無性）；依他起性是因緣所生法，也應歸於空（生無性）；圓成實性雖是萬有之本性，但也只是無差別平等之理念，故就其無具體性而言，同樣等於空（勝義無性）。總結而言，三性最後亦應歸於三無性，此即是有名的三性三無性論，就此而言，如前所述，唯識佛教不外於也是中觀佛教之補足而已，但若就將空的程度分成三段，其上更添加圓成實性而言，無論如何，可說是中觀派所不得見之精巧。

以上所述是作為現實之基礎的阿賴耶識思想，以及基於此的現象之大要，若是如此，應如何處置此阿賴耶識（以及七轉識），理想界才得以開展？首先應予以注意的是，此乃是對於理想之開展的根據，無著——世親所持的觀點。此因阿賴耶識其性質若是有漏，以其自身之力則不能自我轉回無漏，故應於何處尋求此迴轉之根據是個問題。此實是排斥如來藏思想重視現實的說明，甚於理想之追求的瑜伽佛教，必然面臨的一個難關。如是，苦心慘憺經營，最後所提出的結論是，阿賴耶識之中含有作為客分的先天無漏的種子，若輔予修行之力，此種子是令阿賴耶識回轉成淨識之根據。亦即意圖藉由「本性本不淨，客分無漏種子」的立場，打通此一難關。無漏種子既然是客分，則各人的阿賴耶識未必皆有彼之宿泊，其間，必有種種差別，此亦屬自然之數。如是，作為結論而生起的是四姓或五姓各別論，亦即有情之中，有先天的聲聞種姓、獨覺種姓、菩薩種姓、無性有情（一闡提）等四種，或加上不定種姓而成五種。無性有情是指完全欠缺無漏種子，永恆難救的人；聲、緣、菩等三姓雖有無漏種，然其種類有別；不定姓是指具有可成為三乘之任一的無漏種子之人，此等皆是先天決定的。同樣是從《解深密經》開展之說，《法華》、《涅槃》、《勝鬘》等極力主張的悉皆成佛論雖有退轉之形跡，但對於意圖統合大小乘，且都給予意義的瑜伽佛教而言，也是不得已之舉。

總之，雖有五姓各別之說，但瑜伽佛教的目標在於菩薩種姓或不定種姓之轉回，亦即在於成就佛果，此固然無庸贅言。若是如此，需依何者才能轉回有漏的阿賴耶識？無漏種子是客分，故無法自我活動，因此其轉回法是無漏種子必須是內應者，而此不外於是基於從外側（七轉識）逐漸迫入阿賴耶識的方法，以及佛陀給予支援。從而其修行經過極複雜，但主要仍在於悟萬法唯識之理，達人法二空之理，破煩惱障（迷於體的煩惱——情意的）與所知障（迷於用的煩惱——智的），逐漸地轉化阿賴耶識，亦即令客分的無漏佔滿其全體是其要旨。為此，《三十頌》的註釋家等，作為其修行法，首先最著重的是，三性、內外、相分、見分、心王、心所、識相、真如，逐漸由粗至細、由外至內，以所謂的五重唯識觀，作為基於唯識宗義之觀法，恐是最為重要的方式。如是，以十地為中心，經由種種階段，實行種種德目時，以前五識為出發點，逐漸及於第六、七識，首先斷其現行的煩惱障、所知障，進而其種子、習氣也伏斷時，阿賴耶識因失其原料，故失去其有漏性，遂成為完全無漏純淨的智慧，此即是所謂的轉識得智。在《辨中邊論》中，無著所提出的心性本淨說，恐是指此心境，但若依據此一立場看來，其淨識絕非是外來的，而是所知障斷之當體所得境地，故就此而言，是有別於如來藏說，此當切記莫忘。

最後就如此所得佛果之妙用，稍加述之——菩薩至第十地之極位，煩惱、所知障的種子斷時，轉煩惱障，得大涅槃（真如）；轉所知障，得大菩提（智慧），如是，依能觀之純智，得以照法性真如。此稱二轉依之妙果，即佛果成就之位。成就此位時，三身具足，四智成就，得四種涅槃，於自受用或他受用完全自由。所謂的三身，是指自性身、受用身、變化身，自性身是法身之異名，意指真如平等的法界；受用身是所謂報身之義，意指具圓滿色身，建設淨土之身分；變化身是所謂的應身，應眾生根機，現種種身之位。亦即龍樹之後逐漸圓熟的三身說，至此完全成立。所謂四智，是指大圓鏡智、平等性智、妙觀察智、成所作智。大圓鏡智是第八識之轉化，是以法界為對象的智慧，無礙為其特相；平等性智是第七識之轉化，平等、慈悲為其特相；妙觀察智是第六識之轉化，觀察自在為其特相；成所作智是前五識之轉化，於三業得自由為其特相。到達佛果，一切皆得自由之所以，即因於此四智。最後，所謂的四種涅槃，是指自性清淨涅槃、有餘涅槃、無餘涅槃、無住所涅槃。自性清淨涅槃是真如平等的理體本身；有餘涅槃是指煩惱障雖滅，但第八識中，其有無部分猶存之位；無餘涅槃是指完全轉無漏識之位；無住所涅槃是指依大智，依不住生死之大悲而不住涅槃之位，之所以生死涅槃皆得自由，能濟度一切眾生，即是依據此無住所涅槃。

第三節◆如來藏——世親之佛教觀

上來略述承繼《深密》、《瑜伽》等系統的無著及世親之佛教觀，作為阿賴耶識哲學之樹立者的無著，其佛教觀不出於此。但如前所述，於前述的阿賴耶識觀之外，世親也有觸及如來藏、本淨識等方面。此即是《十地經論》（菩提流支譯）以及《佛性論》（真諦譯）等所發表的思想。無庸贅言，《十地經論》即是《十地經》之註釋，論中隨處言及阿賴耶識，但首先應予以注意的是，論中稱第八識為阿賴耶識（舊譯阿梨耶識），稱第七識為阿陀那識（論第八）。更且真諦譯的《佛性論》也有此一表現，顯然此乃是持此立場的世親特有的用法。但關於阿賴耶識的地位或性質，僅依《十地經論》所述，無法了然於心。此因該論於第三卷述說緣起論，指出名色是與阿賴耶識共生，以阿賴耶識為因，該論卷八指出在阿賴耶識與阿陀那識中，求解脫的是真正求解脫之道，乃至在阿賴耶識中觀大空三昧，在轉識中觀合空三昧。除此之外，並無詳細說明。總之，在《十地經論》中，世親同意有清淨心的存在，應是無可懷疑的。例如該論卷八在解釋「十二因緣分皆依一心」時，是說為「此是二諦差別。一心雜染和合因緣集觀」，將一心與雜染之和合視為緣起之基本，不僅令人想起《起信論》之所說。可惜的是，對於此一心與阿賴耶識的關係，僅依《十地經論》所載不得清楚了知，故不能直接用阿賴耶識的思想解釋《起信論》的真妄和合，雖然如此，但世親是以某種形式承認真識的存在，就此論的範圍而言，乃是任何人皆不能否定的。

相較此《十地經論》，更明白主張本有清淨識的，即是《佛性論》。如前所述，此論係基於《勝鬘經》、《如來藏經》、《無上依經》、《不增不減經》、《大乘涅槃經》、《楞伽經》（？）等所述，提倡悉有佛性皆成佛之理想。例如「所謂佛性，即是依此人法二空而顯之真如」（卷一）之說，似乎無大別於無著系統的法身觀與涅槃觀，但無著系統視此為不動，反之《佛性論》認為此在吾人心內，作為厭生死求涅槃之原動力而給予作用。亦即以此二空所顯真如為背景，生起菩提心，遂成就法身（此稱應得因），依菩提心而趣向修行（加行因），依菩提心而智、斷、恩等三德成就（此稱圓滿因），此即有名的三因佛性說（論卷三），歸根究柢是因於有佛性，所以起菩提心，修行力也生起，修行力之果報也實現。但若依據《佛性論》所述，非如無著系統之所主張的僅限於菩薩種姓，而是一切有情皆悉有之，從而世上並無無性有情（一闡提）之存在。經典中的闡提不成佛是不了義說，了義說是闡提亦將成佛，於是歸結於《大乘涅槃經》之旨意（卷二）。如是，本論利用前述諸經所述，解說如來藏之九喻，論述法身之常住圓滿，述說涅槃之常樂我淨，論真如，說三性三無性等，此外也解說種種修行法，此即是《佛性論》全篇之內容。可惜的是，此論專注於探尋理想之根據，對於如何於現實界成立，並沒有詳細論述，故無法清楚斷定究竟是如來藏緣起說或是真如緣起說。本論同樣認為生死之基本是在阿賴耶識，其文曰：「阿梨耶者，依隱為義。是生死本，能生四種末故。四種末者，煩惱有二，業一，果報一。」（《佛性論》卷三），指出惑業果之本源全在於阿賴耶識。從而就此而言，與阿賴耶識有關的，本論的立場無異於無著等所述，但另一方面，本論承繼《勝鬘經》所述，將如來藏視為生死及涅槃之根本，據此看來，其如來藏一方面具有阿賴耶之意，另一方面也具有真如或法身之意，作為萬有之本源，僅依阿賴耶識並不足夠，此乃吾人所不能忽視的。可惜的是，對於此一方面的認知，世親尚未圓熟，雖然如此，但總括來說，於阿賴耶緣起之外，《佛性論》中的世親是採取朝向如來藏緣起的方針，此乃是無可懷疑的。此一立場，就印度而言，在堅慧（五世紀末）的《究竟一乘寶性論》、《大乘法界無差別論》以及馬鳴（Aśvaghoṣa）的《大乘起信論》等論書中遂見開展，傳至中國，在地論宗、攝論宗之間，是種種見解生起之基本，就此而言，在印度佛教思想上實具有重大的意義。

第六章　無著、世親以後的佛教

（西元六世紀至八世紀）

如是，無著、世親大成龍樹以後的佛教，但如前所述，在理論上仍留存諸多應予以論究的。加之，龍樹系的佛教經由其後繼者提婆（Āryadeva）、羅睺羅（Rāhulabhadra）、青目（Piṅgala）等人，開展出基於中觀論的空觀，結果遂與原是作為空觀佛教之補足而興起的唯識佛教立場大異。如是，無著、世親後的大乘佛教，遂分成承繼龍樹系的所謂中觀派（空觀派），以及承繼無著、世親系的所謂瑜伽派（唯識派），此外又有止揚兩者的如來藏系的諸潮流。但就其結果而言，各潮流的相互交涉，彼此論戰之外，無論是中觀派或是瑜伽派，或是如來藏派，各個教派也產生種種分化，此間諸多大小論師輩出，蘭菊競美，至少在論理上，佛教了無遺憾的被論究，實是無著、世親後二百年間的佛教研鑽之狀況。尤其被認為建於無著、世親後不久的摩揭陀那爛陀寺，作為佛教大學，在研學之開展上最為著力，此乃吾人當切記莫忘的。但若從另一方面而言，如此極端精緻的研究，導致大乘佛教亦如同先前的小乘佛教，埋沒於繁瑣的學究，喪失其活潑的生命，喪失大乘的通俗性，作為實際的宗教卻喪失其力，乃是不爭的事實。欲予以拯救，雖有某種程度的新經典結集，但此等大抵都是理論的，往昔《般若》、《法華》、《大乘涅槃》等雄大且從容不迫的態度不得見之。為救此弊，因應此新的時代，意圖再復興佛教的，即是秘密部經典之結集。於從來所謂的大乘思想之外，新婆羅門主義也見採用，持平而論，其大部分是婆羅門教怛特羅派的翻版，體系化的真言密教在印度尚未成立。

原先預訂於此章揭示此等之過程，但直至目前已超過預定篇幅太多，故只能略述其大要，期待他日再作詳細論究。

第二篇

大乘佛教思想文化在東亞的開展

第一章　東亞佛教思想文化的特質

第一節◆原始佛教與部派佛教

總說為佛教，但其中仍有種種立場。筆者通常依教理與歷史的立場分成三類作觀察。第一是原始佛教、第二是部派佛教、第三是大乘佛教，因此在闡明大乘佛教的特質時，首先有必要了解原始佛教與部派佛教。

首先就原始佛教而言，此又名根本佛教，是被視為最接近歷史佛陀之立場的佛教，近來學界最為盛行作研究。從而關於其真相，學者也有種種意見，但大體而言，以如次數項最為顯著。

原始佛教的特質

第一，在偉大的大人格者佛陀的直接感化下，尊佛陀為師，意圖如佛陀般的安心立命而形成的教團，指的是佛成道後至滅後百年之間的佛教（西元前五世紀初至四世紀末）。

第二，以安心立命的尋求為出發點，對於人生固有的苦惱有所自覺。

第三，由於不能觀破世相皆是流轉與制約，皆是緣起法，基於我欲，對此生起私心，所以是一切苦惱之本源。

第四，是故，若欲脫離苦惱，去除自私的我欲，首先必須客觀的靜觀世相。若能洞悉老病死或不如意，皆悉世相之常，故不受此等所惱，得以超然到達安穩境地。名此為涅槃，苦、樂、迷、覺皆不在心外，一切皆依存於此一心。

第五，為到達前述目的，故依德行、瞑想與智慧之修練，淨化自心，強化靜觀力。

前文所揭是原始佛教的主要立場。故原始佛教的立場是探尋心理的經過與論理的經過，依序深入時，雖內含從種種方向推進的因素，但至少表面上極其純樸，絕非如後世所說。不只如此，佛陀教化的態度頗具包容性，不只對出家弟子的解脫給予教化，對於人生的諸般問題、對於一般民眾，佛陀也給予適切指導，導引一般人至幸福之境。從而從純然教義學的見地看來，原始佛教有時雖有難以調和之處，但完全是佛陀人格的呈現，若就統轄點而言，此等並非支離破碎的，此中有偉大的、活潑的統一精神貫通，此不能忽視。

要言之，原始佛教的特色是實行重於理論，體會重於教條式的說明，精神重於形式，解脫的要求之外，對於美好世界的現實建設也給予莫大注意，而貫串此等的是佛陀的人格感化。

相對於此，部派佛教雖繼承自原始佛教，但釋尊的人格感化逐漸薄弱，意圖以佛所說教法與律法維持教團，從而予以整備與註釋，確立神學的立足點，確定佛教的教條。但如前所述，原始佛教的立場不在於論理上的澈底，因此若由入微至細，意圖確定一定的教條或神學，必然產生意見上的差異，此固然無庸贅言。但意圖給予確定意義的運動反而成為佛教教團分裂之因，依據傳說，佛滅後百年（西元前四百年）起，約莫四、五百年之間，總計分裂成十數部。吾人通常稱此為部派佛教的原因在此。由於分成十數派，故部派佛教的特質也有種種，但總括來說，可統整如次。

部派佛教的特質

第一，相對於原始佛教以內在為主，部派佛教則對於外界也給予地位，原始佛教是從當為的立場見一切，部派佛教則直接觀察存在之形體。

第二，原始佛教縱使在形式上作分析性的說明，然其心常以一即一切的緣起觀為其立足點，相對於此，部派佛教對萬有作種種要素之分析，更且重視其所分析。

第三，原始佛教教團雖有一定的實行規定，但仍以精神為主，非以外在的形式為主，反之，部派佛教重視外在的規定更甚於內心。

第四，原始佛教對於所謂的在家道也給予強烈關注，反之，部派佛教將問題中心置於出家道，對於在家道的關注相當貧弱。從而對於時代趨勢，幾乎也不關心，此無庸贅言。

第五，原始佛教時代眾人皆如同佛陀——以解脫為目的，相對於此，部派佛教相當崇拜佛陀的偉大人格，認為佛陀非常人所能及，因此定下通常的修行者不能超越佛弟子（聲聞）的制度。

簡言之，部派佛教時，原始佛教的單純成為複雜化，原始佛教的人格化中心主義成為教法中心主義，原始佛教的精神主義成為形式主義，就佛教學而言，此時雖大為整然，但若就依時、處、位，救度眾生的佛陀所具自由大精神而言，佛教呈現相當偏局的情勢，此乃是不可掩蓋之事實。

第二節◆大乘的特質

就形式看來，部派佛教時代，佛教的陣容大為整然。雖說是偏局，但仍繼承佛陀傳導的精神，因此部派佛教不只在印度境內，也發展至國外。今日還留存的，雖只是傳於斯里蘭卡、緬甸、暹羅等地的所謂「南方上座部」，但種種部派曾經擴展至四方，此徵於玄奘、義淨等的遊記即可以知之。若從教義內容看來，如前所述，部派佛教相當專門化，是出家主義，遂無法與一般民眾直接接觸，不能給予指導，此乃是不爭之事實。對於在家道沒有任何發展，導致當面對變動不居的時代相狀以及時代精神時，無法適當的給予策應，在社會機能上，佛陀有彈性的精神大為減弱。大乘家總稱部派佛教為小乘教，其因在此。打開此膠著狀態，再度對應時代，發揮佛陀大精神的，實是大乘佛教的運動。作為其結果而被結集的，是被稱為「佛說方等」的經典，《般若》、《法華》、《維摩》、《勝鬘》、《華嚴》、《大無量壽》、《大乘涅槃經》等，皆屬此一運動的產物。其年代大約起自於西元第一世紀前後，至西元五、六世紀，但若遡其源，實已內含於佛陀的精神，而此大乘精神經由中國、日本繼續開展之，至今仍方興未艾。

若是如此，大乘佛教的特質如何？當然詳細論之，並不容易，但試揭其中最為顯著的如次。

大乘佛教的特質

第一，小乘教之所期是自我解脫，他人的解脫未必是自我解脫的必然條件。

相對於此，大乘認為人人具有終將成佛之可能性，人人皆悉成佛，故如佛陀般的濟度一切眾生，是其最終理想。相對於小乘認為現今只有釋尊一佛（過去、未來佛除外），大乘認為諸佛同時存在之所以，也是來自於此，人人皆悉成佛，則不只釋尊是佛陀，其他與釋尊同樣的佛陀至少也在其他方所救度眾生，那是基於此一理由所成之結論。實言之，佛陀是最終的理想，頓時實現並不容易，因此大乘的目標，首先是成為佛陀之候補者的菩薩（bodhisattva），依循先輩的菩薩，行菩薩道。

所謂菩薩，是指追求菩提（bodhi，與佛陀相等之悟）的人，是佛陀修行時代的異名，更且此菩薩未必如同聲聞，只限於是出家者。行世間道，去我欲，利益世間，導引眾人入善道，將其功德最後回向佛位的在家人，同樣是菩薩；而此在家的求道者，才是菩薩的本位。就此而言，菩薩道是一種世俗道，嚴格說來，是止揚世俗道與出家道的第三道。同樣說為菩薩，但其間有種種的種類與階級，既有幾近於佛位的菩薩，也有只是生起上求菩提，下化眾生之念願的初發心菩薩，因此並不一樣。大乘佛教時代，以文殊、普賢、觀音為首，立無數菩薩的原因在此。更且以此類菩薩為其中心，此乃大乘佛教之最大特徵，相對於稱聲聞乘（羅漢乘）為小乘，稱此大乘為佛乘或菩薩乘之所以，也在於此。

總括來說，大乘的立場是以佛陀為理想，朝向歸於佛陀精神的目標，就此而言，大乘意圖從較深的立場，復興原始佛教。

第二，菩薩以上求佛道，下化眾生為本願，然其先本意原在於在家者，非如小乘將隱遁奉為其主義，而是以遊行世間、在世間活動，救濟世人為其本來立場。

此中，相較於要求解脫，更重視建設美好的世界，換言之，是同時完成出家道與在家道等二大任務，其結果即是作為理想王國的理想淨土。小乘以個人的解脫為主，故無淨土之理想，反之，大乘有此之所以，全在於大乘有舉世理想化之希求，作為大乘之特質，此乃最應予以注意的。

第三，對應大乘承認現實生活之價值，作為其基礎的欲與煩惱的考察也相當不同於小乘。

小乘認為人生有苦之所以，全在於有欲望，為避此苦，必須滅欲，主要是採取消極的迴避法。反之，無異於小乘，大乘同樣認為苦之因在於「我欲」，但大乘深探欲之意義而達於無限欲，追求作為無限生命的佛陀之心念依此無限欲生起，即欲而承認道德的宗教意義。從而對於人生的苦惱，非如小乘的採取迴避法，而是以此為機緣，朝向更高更深的生活趨進，認為此中有苦的真義，也從中探求道德的意義，最後甚至認為菩薩為救度眾生而不畏苦痛之舉，反而是真正脫苦之道。對應此說，被認為苦惱的輪迴，大乘的看法也與小乘有別。

小乘以輪迴之止息為其思想，反之，大乘認為由於輪迴，故吾人能以無限的向上為期，得以永遠的修行，因此若從修行的立場而言，輪迴是菩薩實現本願的必須條件。簡言之，對於欲，對於苦，對於輪迴，是即此而窺見倫理的價值，故將此轉換成自主生活，澈底趨向於積極活動，即是大乘人生觀的特色。

第四，大乘再回歸原始佛教之立場，意圖令一切再歸著於一心。

將所有考察的出發點置於心，此是原始佛教之立場，小乘則注意到作為心動之條件的外在存在，但當此一方式逐漸具有重要意義時，遂產生極端的實在論者。相對於此，大乘依據再回歸原始佛教之立場，意圖令一切再歸著於一心。但此際的一心，較原始佛教所談更深，是將經驗的心或物皆予以止揚的一心。

基於此，或依認識論的方面，或依本體論的方面，次第地，精細規定心的活動狀態，遂成為大乘哲學之中心問題。最後的歸結是，我的一心之內，具有與如來相等的方面（如來藏或佛性）與無明煩惱，依其顯現的狀態而有迷悟或地獄淨土之別。如是，立於一切現象只是吾人妄心之表象的立場，即形成一切空之說，若依離妄心的真心之表象的立場，則成立世界完全是如如之相的觀點，真空妙有的世界觀於此成立，可以說所有的大乘思想皆由此出發。

第五，大乘原是策應時代精神而起，同時也具有策應時代精神的彈性。

釋尊的原始佛教對於當時的時代，投注甚深之注意，此無庸贅言。小乘佛教僅只探索原始佛教所給予的材料，絲毫不顧及時代精神，此乃是小乘漸趨式微之所以。就某種意義而言，銜接對抗小乘而興起的時代精神，且是為救時代之弊而產生的佛教運動，即是大乘佛教。從而大乘思想中，是以種種形態反映當時精神界的種種問題，若不理解當時一般的精神文化，可以說無法正確理解大乘。更且此乃是大乘佛教在各個國家，處於種種時代，皆能發揮其機能之契機，此乃是應加以注意的（當然因而也產生諸多弊端，此不能忽視）。

要言之，相對於小乘教的消極，大乘是積極的；相對於小乘教的教團的、傳統的，大乘至少其初始是由個人自由主義者的運動所發起。相對於小乘教以個人的解脫為目標，大乘以社會救濟為目標；相對於小乘教是隱遁的，大乘是活動的；相對於小乘教是專門的，出家的，大乘教則以通俗的、一般的為所期。更且其口號是歸於佛陀，更且實際上是繼承原始佛教之氣息，就此而言，大乘較小乘佛教更接近佛陀真意。

第三節 ◆ 中國、日本佛教的特質

上來概略揭出大乘佛教之特質，若是如此，以此為背景的日本佛教特質又是如何？為此，首先須略知中國佛教之特質。此因日本佛教不是直接從印度傳來，而是透過中國，故若不了解中國佛教的特質，當然也不能了解日本佛教。中國佛教雖有種種特質，但如次的三點最為主要：

第一，傳至中國時，大乘佛教已被視為佛陀真意之代表，小乘只是權方便。如前所述，在印度，至少形式上，小乘是以傳統教團的形式流傳，反之大乘初始即是自由佛教徒的復古運動，因此從教團的地位而言，直至相當的後世，小乘較佔優勢，大乘居於下位。此徵於小乘通常被說為十八派或二十派，大乘方面直至最後，只有中觀派（三論宗）與瑜伽派（唯識派）等對立的二派，即可知之。傳至中國時，大乘非佛說之聲既已消失，自其初始，大乘本位的態勢已定，相較於印度，在教勢上有顯著的差異。就所謂的隋唐十三派見之，真正可稱之為小乘的教派，僅毘曇宗（後來的俱舍宗）一派，其他——即使本質上屬小乘的——皆悉大乘的大乘本位。

第二，對應前述的特質，盛行所謂的教相判釋。無論小乘或大乘，或者同樣的大乘教之中，也有種種的種類，此等雖皆從佛陀所流出，但何者最能代表佛陀真意？更且其他教派與此真意的關係如何？就此，對照種種特相而擬定自己之所信仰是最為卓越的方法，即是所謂的教相判釋。天台宗的五時八教說、華嚴宗的五教十宗說，是其中最具代表性的，實則至此之前，或為予以對抗而另有種種判釋，其結果是種種的大乘宗派成立。尤其從諸多大乘經之中，揀選其一，用以建立宗旨實是中國佛教的特色，印度佛教不曾見之。

從而對經論的註釋完備，且特為深奧，也是中國佛教的特色之一。印度佛教當然也對經文作註釋，更且是某種程度的擴展原典文意，但仍受原典所限制，故不能自由發揮，相對於此，中國佛教以註釋為主要，對於經文的解釋相當自由，常是僅依註釋家的意圖，應用所謂依義解文的方法，甚至還認為註釋高於原典，具有特別意義。其中最具代表性的是，天台對《法華經》的解釋、賢首對《華嚴》的解釋，至於其他經典，各宗大家依自己立場下特殊解釋的，也是屢見不鮮，此乃是印度或日本所不得見的中國佛教之特色。前文所述的判釋之基礎也是依此而成立。

第三，從實際的機能而言，在長久的歷史之間，中國佛教發揮出種種文化史的意義，但最為顯著的有二方面。首先，如前所述，如此學問性的構成佛教，幾乎臻於可稱中國佛教為學問佛教的程度；再者，禪觀與戒律方面的隆盛，認為佛教的真理須藉由居於山水之間，嚴守戒律，耽於禪觀，才得以證之。從而佛教成為僧侶專屬，也是自然之數，就某種意義而言，認為中國佛教之隆替是依僧徒之數計量並無不可。據此，可以說中國佛教雖以大乘為其特色，但加上相當多的小乘色彩，乃是無可懷疑的。

上來三點是中國佛教的主要特色，若是如此，相對於此，日本佛教又是如何？

大體而言，日本佛教以中國佛教為模範，具有中國式的風格，此固然無庸贅言，但在二方面，逐漸與中國佛教產生歧異，而此乃是大乘佛教機能上最為重要之處。其一，日本佛教頗能發揮大乘之特質，重視活動甚於隱遁、重視實行甚於學問。正如同聖德太子為《法華經》作註釋時，將原文的「隱退於山林空寂處」，添加「不應隱退」一語，佛教的目的是在日常生活上發揮其機能，此一精神爾後長久成為日本佛教界的指導精神。奈良朝至平安朝的佛教因與國家的生活相連結而發揮其活動的機能，故容易以國民化為其特色。至於鎌倉時代的佛教，則是重視個人生活甚於國家生活，將個人的安心立命視為最高機能。至此，佛教才真正地滲入國民生活全部，從而，至此才可說是日本式的佛教。就中國佛教而言，朝廷佛教與山間佛教除外的民間佛教，大抵只是附屬於佛教的低級信仰，真正健全的佛教精神相當薄弱，但日本的鎌倉時代，無論禪宗或淨土宗，或日蓮宗，其宗義是直接支配國民的信仰。

其二，鎌倉時代的佛教特色，就背景言之，雖具有深遠之哲理，但至少表面上，其教極為簡單，一般民眾容易信仰、容易實行。就此看來，相較於中國的學問佛教，或山間隱者的佛教，日本佛教反而與印度大乘運動的真精神相契。時至今日，佛教於其起源地印度幾近滅絕，在中國也只留下形骸，對於國民生活並無直接接觸，反之，唯獨日本，縱使衰微，但在種種方面，佛教至今猶滲入國民精神的原因即在於此。

第四節 ◆ 新大乘運動

如前所述，以原始佛教為出發點，佛教經由種種階段而開展出來。雖一再呼籲回歸佛陀真意，但佛教卻是越發地往前發展，終於在鎌倉時代，以安心立命為基礎的鎌倉佛教，至少最能契合大乘的精神。但若認為大乘精神的開展至此即告終結，就是大錯。從大乘的精髓而言，鎌倉時代的佛教未足之處不少。此因從世間法發揮佛教精神，乃是大乘佛教之特色，但鎌倉時代的佛教並沒有完全實現之。從今日的立場看來，鎌倉時代的佛教僅順應八百年前的時勢，爾後不再有任何改造，因此喪失其活潑的精神，直至今日更是顯著的固陋化，無法伴隨時代而進展，此乃是不能蒙蔽之事實，而且也是提倡新大乘運動之根由。所謂的新大乘運動，即是呼籲再回歸佛陀真意，更且策應時代精神，拯救時代之弊，令時代精神晃耀的佛教運動。

若是如此，新大乘運動的根本方針是如何？具體而言，當然有種種條件，但筆者認為如次數項最為根本：

新大乘運動的根本方針

第一，個人的安心立命與社會的安心，成立於不離而一致思想的基礎上（上求菩提，下化眾生的精髓）。

第二，佛教不是寺院與僧侶專屬的，而是民眾的（大乘運動興起的精神）。

第三，以與大乘相應之地的日本為中心，並期待將此普遍實行於世界（佛教東漸的歷史事實改為以日本為出發點）。

第四，精神生活雖是新大乘運動的基礎立足點，但精神生活不能脫離物質，故應就物質而實現之（民間法就是佛法的精神）。

第五，理想雖在永遠的彼方，但就現實而一步一步的實現之，如是，歡喜與努力，滿足與奮鬥相互結合，以追尋無窮向上的道路，作為生活之根本方針（視無窮的輪迴為無窮的修行）。

若今後新大乘運動真正得以組織成立，有新的開山人物出現，筆者確信前揭五項是其基礎觀念的重要部分，甚至可以說以前揭五項為基礎，真正燃起信念與慈悲，且為自利利他而精進的人，正是今後新大乘運動的開山祖師。

第二章　大乘的精神

第一節◆何謂小乘

為闡明大乘的精神，首先有必要說明小乘（hīnayāna）。此因若說為大乘（mahāyāna），即表示另有作為其對手的小乘教存在，故若不了解小乘的特質，則無法了解大乘。

佛陀是以大乘為主或以小乘為主，在歷史上或在教理上，古來已有爭議。筆者對此所持意見是，佛陀本身並沒有大小乘之區別，所以既非其中之任一，也是其中之任一，應是較為適當的解答。此因就教團史而言，佛陀時代並無大小乘之對立，又從教理而言，亦無大乘教理或小乘教理的區別，此等完全是佛陀滅後才出現的現象。

若是如此，相同的佛陀之教，何故有大乘教、小乘教之區別，就歷史言之，其間有種種的曲折，雖然如此，但不外於是對佛陀真精神的解釋不同所致。亦即小乘教對於佛陀的教說與行法，專取表面的解釋，反之，大乘教重視內容甚於形式，重視內在甚於表面；兩派的分界線在此。雖然如此，但如此不同解釋的本源，仍在於佛陀本身。佛陀具有世間稀有的人格，是精神界的大偉人，基於自身的體驗，發起新的宗教運動，此固然無庸贅言。但佛陀為其弟子與信仰者說法時，相當顧慮時代習慣及時事等。尤其將教團開放予四姓全體之舉，導致教團中有不少不解事理之人，為此，在教團的管理上，佛陀作相當細微的規定，以便隨時注意。從而佛陀之所教，存在著本質與方便等二方面，此亦無庸贅言，但佛陀當時並沒有特別作此乃一時或永久的區別，因此在佛陀入滅後，對於其真精神不免產生意見上的差異。

小乘佛教可說是形式派，彼等所採取的方針是，對於佛陀所制定的法則完全依循之，對於佛陀所說的教理完全承受。從而在形式上，彼等顯然是忠實於佛陀，佛陀滅後，為維持教團運作，此乃是必要的處置，因此佛陀滅後，彼等特為盛行亦不足怪，但若拘泥形式，往往有埋沒精神之虞。佛教的情況亦然，對於佛陀所定所說完全繼承之舉，固然正確，但隨著時勢變遷，逐漸難以適用，也是事實。

雖是佛陀所說也有種種情況，若只是形式的傳承，終將喪失活潑的精神，小乘教不免逐漸有此傾向。從而其結果是，與現實人生最密切銜接，且頗具常識性的，佛陀所開創的佛教，因於小乘教徒而漸次僵化，不利於弘揚，也是自然之數。

彼等最為盡力的是，如何維持僧團的規律、如何說明佛陀的種種教說。因此其神學，亦即若以術語表現——阿毘達磨極為繁瑣，即使是專家窮其一生之力也難以理解。

不了解佛教的人，或許有人認為小乘教的教理卑淺，無造作，但此乃是大錯特錯。或許可以說卑淺，但絕非無造作，以最繁瑣，最困難來形容，應較適當。要言之，小乘教將佛陀教導其弟子而施設的方式視為佛陀全體，絲毫不顧及佛陀自由的人格以及自覺的方面。因此，雖然一時在形式上居上風，但逐漸喪失其精神，此乃印度佛教史上不能否認的事實。

第二節◆大乘是精神主義

相對於小乘教的形式主義，標榜精神主義而立的，即是大乘教。真正的佛教徒絕非囫圇吞棗的接受佛陀所定的一時性規定與教法。立於參預佛陀精神之立場的，即是大乘。彼等認為佛陀所定的一時性規定，以及對於各人所說的方便教說中，當然含有尊貴的精神。但若從佛陀本身永遠的大理想而言，某時某處之所為，只是為實現其理想之方便。從而此間雖有得以實現其理想的某一部分，但絕非全然適合佛陀的所有理想。

佛陀的全部理想是潛藏於其說法的內部，是在形式規律之內部的大精神，因此若能掌握之，才是獲得佛教真正精神之所以。當然實際言之，對於何者是佛陀的大理想大精神，同樣的大乘佛教徒之間也有種種意見，此徵於今日日本佛教雖皆為大乘佛教，也有種種立場的事實得以知之。但意圖在形式或文句之外，掌握佛陀精神的觀點上，彼此皆同。若問如此的主張起於何時？從表面的歷史而言，無可懷疑是在小乘教之後。西元前後是其初期，亦即小乘教從圓熟到僵化，逐漸傾向於式微。恐是在此時期，小乘教團顯著的形式化，同時，當時的一般思想界也有顯著變動，亦即僅以古老形式化的佛教難以順應人心要求，此即是引發大乘的原因。從而就此而言，可以說大乘是策應時代精神而起的佛教改革運動，但若尋其源，佛陀本身已充分具此精神，雖在小乘教全盛時代，但此一思潮仍沉靜的流盪在部分人之間，也是不能否定之事實。

上來主要是論述何以在同一佛教中，有大小乘之區別的根本原因，此下將更進而論述在教理上以及理想上，大小乘之間有如何差異。當然此乃是非常嚴密精細，且非常複雜的問題，今僅就其要點簡單述之。

第三節◆形式上的差異

首先就形式而言。第一，小乘教大抵以教會為本位，相較於個人，較著重於團體。此因形式主義原是為維持教團而生起，有此情況，也是自然之數。爾後雖分成十八部或二十部等種種部派，但仍以團體為本位。反之，大乘作為自由主義之產物，至少於其初始，相較於團體的，可說是個人的，從而不能說是某一部派之教法。當然爾後，作為所謂的宗旨，如今日日本所見，大乘之中也產生種種團體，然其本來的出發點，未必是教團式的。

第二，因於此一特質，小乘教以僧侶為主要對象，反之大乘教認為一般人應如同僧侶，亦即所謂的俗人亦有獲得解脫的資格。小乘教團中，雖包含比丘、比丘尼、優婆塞、優婆夷等四種成員，但論及教團生活，仍以出家者為首要。加之，特定的生活法只有特定的人得以行之，因此容易與一般人遠離，而且在教理上，如前所述，逐漸流於繁瑣，終致臻於普通人不能及的地步，教團也越發的形成僅以特定的人，亦即僅以出家者為要。

反之，大乘教是個人的、自由的產物，不侷限於僧侶，甚至相較於容易拘泥傳統的僧侶，持較多主張與實行的，其實是闊達自在的信男信女。就大乘經典見之，例如《維摩經》、《勝鬘經》等，出現在舞台中心的人是維摩居士或勝鬘夫人等在家的信男信女，形式主義的佛弟子，亦即所謂的聲聞在經典中所顯露的手足無措之狀，正透露此間消息。不只如此，從以大乘教為理想的菩薩，正是作為佛陀之候補者的上求佛道下化眾生的信者看來，可知大乘與俗人的關係非常深厚。直言之，大乘的發起者，與其說是出家眾，不如說是在家眾。就此而言，小乘教就是今日所說的官僚主義的宗教，雖說信奉佛陀的四姓平等，卻在四姓平等的教團中，設下必須成為僧侶的限制，反之，大乘認為無論在家或出家，無論男或女，皆悉乘同一佛道，皆可成佛，故可以說是民主主義的宗教。

彼等大乘者斥責小乘教者為自利主義，且自稱為大乘，強調利他之所以，實來自於此。

第三，從而小乘教是專門的，大乘教則是通俗的，此乃是兩者主要的區別。如先前所述，雖有人認為小乘無造作而大乘教難度較高，但此乃錯誤的認知，應是小乘難度較高，大乘無造作。從佛學而言，無論《俱舍論》或《婆沙論》，即使是專家也頗感困難，而此等皆屬小乘論。至於念觀音之救度，信彌陀之本願（當然隨之而出現的特定大乘教學，另當別論），則是容易且通俗之教。此等是大乘，而且相當進步的大乘。雖然如此，若就深淺言之，無論如何，當然是大乘深、小乘淺；此因小乘以整理及註釋教法，故趨於繁瑣，相對於此，大乘是以佛陀的理想精神為目標，故往深廣推進。

第四節 ◆ 內容上的差異

其次是教理，亦即內容上的差異。第一，首先就理想而言，小乘教具體上將佛弟子視為其最高理想，大乘教則直接以佛陀為理想，此乃是二者主要的區別之一。恐是因於小乘教認為佛陀是特別之人，非常人所能企及，而常人所能成就的就是佛弟子，亦即以術語表現，即是聲聞，而其究竟階位為阿羅漢。相對於此，大乘教認為一切眾生悉有佛性，所謂佛，不外於此佛性完全實現之當體。故吾人得以依努力而成佛，立於此一立場，故以成佛為其理想。

第二，從而對於佛陀的觀點，大乘與小乘之間有相當大的差異，也是自然之數。小乘認為佛陀是特別的人，是經過無數劫特別修行所得的結果，故此三千世界無二佛並出；過去未來雖有種種佛，但現在唯僅一佛。反之，大乘認為人人本具佛性一經開發，即是佛陀，因此佛陀絕非僅限於現在一佛。此大宇宙有無數世界，故有無數的佛陀，且常依其種種本願濟度眾生，西方阿彌陀佛、東方阿閦佛的信仰實來自於此。

第三，相對於佛陀觀的差異，對於菩薩觀，大小乘之間也有非常大的差異，此不能忽視。更且此乃大乘與小乘之間非常大的差異點，在理解大乘的精神上極為重要。

菩薩，究其本，乃是佛陀亦即釋尊未出家時的名稱，可以說是菩提（智慧）的學生之意。但此菩薩的菩提學，完全在於眾生之濟度，依據《本生經》等所載，釋迦牟尼於過去五百世之間，生生死死，現種種身，修福利眾生之菩薩行。但若依據小乘教所作解釋，如此的菩薩行僅限於過去或現在的佛陀所行，非吾人所能及，從而與吾人無關。反之，大乘以成佛為其理想，因此認為得以成佛的菩薩行，是任何人皆可行之，更且對應有無數佛陀之說，現在也有無數菩薩作為佛陀的候補者，從事眾生之救度；觀音、文殊、普賢、勢至菩薩等的信仰實出自於此。大乘教者雖以佛陀為理想，但也認為此非容易得以實現，因此，首先是以成為作為媒介者、嚮導的菩薩為其理想，在信仰上須禮拜菩薩，在實行上須實施自利利他的菩薩行，將此視為大乘精神的表現。

基於此意，可稱小乘教為聲聞乘，稱大乘為菩薩乘。但應予以注意的是，此菩薩原是在家求道者的名稱，因此大乘的菩薩大抵是以俗人的姿態呈現。從現今的佛教美術表現看來，地藏菩薩的圓頂黑衣除外，其他菩薩皆現戴寶冠著瓔珞之形象。此即暗示大乘原是世俗人的宗教。

第四，與此相關，必須一述的是，對於涅槃，兩者所作觀察的差異。無庸贅言，涅槃是佛教的最終理想，是指解脫現世之限制與苦痛的絕對自由安穩的境界，但關於此境界是何等狀況，在教義學上有種種說法。對此，小乘教說為灰身滅智，可以說是作近於虛無的解釋，從而其理想具有相當消極的色彩。反之，大乘將此解釋成積極的、活動的，不進入小乘教所說的涅槃，而是基於永久濟度眾生的大願心活動，才是真正理想的涅槃。稱此為不住涅槃，現今無論觀音或是文殊皆不入涅槃，而是持續其無限慈悲的活動。

此外，詳細的區別眾多，大體上僅言及於此，要言之，相對於小乘教的他律性，大乘教是自主的；相對於小乘教是形式的、傳承的，大乘教是精神的，而且是創造的；相對於小乘教是出世間的，大乘教是世間的；相對於小乘教的信仰是分析的、道理的，大乘教是神祕且綜合的；相對於小乘教的非活動，大乘教是活動的；相對於小乘教的官僚主義，大乘教是民主的。

第五節 ◆ 真空妙有與諸大乘經的立場

上來所述是小乘與大乘大致的差異，此外，在理解大乘的精神上，另有一極為重要的問題——即是大乘的哲學人生觀是如何的問題。當然如前所述，大乘是通俗的宗教，故無須擁有哲學的世界觀。

但佛教原是哲學的宗教，因此縱使不表現於表面上，於其背後仍有哲學的人生觀存在。至於大乘神學是建立於超越小乘教的深奧哲學之上，故說為大乘時，通常是指其哲學的方面。若是如此，大乘的哲學世界觀又是如何？當然同樣稱為大乘，但此間有種種流派，故各自的哲學觀也不相同。雖然如此，若就其全體的根本觀念而言，可以用「真空妙有」此四個字示之。真空是一物不存，而妙有則是於一物不存之中，萬法歷然存在，更且此二者一而不離，此即是大乘哲學的特色。恐是小乘教中，有認為一切法是假名無實體的觀念論者流，也有主張「三世實有，法體恆有」的極端實在論之部派，而大乘止揚統合此兩者，以主張真空即妙有為其根本立足點。當然大乘哲學中，既有著重真空而構成其世界觀的，也有著重妙有的，雖然如此，但在認為兩者不離，真空之極致是妙有，妙有的背後，有真空的見解上，諸大乘教同一不異。

今試就主要的大乘經典述之——所有大乘經典中，最原始且最根本的，無庸贅言，是般若部的經文。此般若部的經典數量非常多，但不外於是在述說此「空」之一字。空空、大空、畢竟空，一切皆空之說，是此經之立場。若將般若所說解釋成虛無主義，則是大錯，依據般若所述，其空空的否定之力可成巨大的肯定力。所說雖稍誇大，但《般若經》認為依此力，能於一毛中，攝百億須彌山；於一滴水中，容四大海。從心理性而言，般若的空，是意指純粹能動態（Die reine Aktivität），可以說是絕對的意志或純粹的意志實現之當體，雖不能予以言詮表象，但至少在體驗上是絕對的自由，是無限充實的生活，因此作如此誇大之表現。從而依此立場，般若認為宇宙之森羅萬象無非是此空力之所顯，世界是空，同時空即是世界，此空幾乎可說是如同形而上的原理。基於此意，般若的空不是頑空，而是真空妙有，作如此解釋是佛教的通例。但此妙有的契機點在於人格的活動，尤其作為慈善（布施）、德行（持戒）、忍耐、努力（精進）、靜觀（禪定）、智慧等所謂的六波羅蜜而顯現，同時依此六波羅蜜，真空得以實現。如是，豈能說是以消極的虛無主義為理想，其用意是於一切空之背後，肯定無礙自由的人格活動，更且於現實生活中實現。對此，筆者不再重複述說，故不欲深入此一問題，總之，此般若的空是佛教思想之根柢，若忽視其真空之後另有妙有的人格肯定，終究不能獲得佛教根本義，此必須予以注意。此若就同樣立於般若系統的其他經文見之，將更加明瞭，茲試舉其二、三例如次。

例如有名的《維摩經》，此聖典是在述說般若，乃是任何人也不得懷疑的。此經具有特有意義之所以，正如前文所述，全經揭示在家人的維摩較出家沙門更能體現般若空理。亦即作為於現實的世間實現般若思想之模範，所揭出的維摩居士的行止，是此經旨意。

此外，同屬於般若系統的《法華經》是更進一步的，令真空具體地顯現為妙有，可以說將般若思想發揮得淋漓盡致。其所揭的諸法實相、世間常住等，是揭示真空之當體直是世間妙諦，作為此空之體現的佛陀是於其具體的人格而成就常恆、遍在的永遠性，其次就救濟活動而言，作為觀音菩薩拔苦與樂的誓願，是最具體的揭出種種狀況，進而作為吾人理想生活的代表，為年僅八歲的龍女授記成佛，明白揭出一切眾生皆有佛性之旨的，即是《法華經》全體的結構。《法華經》頗受重視之所以，全在於此，亦即發現其背後含有般若之真空，而此真空作為妙有，所顯現出現實的、肯定的活動是無限深奧。如是的見解，就歷史而言，也是對於《法華經》的真正見解。雖然有人認為《法華經》只是如同藥物的效能書，內容乏善可陳，彼等作此說之所以，不外於不了解此經是以般若作為內容。

其次，又如《華嚴經》，其名氣也不劣於《法華經》，本經主要是立於宏大的汎神觀，述說宇宙的事事物物彼此融通無礙，無有窮盡的緣起狀態，但作為一法界之妙用，此等不外是大日如來所顯現——此乃是全經之主旨。但若探討其根柢思想，仍來自般若的空觀，總之，不外是將宇宙的、汎神論的，說為空的妙用。

又如《阿彌陀經》或《無量壽經》，作為阿彌陀佛之本願，提出導引念佛眾生往生極樂之說，看似與般若思想不相干。但若探討其中的歷史與義理，可知真空之體現者的光明無量與壽命無量的佛陀之救濟作用，被視為是於未來運作，否則阿彌陀佛的信仰終將只是神話而已，此當切記莫忘。

此外，就種種的大乘經典看來，無一不是以某種形式與般若有關，其中雖有幾乎不見空義，只是強調妙有方面，但若仔細探索，終將歸於真空。

上來述說，似乎稍嫌過分，實際上無需如此特別論證，但對於受過教育的社會人士，尤其是讀過西洋人所撰佛書的人之中，有人將大乘佛教批評為虛無主義，故特揭出經文所述，證明並非如此。即使將一切都歸於真空，但不能因此將大乘佛教思想的積極方面解釋為消極。不能誤解以如此述說真空的方式處理「有」的大乘佛教哲學之真意。要言之，說為空，就概念而言，雖如同無（nothing），但實則在體驗上是最具體的現實生活之肯定，在實際生活上，實現真的意義，才是其真意。更且如先前所說，此不限於「空」，無論無我的思想，或解脫的思想，大致相同，雖同樣是採取消極的，但最後無論是實際的或是理論的，其所到達的肯定現實的、實際的生活體驗之結論，乃是大乘佛教思想之奧義。

第六節 ◆ 大乘精神的實現

上來所述雖然粗雜，但主要是從種種方面揭示大乘的特質。若是如此，前文所述的大乘精神或哲學，應以何等方式實現？當然就歷史而言，諸大乘教有種種分歧點，因此一概而論有所困難。先前所舉的種種大乘經典的不同立場，不外是對此問題的觀點不同所致。就心理學而言，種種的大乘之中，或著重於智慧，意圖藉由智的直觀體驗真空妙有之諦理，或僅依據基於純真感情的信仰而意圖體會之，乃至意圖專依意志的實行而體會，總之有種種方向，此即是相同的大乘中，有諸多方式之所以。

雖然如此，但若論及此等之任一其精神之根柢，無庸贅言，仍是所謂的菩薩大誓願，亦即「上求菩提，下化眾生」之誓願。一方面，追求無窮的理想以及自己的完成，另一方面常發願救度一切眾生。更且大乘的特質是不將上求菩提與下化眾生分成兩方面，而是歸之於一，亦即自己的完成，終究還是為他人以及為社會，致力於為他人，為社會，乃是完成自己的必要條件，兩者是一體兩面，此即是所謂的大乘特質。就傳說而言，其模範的人格是《本生經》等所呈現的佛陀前生的菩薩行願。但大乘所要求的，非求之於過去，而是即今，各自作為菩薩，發願行持之。此未必侷限於佛教色彩濃厚的事物，而是處於日常生活中，常發揚其大誓願，而此正是俗人主義的大乘特徵。亦即無論政治界或企業界或勞工界，依此精神而運作，即是大乘精神之實現，種種的大乘經述說治生產業皆是佛教之所以，正道破這般消息。

要言之，大乘精神的特色在於將其哲理或誓願澈底的實行。雖然也有在觀念界予以實現的，但實言之，其觀念不外於是實行的準備。此徵於稱菩薩為六度萬行的完成者、實行者等得以知之。大乘的理想是自利利他，進一步言之，是自未得度先度他，故其實行終究在於社會化。可惜的是，從來的佛教在使其理想社會化上有所欠缺，雖然如此，但至少若忠實其理想，則大乘的精神必須朝向社會化才得以完成。

據此，筆者主張將佛國淨土的理想移至人間，才是發揮大乘佛教真髓之所以。其理想的實現，主要是不斷在實際化、生活化的過程中，尋求真空妙有之諦理。亦即依真空打破現狀，同時又依妙有朝向高規範的生活前進，進而再依真空解脫之，以便朝向更高規範的生活邁進。如是，與世間一起無窮的向上進展，即是以真空妙有為背景的不住涅槃的社會化。此中有不斷的努力與無盡的歡喜，於此中實現自己的滿足與全世界的滿足。

第三章　佛教的真如觀（特以《般若經》為中心）

第一節◆序說

佛教所謂的真如（tathatā）包含種種意義，但大體而言，是如實之相之意。亦即諸現象不變之真相或令現象界所以如此的不變不動之法則，稱此為真如之所以，含有深意。首先在婆羅門哲學中，對於宇宙之實在，喜好以「彼（tat）」一語稱之，例如「彼是此」「此是彼」之類。恐是因於婆羅門哲學假定有一稱為「唯一之有」，或稱為梵（Brahman），或稱為自我的不變不動的實體存在，為表示如此的實在，故以具有集注於一點之意的「彼」稱之。反之，佛教（至少就原始佛教而言）不立固定的原理，而是將現象的、流動的宇宙人生視為客觀的事實，據此，逐漸地視為是流動之所以的內在之力、法則、因果關係。從而在原理的表現其內在之力、法則與關係時，若稱以「彼」的固定名稱，無法表現其探究之意。如是，基於現象即是如此之意，遂將「如是」（tathatā）一語當作真理的名稱。據此言之，此真如一語，至少顯示出婆羅門哲學與佛教哲學在出發點上，有根本的差異，因此不得不說是含意頗深之語。

實言之，此只是大體之論，即使是佛教的真如思想，亦無定論，對應其教理而有種種論述，其真如觀的內容也有種種，故無法一概而論。若作歷史的觀察，其初期——大體上是指現象的法則或一定不變的關係，亦即如字面之所呈現，「如是」的意味較強，但逐漸地對應佛教哲理成為形而上學的，其真如觀也成為實體論，最後甚至也有往無大異於《奧義書》的梵等推進的。例如《大乘起信論》的真如觀，顯然是將吠檀多的最高梵予以佛教化，並賦予「真如」此一名稱，故被說為與婆羅門哲學相近之代表。佛教的真如思想是經由何等徑路發展，在佛教史上是一大問題，尤其對於長養於將《起信論》視為大乘綱要書，且是揭示大乘哲學之根柢的中國、日本佛教的風氣之吾等而言，在掌握大乘哲學發展之核心上，此一問題是極為重要且有趣的問題。

但此一問題非常困難，更具有複雜的關係。此因真如思想，雖然已存在於原始佛教中，但大為發展是在相當後期，大致是在佛滅後的五、六百年，從而徵於文獻追溯此間秩序發展之連鎖並不容易。尤其在研究此一問題時，最為費事的是確定《起信論》在佛教史上的地位，往昔相傳是早於大哲龍樹之前約一百年、亦即西元一世紀左右的馬鳴所撰，但若依據近代的研究，視為成書在龍樹之前，就佛教思想發展史的見地而言，是難以承認的。尤其近來，主張此乃中國所撰述的學者不在少數，導致在確定其地位上有其難度。縱使是撰述於印度，此論與龍樹的中觀佛教具有何等歷史關係，或與無著、世親的唯識佛教有何等關係等也是問題，此相當難以解決的問題至今學界尚無定論。位於真如觀之巔峰，更且可說是其哲學標準的《起信論》之地位尚且如此，何況對於此思想的開展次第作秩序的探究，有何等困難實是預想之外。

今以佛教真如觀之題所欲進行的論述，當然不是此困難的真如史其全體，也不是最為整然的《起信論》之所論。在了解真如思想之發展上，必須了解的若干重要文獻從來卻不甚受注意，因此藉由此等文獻探察大乘真如觀的出發點，即是筆者撰此文之目的。此即《般若經》之真如觀，《般若經》提出諸大乘之根柢思想，同時又司掌大小乘的聯絡，加之，就歷史而言，是大乘聖典中最早期的經典之代表。只要是研究大乘思想，無論研究的是哪一部分，皆須透過《般若經》，此已無庸贅言。尤其是真如思想方面，大部分的《般若經》都設有「真如品」（tathatā-parivarta），對真如有所論述，故只要是作歷史的論究，都必須顧及於此。但就從來的研究法而言，作為大乘哲學之初門或大成者的龍樹，其思想常被研究，但分析性的研究《般若經》思想，並闡明其立場，同時從中探尋佛教一般思想標準的研究卻相當缺少。當然龍樹的《大智度論》既是《大品般若》的註釋，故《智度論》的研究應可說是《般若經》的研究，雖然如此，但終究是《智度論》的研究，只是龍樹思想之研究，可以說對般若經作研究的人卻是不多。

如是，從來在探查佛教思想的發展上，大抵以論師與論部為主要，且將經部視為佛說，不懷疑其史學地位，故不能說是真實的研究法。研究龍樹的思想時，首先有必要研究龍樹之前既已成立的諸大乘經典，有時甚至不能僅以龍樹為標準，就思想而言，從其前後的經典探究其發展，反而能尋出佛教思想開展的真實經過。基於此意，今在探究此真如觀時，不能僅以龍樹的思想作為標準，而是必須探究在此之前的般若經，論就彼承自其前的何等思想，且與爾後的《起信論》的真如等有何關聯，藉此作為今後整然的真如思想史之序幕。坦白言之，筆者對於般若經全體，並沒有一一予以研究，尤其梵文原典方面，僅大略讀過《八千頌般若》（漢譯《小品般若經》），故今只是介紹大綱而已，此乃必須預作說明的。

第二節◆般若之前的真如思想

一、原始佛教的真如觀

如先前所述，真如思想的起源既已存於原始佛教。雖未如後世大乘的真如明顯，但至少就至此的階梯而言，已充分包含於原始佛教的思想中。此恰如基督教的聖子（Logos）思想已見於《福音書》中，但原始佛教的真如思想超乎於此，在教理中有其更深的根柢。

大體上，佛陀主要目的在於被稱為「解脫涅槃」的實際效果，此固然無庸贅言。雖然如此，但佛陀認為為達此目的，對於一切法，必須具有真實的見解。亦即依據佛陀所述，首先對於此世間，必須如實見之，如實掌握其相是條件之一。據此更進一步，以其世間解之智慧為基礎，確立不得不如此之相，亦即理想鄉，確定其實際的手段是第二條件。具備此二種條件的智慧，即稱為真智。此因依據佛陀所述，依如實見世間之相，才能構築確實的理想界，無論是添加「非實有的」而作觀察，或是對於實際的，作視而不見的觀察，都不能獲得真正不動的解脫，故非常重視智見。如是，佛陀基於此一觀察法，故否定創造宇宙的神，否定個體的靈魂觀，提出萬有皆流轉，常恆者只是涅槃之教示的，即是根本佛教。如此的觀察，即是《阿含經》一再提出的「如實」或「如真」的觀察，其原文是 yathātathā（如）或 yathābhūtaṃ（有）；此中，後者在佛典最為常見。在 yathābhūtaṃ 中見事物，意指如實的見該事物之相。漢譯《阿含》通常將此語譯為如真或真如，但莫忘此語原非直指原理或法則，而是用以顯示觀察態度之副詞。但具有原理之意的抽象名詞 thātathā（真如——如是）此一觀念，是由此副詞的 yathābhūtaṃ

或 yathātathā 所構成，此固然無庸贅言。無論如何，對應如實觀察的對象，即是法之真相，即是真如。佛陀常稱此為法性（dhammatā, dharmatā），然就其意義言之，無論法性或真如，大抵同一。此因所謂法，是意指法則或道，歸根究柢是萬有所以如是的法則，必須是如是之道，故與「如斯」之真如同義。如是，基於如實觀察的原始佛教的法性論是佛教全體真如思想的起源，從而是其出發點。

此中的問題是，若是如此，原始佛教所說的如實觀察，是指如何的觀察方式，與此對應的法性是何所指？此因說為如實，說為法性真如，終究只是一種抽象名稱，其內容不具有任何意義。

佛陀指出應見一切法如實之相，其目的未必在於探究哲學上的實在論或物自體（Ding an sich），因此也不是在探究自然科學之法則。佛陀所說的如實之相，直言之，是在揭示此客觀的事實世界如何成為吾人的價值世界，亦即如何成為世間，其世間之評價又是如何，進而據此揭出抵達解脱涅槃之道。亦即在如實之中，含有必須如此之意。將此以一定方式整理的，即是有名的苦集滅道等四諦之教法。亦即此世界是苦界（苦），而其原因在於無限的欲望（集），滅此苦而獲得常恆之安穩界，是吾人的理想（滅），實現此理想的方法是道（道）。此教條提出的過程暫且不論，至少其提出之後，成為佛教智見之標準，因此佛陀所說的真智，是指正確地觀察此四諦的道理，其結果是契合法性真如之理。從而原始佛教的真如觀雖說以法的真相為目標，但主要是立於以迷悟為基礎的宗教人生觀之上，當徹見迷之真相與悟之真相時，其中所顯現的常恆不變的迷悟法，則即被稱為真如法性。佛陀如此說道：

> 比丘！此四諦是眞如（tathatā），是不虛妄性（avitathatā），是不變異（anaññatathatā）。
>
> （*S.N.*vol.V.p.430）

進一步思之，以此迷悟為標準的人生觀，仍是依據視事實為事實，觀察人生宇宙，得其事實真相，才能確實建立。如前所述，佛陀對於此一方面，給予非常銳利的觀察，於其如實的觀察中，含括哲學的實在或科學的法則，此乃是不能否定之事實。加之，前述的四諦雖成立於以人生迷悟為標準的價值判斷之上，若狹義而言，主要是有關事實與理想等二種不同的判斷所結合的真理形式。亦即苦集此二諦是揭示客觀的事實世界之因果，可以說是有關存在（Sein）的判定；滅道等二諦是有關人生最高理想之因果，可說是有關當為（Sollen）之判定。故四諦在教條上，雖頗為簡單，但至少就其精神而言，此中包含有關存在的問題（此中也含生成的問題），以及有關理想的問題等二大項目，更且兩方之中，都蘊含佛陀教法的種種暗示，而此乃是佛教教理的發展中，種種真如觀產生之根本。

但此中的問題是，原始佛教究竟是將真如法性視為一或視為多，據實言之，此相當不明確，若從前揭的四諦說看來，大體上分成二類觀察，應是恰當的。亦即與苦集有關的事實世界的真如，以及與滅道有關的理想界的真如。對於前者，佛陀特別提出有名的緣起說，對於有情以根本意志為基礎，逐漸開發與成立現在的有情，對此是以種種系列作觀察。佛陀特稱此法則為法性常住或緣起如實等，強調法則本身的常恆不變。對於後者，亦即關於理想界方面，特別提出八正道，若行此八種正行，任何人皆得以獨自到達解脫涅槃，尤其在尼連禪河畔，禪坐觀法時，覺察自己所悟之法乃是諸佛一乘之道，據此確認其普遍性與一般性。爾後小乘諸派在種種真如之中，特為重視緣起支性真如、聖道支性真如等之所以，不外是在發揮佛陀此一精神。但實言之，此僅只是大致的觀察，若進而思之，佛陀的真如觀中，既含有二個以上的「多」，但也含有可約而歸於「唯一」之意，此不能忽視。說為多的，雖是同樣的事實法則，不只與十二因緣之根本有關，各依所見，在可稱為其分家的種種事件之間，亦有各種一定的法則；同樣的，關於理想界，未必只是概括性的八正道，其一一與涅槃之間有必然的關係，分而考之，有立無數真如之理由。但若更予以要約，無論稱為事實的法則，或稱為理想的法則，若依據佛陀的精神，終究是歸於吾人之一心（剋實而言，視為意志較為恰當），就此而言，視真如為只是一，才契合佛陀精神。此因依據佛陀所述，構成事實世界的法則，在於吾人的欲望，亦即在於意志，是肯定自我而創造與此相異的世界，理想界之法則是與前者相反，是吾人否定欲望的意志而呈現的新世界法則，雖有消極與積極之差異，但終究都是依同一意志而建設。此即爾後或立多真如，或主張唯一真如，是以真如為中心的佛教哲學分成種種的根源。

要言之，相較於後世所說，原始佛教的真如觀可說是語焉不詳。但若仔細推究字裡行間的思想，仍可發現後世所發展出的種種方面，皆已含蘊於其中，此徵於前述，即得以知之。縱使上來所說，似乎稍嫌穿鑿，但至少如次所揭，將是任何人都必須承認的事實：

（一）萬有雖然流轉，但於其流轉根柢，存在著令彼所以如此的常恆法則；此說類似赫拉克利特的邏輯。

（二）此流轉界之彼方，有一常恆不變的涅槃界。

（三）無論流轉界或涅槃界，其根柢在於吾人之心。

（四）如上的真相依遠離偏見與執見的正智正念得以見之。此等完全是爾後真如觀哲學之源流，故吾人當切記莫忘。但此等思想皆尚未善加統一與分化，此乃是原始佛教是原始之所以。

二、小乘教諸派的真如觀

將孕育其種於原始佛教的真如思想予以大為開展的是大乘佛教。此因意圖揭出隱藏於原始聖典文句中的佛陀精神，遂有大乘佛教之興起，因而隱而不現的真如思想也作為表面問題而被提出。若從文獻看來，至於此境仍有一段準備的過程，此當切記莫忘，此即是小乘教諸派的教理。小乘佛教雖承自原始佛教，但由於過分要求忠實，導致無論行法或教理，都只是形式的，尤其在教理的組織上，構成極為繁瑣的神學（佛陀滅後百年左右，分成上座部、大眾部等兩派，爾後二、三百年間，總計分為十八部，此乃諸傳之所告知）。從而隱於文句裡面的真如思想，雖未形成論究的題目，但在論述種種問題之中，仍然不得不觸及與此相關的問題，此即是伴隨無為法之研究的觀察，而此係由理想派的大眾部給予相當大的發展。

佛教通常將萬有大抵分成二類，亦即分成有為法與無為法。有為法是指有生滅變遷的，無為法是無生滅變化的。小乘佛教初始將此二類視為相互並存，並沒有另外將無為法視為有為法之根柢的風氣。例如依據《俱舍論》所載，上座部中的說一切有部將萬有分成七十五類，其七十二類是有為法，剩下的三類是無為法（擇滅無為、非擇滅無為、虛空無為）。從而就此而言，其所說的無為，顯然與具有萬有之真相或法則之意的真如法性思想並無特別關係，可以說相對於現象，是立於隱居的地位而已。然而大眾部逐漸擴展其無為法的觀念，彼等認為並不是只具有與有為法相並的隱性之意，而是令有為法如此變化的生生活動之法則，其關係所以不變，依然是因於無為。

依據《異部宗輪論》等所載，上座部通常立三無為，相對於此，大眾部立九無為。亦即擇滅無為、非擇滅無為、虛空無為、空無邊處無為、識無邊處無為、無所有處無為、非想非非想處無為、緣起支性無為、聖道支性無為。之所以將四無色視為是無為，是因於作為境界的四無色有變化，所以是有為，但就作為是令四無色定成為四無色定之所以的原理而言，其根柢必然有一不變不動的，據此而定四無色是無為。又，緣起支性與聖道支性即是先前所述有關事實的緣起法則，以及有關理想界的解脫道之法則，故不外於是原始佛教思想的開展。尤應注意的是，雖屬於上座部，但受大眾部影響的化地部之主張。同樣依據《宗輪論》所載，化地部立九無為，此是於擇滅、非擇滅、虛空等三無為之外，加上總括禪定之原理的不動無為，以及善法真如、不善法真如、無記法真如、道支真如、緣起真如而成。此中第四之前的四無為，以及其後的緣起真如、道支真如等六無為同於大眾部的九無為，但化地部的特色在於作為善因善果、惡因惡果之必然不變法則，立善、惡、無記等三無為。不清楚其梵文原語是如何表述，但至少就譯文而言，是就善法等五無為給予真如之名。通常說為真如時，會令人生起實體的概念，但初始時期，實是法則的觀念較強，依此即得以證明。

上來主要是依據《異部宗輪論》所載而論述，進而若就與此《宗輪論》並列，在研究小乘諸派教理時，被視為重要史料的南傳的《論事》（*Kathāvatthu*）看來，兩者所載諸多相似，但應予以注意的是，依據《論事》所述，立與真如觀有關的種種無為（註釋家所說若是正確），皆屬於大眾部。尤其案達羅派（Andhaka）、北海派（Uttarāpathaka）、東山部（Pubbaseliya）等是其主要主張者（有時加上化地部，此因如前所述，化地部相當受到大眾部影響）。今無暇一一介紹此等所說，但主要是將前述大眾部與化地部的九無為，或是全部或是分散的提出之外，自己再加上先前所無的。例如先前雖有緣起真如、聖道真如，但未見提出連結此二者的四諦真如，故東山部再提出四諦無為（cattāri saccāni asaṃkhatāniti. *K.V.* 6.3）。亦即立於苦集滅道等四諦是顯示全一常恆不變之關係的立場，因此仍是基於將事實的法則與理想的法則視為一整個原理而提出。又，先前雖已提出作為法則或關係的真如，但具有萬有的形體或本性之意的真如尚未見提出，依據《論事》所載，提出此種真如的，仍屬於小乘的教派。亦即此乃北海派的主張，提出「一切法真如是無為」（sabbadhammānaṃ tathatā asaṃkhatā ti. *K.V.*19.5）之說。恐是立於松、竹雖有變化，但松的觀念或竹的觀念永遠不變之意，但《論事》中以真如一語表述的，僅此一處。其所述說的是狹義的、實體的真如觀，稍近於大乘之所論。

如是，無論依據《宗輪論》或依據《論事》所載，小乘諸派——尤其大眾部系諸派——承受原始佛教精神，開拓與無為法相關聯的種種真如觀，彼等認為無論從法則，或從關係，或從實性而言，作為生滅變化的此世界之規定或根柢，另有一不生不滅的。當然此中也有與其說是現象之根柢，不如說是具有與現象並存之意的無為法，雖然如此，但隨著無為的範圍逐漸擴大，無為被視為是自己不動，但能令他動的原理，所以成為後世真如觀哲學的先驅材料，此乃是無可懷疑的事實。

但此等的真如觀令人覺得稍嫌不足之所以，在於雖立種種真如，但尚未及於具有統一此等之意的唯一無二的根本真如。此無論從立於諸佛一乘法之理想的原始佛教教理，或從人心統一的要求看來，不得不令人有不足之感。當然無論依據《宗輪論》，或依據《論事》所載，提出統一的真如已逐漸可見，此徵於相對於大眾部立四無色無為，化地部僅說「不動無為」（若依據慈恩所述，善法、不善法、無記法等三真如是一理三體），東山部以「四諦無為」統一緣起支性與聖道支性，得以知之。但此等只是部分的、機械性的統一，尚未到達止揚此等，依一真如予以統一的觀念。

如是，大眾部的真如觀雖大為分明，但從形而上學的見地而言，所未論及的甚多。真正將此作哲學的統一，實是大乘哲學的真如觀，更且由《楞伽經》與《起信論》達其巔峰。而般若的真如觀實居於部派的真如觀與大乘本體論的真如觀之間，且是司其聯絡。

第三節◆般若的一般立場

一、般若的思想系統

在述說般若的真如觀時，順序上首先應述說般若思想的歷史系統，否則不能闡明其真如觀的意義。故雖稍嫌繁瑣，但此下再度從原始佛教談起。

無庸贅言，原始佛教的根本教條是四諦之教。此雖是同一組織，但如先前所述，若分而論之，可視為是二種規範之總合。亦即揭示客觀的事實其成立因緣的苦集是一種規範，以及揭示將來之理想的滅道是另一種規範。固然從原始佛教的精神看來，徹見事實的如實之相，是正確理解真正理想之所以的道程，因此，此兩種規範如車之兩輪不能相離。但當對於此兩種規範的相關研究逐漸複雜時，應著重於何者作觀察，依人依派別而有差異，也是自然之數。在教團分裂後，觀察著重點的差異遂在教理上占有重要地位。亦即保守派的上座部，主要在於事實的問題，以術語表述，是著重於輪迴問題的解決，一切都依此而作觀察與整理，相對於此，進步派的大眾部是以理想的問題，亦即解脫問題為主，一切都依解脫觀而作觀察與整理。從而上座部的立場大體上是實在論，大眾部可以說都是觀念論，若以術語表現，前者是有，後者是空。此因上座部既然意圖揭示輪迴界成立的次第，必然需要承認其存在之事實，反之，大眾部是以超越輪迴的存在，亦即以解脫為目標而觀察一切，故傾向於否定現象的世界觀。但如此立場或觀察的差異，對於爾後佛教教理的影響有種種方面。尤應注意前者，亦即上座部是以「有」的世界觀為背景，對於生命提出種種見解，此乃是爾後阿賴耶識哲學產生之所以；後者亦即大眾部，是以「空」的世界觀為背景，因此產生悉有佛性觀，以及前述的種種真如觀。此徵於可稱為阿賴耶識哲學之先驅的非即非離蘊我，或微細意識，或窮生死蘊的思想，大抵是出自上座部各派，而與心性本淨說，或無為有用說，或真如有關的，大抵是大眾部系諸派的主張此一事實，得以知之。此恐是以輪迴問題的解決為主，輪迴之主體的確是最為重要的問題，而以解脫問題為主的，則以指出不動不變的依據最為重要。當然嚴格說來，上座部中也有採用大眾部派之意見，而大眾部中也有採用上座部所說的，因此兩派的立場難以如前文所述的清楚劃分，但大體上兩派是立於前述立場，此乃是無可懷疑的事實。

若是如此，般若思想承自何者系統？無庸贅言，當然是大眾部系。但此是依教理而言，若依據真諦等所傳，大眾部中的一說部或說假部，或說出世部等，主張一切法皆是假名無實體，無為雖是實有，但現象界是假名，而般若的世界觀實是基於此說，且大為開展之。更且若就佛身觀，或心體本淨觀等諸多特殊題目見之，般若思想與大眾部思想有密切關係，此在文獻上可得明確證明。加之，從地理看來，大眾部最為興盛，更且養成近於大乘思想，其根據地大抵是在南印度，尤其是在案達羅，此徵於《論事》經常論破案達羅派——大眾部系的重要學派——得以知之。般若思想至少其初始起於南方，《般若經》本身既已明確告知吾人。《八千頌般若》（小品）中，有般若本行於南方，由此行於西方，由西方推進北方，遂行於四方之記事（梵文原典二二五頁；《大正》八，五五五頁上）。此豈非暗示

《般若經》起於南印度。亦即直言之，般若思想原是脫化自諸如案達羅派的大眾部系學派，此依地理的關係亦能推知。《般若經》盛談真如，若就系統而言，歸根究柢，不外於是繼承此大眾部系的思想與問題。

要言之，般若思想原是從原始佛教無執著的修行法出發，出自於無執著主義組織其教理的大眾部系，為對抗有部的繁瑣教理，故以突發性的發展而成立。在佛教教理史上般若思想特為重要之處，在於它是大乘初期的產物，同時無論從靜態的意義，或從動態的意義，它是所有大乘思想的根柢與基礎。

二、般若思想

無庸贅言，般若一貫的主張是否定一切的差別觀，述說萬法即空之理。從常識的立場看來，此世界雖呈現千差萬別之相，但若立於第一義諦的立場，達觀其真相，則一切皆是假現，皆空是其根本主張。般若（prajñā），亦即智慧，是指與此第一義諦有關的直觀智，若以術語表現，稱為觀照般若。《般若經》以「般若」為經名之所以，不外於經中盛談此大智慧。

所謂「般若的智慧」並不是指將物作分類或給予區別的智慧，而是否定一切差別相，超越相對，直接達觀宇宙真相為空的智慧。依據般若的主張，不只吾人常識的世界非如實之相，從來佛教學中，作為客觀要素而說的五蘊、十二處、十八界等，甚至可說是科學之觀察成果的——至少如吾等所見或所思的要素——也只是一種現象的假名，並非實在，必須觀察所謂的五蘊是空。從而與此等要素的集散離合有關聯的種種規範與法則，也是假名無實體，無論過現未的三時，或因果，或是生住滅，若從第一義諦的立場，都不是法的真相，歸根究柢不外於只是一種現象。加之，不只事實世界如此，與所謂理想世界有關的，也是如此。種種修行德目是空，此固然無庸贅言，作為其結果所得的羅漢位或如來位，或佛國土，若直視其真相，同樣不得不說是空。此因此等皆悉寫象於吾等之心，不外於只是一種現象。亦即簡言之，迷與悟或事實與理想——此等皆悉吾等差別的心象，一切皆空是般若最重要的主義。《般若經》為力說之，常以二十空述之，曰：

內空、外空、內外空、空空、大空、勝義空、有爲空、無爲空、畢竟空、無際空、散空、無變異空、本性空、自相空、共相空、一切法空、不可得空、無性空、自性空、無性自性空。

與此有關的說明見於《勝天王般若》（《大般若經》第六分），因過於繁瑣，故此處不欲述之，要言之，依據般若所述，可謂說似一物即不中，說為空，若又執之，則不能得法之真相，故否定再否定，從所有的方面說空。亦即《奧義書》以「曰非，曰非」（neti neti）表述法之真相的，正是般若之立場（將此作哲學辯證的是龍樹的《中論》，此中立種種部門，揭示相對的觀念不能成立的原因）。

若是如此，大體上般若是以何者為根據，以及有何必要如此否定一切的差別相而主張空，前述的歷史背景之外，大致可揭出如次二種理由。

（一）從認識論的見地，如所有的觀念論者所說，是基於此世界只是我心之表象的理由。此因原始佛教的世界觀，若從被給予的材料而言，是相當實在論的，但若從與吾等相對的世界而言，亦即從世間方面來說，完全是吾人所作的觀念論，般若實是令此立場至其所至而已。《般若經》中最明白揭示此的，恐是《八千頌般若經》（梵本第十五頁；參照施護譯本第一卷；《大正藏》卷八，五八九頁上～中）如次的一段經文：

> 舍利弗（法）實無所有，但如斯存在。不如實知之，名無明。凡夫不知之，故執著法（無所有法）。執著故，偏計（表現，kalpayati）無所有之一切，偏計故，執著彼等二邊，由是，不知不見諸法（眞相）。不知不見故，（又）偏計無所有之一切法。偏計故，執著二邊。執著故，由其因緣而偏計過去、現在、未來諸法，偏計故，執著名色。執著名色故，偏計無所有之一切法。偏計無所有之一切法故，不知不見如實之道（yathābhūtaṃ mārgam）。不知不見如實之道故，不能超越三界，不能覺知諸法實相。

此乃是對於舍利弗問佛：「既然諸法本來空，何故有此世界？」佛陀所給予的回答。亦即要言之，稱為執著的情意活動與稱為偏計（表象）的認識活動相互糾纏，故顯現出萬有的現象。《大智度論》第三十九卷（《大正藏》卷二五，三四七頁下）稱此為三界所有皆心作，換言之，一切唯識所變之說是此一方面的空說之根據。

（二）是基於修行上的必要，換言之，是基於實現解脫涅槃之理想上，達觀一切是空有其作用。恐是對於涅槃的真相雖有種種見解，但至少是在否定乃至超越吾人個體的欲望生活所達之境，此乃是諸派皆悉首肯的。從而空觀是解脫道上重要的一種方法，固然無庸贅言，從實際的方面而言，般若空觀不外是此方法的觀察。對此，《般若經》有種種述說，或說無取、無著、無文、無字是般若（《勝天王》第十一），或說無相、無願、無生、無作、無染、涅槃、寂靜等是般若（《小品》三四一頁），尤其就禪定的修行而言，是尊稱為一切法無受三昧（sarvadharmānupādāna-samādhi），要言之，是以促進無執著主義作為般若的大目標。如是，般若逐漸推進其修行目的之觀察，再結合先前所說的認識論的觀察之後，遂提出「一切空」，如此大膽的主張。

三、真空妙有

如是，般若是從認識論的立場與修行的立場而否定一切差別相，提出一切皆空之說。若是如此，般若的世界觀是否成為無宇宙論（acosmism）？是否歸著於虛無主義（nihilism）？確實是如此。但此仍是大致的說法，若認為般若的旨意在此，則完全脫離般若的真正意涵，此當切記莫忘。若僅就表象的範圍而論，般若的旨意仍需歸著於「空」（empty, nothing）。雖然如此，但不能忽視的是，般若實以超越表象的境地為其目標，更且此才是其真正旨意。

首先就認識論見之，般若雖主張一切現象只是吾人心之表象，此心之外是所謂的空，但未必否定形而上學的存在。當然稱此為存在，乃是般若之所不許，總括來說，作為現象之根柢，有一不變不動之某物，此乃般若充分承認的。只是此物非吾人的現象心所能言詮或思慮，若欲以表象，除了基於所謂境界觀念（Grenzbegriff）之意，名之為「空」之外，別無他法。雖然如此，但此際的空絕非虛無的空，而是否定再否定，最後到達妙有的空。更且此妙有的空，雖是需要否定現象才能到達的原理，但一旦達於此境，則又作為現象根柢，是能令現象復活的「空」。此即是《般若經》的真空妙有、諸法實相的觀念，雖然表面上尚未特為顯著，但至少內在已充分完備，「空即是色，色即是空」等之說，即表顯此意。《般若經》的真如思想，若就認識論而言，實出自此否定後的肯定，此當切記莫忘。

進而從修行的方面見之，般若的旨意在於促進空觀的無執著主義，此當是無庸贅言，然其無執著主義絕非只是以消極的隱遁生活為目標的無執著修行，而是不執著一切，隨處發揮無礙自由的精神生活；《金剛經》所說的「應無所住而生其心」是其修行之極地。從而作為空的達觀之結果，《般若經》特為強調其自由之力，無論拔山蔽海的妙作用，或於一毛端盛百億須彌之妙力，皆依其力得以實現之。尤其《般若經》也著重作為佛教特色的慈悲救濟，其世界觀的無差別平等的空觀，在倫理上是顯現為以無緣慈對待一切眾生，甚至主張若不能臻於真正的空觀，則不能實現真正的倫理。簡言之，般若之旨意的空之修行，絕非無任何之力，並非消極，而是作為任何物之所不及的積極力，於具體的差別界中實現，此是其目標，反過來說，具體的差別界其任運無作之活動，是完全實現無差別平等的第一義空之所以，此即是般若的實際立場。此豈是以無宇宙論的虛無主義為立足點，乃至為理想者的主張所能得？此中存在著般若所以是即真空立妙有的消息。更且從此方面而言，可以說般若的真如觀是為給予其無礙的具體活動價值有所根據而提出的。

第四節 ◆ 般若的真如觀

一、《般若經》的真如觀

首先將述說般若的一般立場，並概觀發展成真如觀的思想準備，由此逐漸進入本題，但在此之前，有必要稍就其研究材料簡單述之。此因若如是進行，對於有意進而就此問題研究的人，多少將有所助益。無庸贅言，具有「般若」之名的經典，大藏經中所收甚多，其中最為完備的是堪稱般若部類百科全書、玄奘譯的《大般若》六百卷（《仁王般若》被視為偽經，故不攝入於此中）。但應予以注意的是，不能認為種種的《般若經》其內容與組織方面有所差異，諸多的《般若經》，無論內容或組織上，其實只是廣略之別而已。簡言之，《大般若經》雖有六百卷，然其初分（前四百卷）、第二分（其次之七十八卷）、第三分（其次之五十九卷）、第四分（其次之十八卷）、第五分（其次之十卷）等五分五百餘卷，只是同一組織的廣略經文之匯集。從而相較於其龐大的部帙，《般若經》的內容可說是相當貧乏，卷數雖有數百卷，然若論其思想內容，則任見一部有適當整理的《般若經》，其他的內容大抵可以推知。而此亦適用於《般若經》的真如思想研究上，對於材料方面的處理。

一般而論，大抵應是如此，若是如此，此中的真如觀的材料又是如何？雖然《般若經》皆有真如觀之述說，但在前述的五分之中，《大般若經》特於每一分設立「真如品」（Tathatā-pari varta），彙整性的論述真如。從而在探究般若的真如觀時，有必要通觀全部，此當無庸贅言。但如前所述，此等只是大同小異，故若欲從簡，只要研究此中任一的「真如品」就已足夠。但若採取此一方針，何者最為妥當也是問題。若從內容，或從方便，或從歷史地位而言，筆者認為沒有比第四分，亦即《小品般若》（原典 Aṣṭasāhasrikā-prajñāpāramitā）更為適合的。此第四分（小品）縱非般若諸經之原本，但作為有組織之一經，大致可視為最古者之一，其他無論《大品般若》（《大般若》第二分，Pañcaviṃśatisāhasrikā-pr.），或《大本般若》（般若初分，Śatasāhasrikā-pr.）不外於是此經之增廣。不只如此，此中富含超越《大本》，超越《大品》的有關般若哲學的種種思想之暗示，因此般若的真如觀之研究，若以《小品》的材料為主要憑據，旁兼參照《大本》與《大品》等其他四分之說，將可達到大體的研究的目的。此外，作為此等之補充，另有值得大為注意的材料，此即《大般若》的第六分（卷五百六十六至卷五百七十四）所屬的所謂《勝天王般若》的真如觀。此因至此，妙有的方面已大為加強，其真如觀也相當發展，類似《楞伽經》的論述經常出現。就歷史發展而言，《勝天王般若》的成書應較遲於前五分之任一，但可視為是般若思想逐漸朝向「有」的思潮發展之代表，。從而若從般若部的聖典探查真如思想之發展，可知應是從《小品》出發，《大本》與《大品》完全接續之，進而至《勝天王般若》又更為進步。今筆者所採用真如觀的材料，實取自如此見地之下，簡言之，是採取從《小品》出發，最後歸結於《勝天王般若》的方式，在此先預作說明。

二、真如的意義

般若雖主張萬有之真相是畢竟空，然其空並非虛無，雖不能言詮意慮，但至少在體驗上有其活動的積極性，此如前述。若是如此，若欲以認識論的方式表示此「絕對的空」，則可視為此相當於康德所說的萬物自爾（Ding-an-sich）之境，又若將此作形而上學的表述，則是萬有之本體。為顯示此意，般若將萬有的真相說為空性（śūnyatā），又作為其異名，或說為法界（dharmadhātu），或說為真性（tattva），或說為法不變性（dharmaniyāmatā），或說為實際（bhūtakoṭi），或說為自性（svabhāva, prakṛti）等等，此外還有種種說法，但般若最愛使用之語，實是「真如」（tathatā）一語。此因如前所述，tathatā（如是）是來自述說現象的 tathāsaṃvidyante（如是存在）之語，作為顯示如是存在之所以的不變本源或法則，故以「如是」的抽象語表述。據此，可以說般若所說實與《奧義書》在述說梵時，原以「曰非，曰非」（neti neti）表示，但最後仍以「彼」（tat）一語顯示其積極的存在同趣。當然若依據般若所述，此等積極之語仍是空的異名，最後雖有真如非真如（atathatā），自性無自性（asvabhāva）等之說，給予否定的處理，但此皆來自「說似一物則不中」的立場。絕非僅只是empty（空虛），此如前所述。反過來說，般若的空觀是得以長養吾等形而上學之睿智的方法，依此方法最後所到達的是稱為「真如法界」的積極實在的境界。《勝天王般若》所言的「以敬重心修習空行，修空行故，遠離諸見，離諸見故，修行正道，修正道，故能見法界（真如）。」（《大般若》卷第五六七；《大正藏》卷七，九二九頁中）正顯示此一消息。退一步言，般若的真如是空的異名，故說為真如法界，故不具有超越空觀的特別意義，但至少就用語的移轉而言，在大乘思想史上含有極重要的意義，此不容忽視。此因般若的立場是真空妙有，若過分執著於空之一語，則其思想往往傾向於消極的方面，最後將形成如同爾後中觀派中的某種主張，反之，內容雖然相同，但改以法性、真如、實相等稱之，以此為機緣，遂大為助長妙有的觀察。如爾後《起信論》的真如觀，雖以般若為其出發點，卻依《般若經》所說的真如一語暗中開展出妙有。在般若思想的研究上，「空」的論述之外，其真如觀具有獨立意義之所以，實在於此。

三、真如之當相

《般若經》是如何述說真如，經中有諸多與此相關之文獻，但在利用此等之前，首先吾人必須有所準備。亦即般若之真如，無庸贅言，是依否定的空觀所到達之境，因此一切法的本性之說，實是著重於其終局原因（final cause）而言。亦即著重於遮蔽吾等生活的假現之幕破除時，此中有作為永恆安住而顯現的不變不動本性，因此對於其本性如何作為現象，顯現於世界的所謂能動原因（efficient cause）方面，並不是很重視。亦即若以術語表示，般若的真如觀主要著重於不變真如的方面，對於隨緣真如並沒有太大的觸及。就哲學而言，此乃般若的真如觀屬於未至於其所至的中途產物之所以。但含蓄言之，此間仍有隨緣方面的種子，若給予組織，某種程度的隨緣哲學也得以成立，此當切記莫忘。

既已有上來所說的準備，從文獻上探究般若的真如觀時，如前所述，雖有與此相關的種種材料，但就筆者所知，最為完整的應是《勝天王般若》，經文雖然稍長，但引用如次：

爾時，最勝復白佛言：「世尊！云何名爲法界？」佛告最勝：「天王當知法界即是不虛妄性。」「世尊！云何不虛妄性？」「天王！即是不變異性。」「世尊！云何不變異性？」「天王！即是諸法眞如。」「世尊！何謂諸法眞如？」「天王當知！眞如深妙，但可智（直觀智）知，非言能說。何以故？諸法眞如，過諸文字離語言境，一切語業不能行故；離諸戲論，絕諸分別；無此無彼，離相無相；遠離尋伺，過尋伺境；無想無相，超過二境；遠離愚夫，過愚夫境；超諸魔事，離諸障惑；非識所了，住無所住寂靜聖智及無分別後得智境，無我、我所；求不可得，無取無捨；無染無著，清淨離垢；最勝第一，性常不變，若佛出世、若不出世性相常住。天王當知！是爲法界……。」爾時，最勝便白佛言：「世尊！云何能證、能得如是法界？」佛告最勝：「天王當知！出世般若波羅蜜多及後所得無分別智能證、能得。」「世尊！證得義有何異？」「天王當知！出世般若波羅蜜多能如實見故名爲證，後智通達故名爲得。」

（《大般若經》第五百六十七卷；《大正藏》卷七，九二九頁中、下）

亦即無論佛出世或不出世，諸法的真如乃是無變異的、恆常不變的實性（此令人想起原始佛教對於四諦真如的述說），從而此乃通常概念的認識之所不及，證此道必須依據超越的、直觀的——所謂的證，以及依據睿智思索的——所謂的得，此乃是前揭引文之大要。其述說的方式相當有秩序，在問題的論究上推進至認識論，此恐是《般若經》諸多真如的說明中，最為完整的敘述。《起信論》在述說真如之相時，說為「從本已來，離言說相，離名字相，離心緣相」或說「以離念境界唯證相應」，顯然與前述引文所述趣旨完全相同，不禁令人想起《起信論》的述說大致來自前述的說明。

若是如此，對於如此的真如，《般若經》究竟是立一或立多？若從《般若經》的種種文獻看來，般若初始是述說諸法一一有其實性之真如，例如櫻有櫻的真如、桌子有桌子的真如。此因般若是就種種物體述說真如，例如對於五蘊，述說色真如（rūpatathatā）、受真如（vedanātathatā），乃至識真如（vijñānatathatā），乃至如來有如來真如，須菩提有須菩提真如。據此，般若的真如觀類似柏拉圖所說的觀念，作為現象的原型，柏拉圖認為有與此相應的常住之觀念界。總括來說，爾後的唯識宗等立無數的真如確實來自於此。

上來所述，只是大致的觀察，大眾部的真如觀既已將多真如歸結於一真如，此如前述。又思想的推進遠超於大眾部的《般若經》，何以無此統一的真如觀？實則種種文獻中，顯示朝此方向的實是不少。例如《小品》第十六的真如品（原典三〇七頁），指出如來真如與須菩提真如同一，進而指出如來真如與一切法真如並無差別（《大正藏》卷八，六三八頁中）：

> 彼如來眞如，即一切法眞如，此眞如唯一，而無第二。

yā ca tathāgata-thatā yā ca sarvadharmatathatā ekaivaiṣā tathata 'dvaya.

亦即與《奧義書》在述說梵時，所說的「唯一無第二」（ekam eva advitīyaṃ）語氣相似，正是強烈的唯一觀主張。同樣的《小品》第十七曰：

> 須菩提！所有異生地，聲聞地，緣覺地，菩薩地，如來地，如是諸地於眞如地中，無二無別，無疑無壞，菩薩從是眞如，入諸法性。
>
> （原典三二二頁；《大正藏》卷八，六四一上）

據此可知，在現象上，雖有如來、須菩提、聲聞、緣覺（獨覺，pratyekabuddha）等種種分別，更且彼等各有本性之真如，但一切皆以同一真如為最終之本性，於真如中，一切平等無差別，從而《起信論》所述的真如是一法界的大總相之說，終究是《般若經》最後必須到達的結論。基於此意，般若的真如觀，基本上雖如同柏拉圖的觀念論，但更近於新柏拉圖派所說的唯一實在。但新柏拉圖派是將柏拉圖所說的雜多觀念界，說為是從唯一統合的實在開展出現象，反之，般若尚未及於此（至此的是《起信論》的真如），兩者的差別在此。

又關於此真如之當相也必須探討，亦即《般若經》是如何看待真如與心性的關係？換言之，《起信論》特將真如稱為心真如，是從絕對心的立場作解釋，而般若是否也是如此看待？表面看來，依據般若所述，真如是不可說不可思議之存在，故既不能說是物，也不能說是心。但若從般若的立場更往內在推進，又徵於散見於各處的文獻看來，如前所述，般若的真如主要是心真如，最後不得不歸著於心之本性。首先從文獻方面見之，《小品》第十九甚深義品（原典五五五頁），佛與須菩提對於真如與心（citta）的關係有一番問答。雖不能直接證明，但慮及仍是相當有力的線索，故揭之如次：

佛曰：須菩提！汝思眞如甚深否？
須菩提曰：然，甚深。
佛曰：汝於眞如思有心否？
須菩提曰：不然。
佛曰：汝思心即眞如否？
須菩提曰：不然。
佛曰：汝思眞如與心爲別物否？
須菩提曰：不然。

亦即雖指出心與真如非一非異，然此非一非異的關係，若去其表面，終將成為心性即真如，般若立場的此一趨向，不能忽視。此因此處所說的心（citta），主要是指作為現象的心，故不能說為一或異，當進而說為心之本性時，般若是將此視為即是真如。其所說的一，即是心性本淨觀。般若承續大眾部系統，主張心本來清淨，然為客塵煩惱所昧（例如《勝天王般若》的法性品所載），但般若並非視此僅是個人心性之範圍，而是主張其心性清淨是一切法清淨之源。對此，《佛母般若》第八清淨品（原典一八八頁〜一八九頁）循例載有須菩提與佛的問答：

須菩提言：世尊！自我（tman）清淨故，色清淨。

世尊曰：須菩提！其畢竟清淨故。

須菩提曰：自我清淨故，世尊！受想行清淨。

自我清淨故，識清淨。

自我清淨故，果清淨。

自我清淨故，一切智清淨。

自我清淨故，無得、無所證。

自我無邊故，色亦無邊。

自我無邊故，受想行識無邊。

佛曰：須菩提！畢竟清淨故。

亦即在此一問題中，須菩提使用佛教罕用的 ātman 一語——主張因於清淨無邊，故一切法清淨無邊，對此，佛陀一一加上畢竟清淨（atyanta-viśuddhi）故之語，並表示贊成。總之，宇宙之清淨無邊是因於自我的清淨無邊。然如後文所述，般若之汎神觀僅成立於依真如之相看待一切的立場，故此自我清淨無邊之說，終究是基於一法界的大總相之心真如而提出的。若是如此，就筆者所知，般若在尚未言及統一的真如時，並無心真如之名，雖然如此，若認為將真如視為絕對心的思想已充分圓熟，更且認為附上常樂我淨等四德之氣運既已釀成，並不過分。又，《般若經》在說明如來之名時，經常說為依真如（tathatā），亦即依真如而出世，故稱為他多伽陀（tathāgata），《勝天王般若》甚至將真如稱為法身（dharmakāya）（《大般若》卷五六九；《大正藏》七，九三七頁下）。此即成為《起信論》等將真如與法身視為同一的先驅思想，也是證明「真如者，離唯一之絕對心，則別無存在」的材料。

亦即從般若的認識論方面看來，如前所述，般若將現象界視為是吾等的執著與表象之產物。若是如此，則可以說此作為現象之本性的真如，不外於是執著與表象之本性的心性。此因宇宙的現象若皆唯心所作，則現象之真如，於心真如之外，不能他求。

如是，無論從教證或從理證探尋真如的真相時，《般若經》的真如終將歸於絕對的心，《起信論》所說的「唯是一心，故名真如」的思想已醞釀於此。從而若給予解釋，般若中柏拉圖流的多元真如，可視為是指此絕對心之內的常恆形態或法則的種種相。

四、作為現象本源的真如

如前所述，《般若經》所述說的真如，主要是出自不變不動之理體或理念的立場。亦即若以術語表現，是以不變真如為主，從而將真如視為現象本體的思想雖已成立，但在《般若經》中，關於現象如何從其本體生起與發展，亦即所謂的真如隨緣方面，尚未成為顯著的問題，以此為主要問題的是爾後的《起信論》等。《起信論》為真如觀之特徵，是在揭示隨緣方面。此因如先前所述，作為萬有本體，柏拉圖提出理念的世界，但對於此理念世界如何生起萬有，並沒有太多敘述，此正同於般若的立場，但既已將真如視為萬有本體，在論理的要求上，此一方面若不闡明，終究不能觸及其本體的意義。因此，雖極為微弱，但般若的真如觀中，仍觸及此一方面的。更且雖然微弱，但在爾後的真如思想發展上，仍占有不可欠缺的重要地位。

若徵於文獻，《小品》尚未言及從真如出生萬有。可說為真如之人格體現的如來之出現，是作為與真如有關聯而被述說，但尚未將被視為虛妄的萬有全體與真如連結而論其發生。雖是微弱，但到達此境的，就筆者所知，是始自於《勝天王般若》。例如法性品（《大般若》卷五六九）曰：

> 諸法雖生，眞如不動，眞如雖生諸法，而眞如不生。是名法身。
>
> （《大正藏》七，九三七頁下）

又有一例，其顯相品（《大般若》卷五六七）曰：

天王當知，譬如水大，從高赴下，水族所歸，甚深般若波羅蜜多亦復如是。從眞（如）法界流趣世界，一切善法之所依止。

（《大正藏》七，九二六頁中）

亦即真如雖是不變，但能生諸法，從真如而流趣世界，此乃吾等所應注意的，真如隨緣的思想得以窺見。就筆者所知，《般若經》並沒有進而詳述真如隨緣之相，故無法清楚了解其組織性的考察，但總括來說，般若的真如觀至此已某種程度的注意到隨緣的方面，此乃無可懷疑之事實。加之，《起信論》言及真如隨緣的原因，說是依忽然念起之無明，《般若經》當然尚未如此明言，但仍可推知已具備提出此說的基礎，此即先前所引用的般若的認識論。此因若依據般若所述，與吾人相對的世界（Die Welt-für-uns），是以無明為根本，執著與表象互相糾纏而成，將此與本體的真如連結而述說時，所得出的結論是，現象界實是無明遮蔽真如時的霞雲，而此雲霞是以真如本身所具相狀形塑而成。此處所說的雲霞，不外於是指執著與表象，故最後遂歸著於忽然念起。

如是看來，縱使《般若經》的真如主要是立於不變的方面，然其中也含有緣起的方面，據此而作解釋，遂得出近於《起信論》之所論，此乃不能否定之事實。在佛教思想史上，此具有重要意義之所以，在於吾人從來不甚注意的思想關係上，此給予某種程度的發明。特為顯著的是，從來認為般若哲學是消極的實相論，認為龍樹的《中論》、《十二門論》是其指導的神學，是與積極的緣起論相對的——如此的觀念必須作某種程度的訂正。亦即般若的哲學，當然與龍樹在《中論》所作的解釋相近，但對於華嚴、楞伽、起信哲學而言，是其萌芽，也是其先驅，反過來說，若不認為《起信論》的真如隨緣論也是以般若思想為其背景，為其源泉，則其間的關係無法釐清。更且若就真如論的立場而言，如一再述說，《起信論》以述說真如隨緣為其特長，相對於此，論及瑜伽，亦即法相宗認為真如凝然不作諸法，故真如不能開展萬有，兩派為此長久爭論不已。今若依般若的真如觀裁決，可以說法相的真如觀近於般若，但《起信》的真如觀，如先前所述，是含於般若中，可以說般若是兩方之源泉。從而可以證明玄奘一派認為印度不說真如隨緣，是非常錯誤的見解。此外，與此相關的種種問題，某種程度給予啟示的事項不少，但恐流於煩雜，就此止住。

五、般若汎神觀的意義

上來所述，大體上是《般若經》真如觀的大要。但最後還有一個問題存在，亦即有關般若汎神觀的意義。當然此一問題已斷斷續續的於諸處論及，但在此稍作彙整而論之。

如一再所述，此現象界是迷妄之產物，是似有還無。若用般若的敘述口吻，可以說此萬有如幻如夢，如乾闥婆城，如鹿水，如第二月。從而此般若的世界觀無疑是無宇宙論（acosmism），是唯象論（phenomenalism），進而可以說是幻象論（illusionism）。但此一立場，如依前段所述得以知之，主要是戴上無明的有色眼鏡所見的世界意義或價值，是到達大自覺域的聖者之所評破。此因若依據般若所述，此世界是吾心所作，以其心的我執、我欲為基，因於其生活是分裂的，故此世界也是分裂的，此中欠缺永遠性與普遍性。但若一旦超脫，改以不變不動之真如為立場，用以評值此世界，則此中自有完全異於前述立場的存在之意義與價值。此因若依此立場，縱使此世界是受無明之霞雲所染色，但至少在霞雲的染色之中，是由真如的自我規定令其所以如此。去除其個人化的原則（無明），當下參得真如之自體，轉而再眺望此世界時，花紅柳綠作為真如之表現，不外於是永恆統一界的種種相。般若汎神的世界觀於此打開，同於其唯象論的世界觀，《般若經》也力說此一方面。但應予以注意的是，依據般若所述，此乃是所謂的「不動真際而建立諸法」，其汎神的世界不是建立於先前唯象世界之消滅，而是唯象的世界——就基於真如之相眺望而言——完全是真如法性界。《般若經》將此說為「一切法不生不滅」（ajātā anirjātā sarvadharmāḥ. 原典十一頁），或說為「一切無縛、無解」（abaddhā amuktā sarvadharmāḥ），如此的語句說明，不勝枚舉。

從而依此見地而言，無論說為吾等是迷，或說為是悟，終究是第二義的言說，從第一義的立足點而言，既無迷，亦無悟。此因雖說為真如，但如先前所述，依據般若所述，不外於吾等的絕對的心。故曰：

> 若菩薩摩訶薩作如是念：我應度無量無數眾生至於涅槃。雖如是度眾生已，然於諸眾生無所度想，無一眾生得涅槃者。何以故？一切法性本如是故，離諸起作故。
>
> （《小品》二〇頁；《大正藏》八，五九〇頁上）

何以故？「一切眾生，本來清淨故」之說，常是般若所作的回答。基於此意，龍樹在《大品般若》的大如品所作解釋（《智度論》第七十二卷）：

> 般若波羅蜜中，或時分別諸法空是淺。或時說世間法即同涅槃是深，色等諸法即是佛法。

誠然可說頗得般若真意。此與《起信論》的「此真如體無有可遣，以一切法悉皆真故，亦無可立，以一切法皆同如故」同一思想。

要言之，般若的世界觀是基於二方面的要求而設立的。其一是所謂向上門的立場，為得無礙自由的世界，首先必須否定一切表象界，所有阻礙皆悉遣去且推進的，即是空的立場。但若從另一方面而言，此大否定之極致完全是大肯定（當然是革新的大肯定），亦即真如法界。如是，以此為出發點而探尋此世界之意義，仍是向下門的立場，但至此根本上已是大肯定，故必然一切皆予以肯定，諸法實相的汎神世界觀實是如此而成立。但就個人而言，此一經過乃是去除一切表象，依純粹能動狀態之修行得以體驗。但從佛教教理的立場而言，若只是般若並不能完成，從種種方面逐漸予以完成的，實是以般若為出發點的諸大乘教。就筆者所理解，《法華》的世界相常住思想，或《華嚴》的無盡緣起思想，或禪的煩惱即菩提之立場，乃至彌陀本願的淨土門，若探其源，不外於從般若出發，進而就般若應至而未至的妙有觀更予以開發。更且若作此解，種種大乘教內在的歷史連絡才得以連結，反之，若輕忽之，諸大乘將成四分五裂之狀。

第四章 菩薩道的代表性聖典—法華經

如前屢屢所述，菩薩道的主要特徵有如次四項：

菩薩道的特徵

第一、立於止揚在家道與出家道的立場，立於只要生起大菩薩心，具有無我心與愛他心，所有行願悉皆迴向眾生之濟度與自己之完成的思想上。

第二、將無限的輪迴視為是修菩薩行願的經過，一步步都是在累積成佛資糧。

第三、一切眾生作為菩薩，皆有將來成佛的可能性，從而任何人應以發起菩薩的誓願為其最後的理想。

第四、眾生無邊皆願度的約束所致，故以與眾生共同建設淨土作為理想。

如是，相對於小乘佛教在整體上是趨向專門化的，菩薩道（大乘）的特色在於通俗；相對於小乘的寂靜主義，菩薩道的特色是活動的。至於在表現的形式上，小乘採取的是記述的，經常是神學性的，反之，與菩薩道有關的則是文學的、譬喻的，又經常採用戲曲的方法，此正如筆者在他處之所述。從而以此菩薩的說明為任務的大乘經典，雖然某種程度上皆具有前揭特色，但由於種種事情所限制，故未能發揮其全部特質，實際上得以發揮其全部特色的，極為少數。此因同樣的大乘經，除了視點有差異之外，其思想成熟或未熟也有關係。

但得以將前揭特質了無遺憾發揮的，實是《妙法蓮華經》，故此經可說是菩薩道的模範聖典。

第一節◆法華經出現的意義

從《般若》出發的真空妙有思想，在《華嚴》是開展成無盡緣起的法界觀，在《維摩經》則是開展成無礙自由的人格活動，此二者共同作為大乘佛教精華，千年以來，晃耀其光輝不已。前述經典雖皆能發揮佛陀真意，但實際上其對象僅限於某種特權階級，就菩薩不放棄濟度一切眾生的誓願而言，不免有所遺憾。此因《華嚴》的對機者皆是菩薩，聲聞無份，尤其《維摩》與《思益》，對於聲聞更是出現挑戰的態度，而將彼等從大乘菩薩道的範圍除去。對於偏以無為寂靜為理想，忘記佛陀精神的遁世者流，不得不以此作為警告，但若只是如此，將形成所謂的大乘是立於排除小乘的特殊立場，恐喪失其普遍濟度之性質。不只如此，從歷史看來，大乘思想之先驅的《般若》，是以所謂的三乘通教為其理想，然而以此為出發點的其他大乘經典卻出現排斥二乘之舉，顯然違反其出發點的本意。若排斥二乘，眾生無邊誓願度之宣言遂成空言。如是，當意在反抗傳統小乘派的大乘信徒逐漸覺察到自己的使命時，「包容三乘，一切歸入一佛乘」之道必然開啟。直接自覺此一使命，且全力專注於此的，即是《妙法蓮華經》（Saddharmapuṇḍarīka-sūtra）。如前所述，大乘經典雖皆能發揮菩薩道的精神，但得以了無遺憾全部發揮的經典，僅此《妙法蓮華經》矣。

第二節◆法華經的組織

就書誌學而言，法華的成立也有其次第，從而若依據原典，多少有所差別，但若就其整然之形而言，漢譯方面有相傳羅什譯的八卷二十八品（提婆品是後來附加），原典方面，凱倫與南條文雄出版的尼泊爾本則被視為標準。從前揭兩本所述大體一致看來，至少就體裁完整而言，實無有出其右者。此下將以此為基礎，略見《法華》二十八品的組織與內容。天台大師以來，認為其前十四品是所謂的迹門說法，後十四品是本門說法，而此間無論是思想上或態度上都有差異。爾來《法華》的註釋者大抵也都依循此說，大體上筆者也認為是妥當的。但若從另一種角度而言，將二十八品分成二部分，以本迹配屬之，可說是相當機械的，而且從內容看來，所謂的本迹之間其實互有交錯，基於書誌學的見地，實不能無條件的接受。若依筆者所見，二十八品之間既有歷史的開展，也有思想的連絡，雖然還無法一一確定各品所司職責，但總括來說，只作本迹二門的分類並不足夠。此一問題必須在研究二十八品其各品的成立及其相互關係之後，才得以確定，坦白說來，此非容易之舉。因此筆者——可能爾後將作充分的修正——暫且將二十八品視為是一個整體，但此間仍有數段的思想開展或某種程度的不同立場，茲大略將全體組織分成如次數項。

一、總序（Nidāna-parivarta）

主要是揭示今釋迦佛宣說《法華》的儀式，亦如同過去日月燈明佛之述說《法華》。此中，從書誌學的見地應予以注意的是，佛陀宣說《無量義經》（Mahā-nirdeśa-dharma-paryāya sūtrānta-mahāvaipulya）是作為宣說《法華》的準備。今日吾等所見的法華三經中的《無量義經》（南朝蕭齊曇摩伽陀耶舍譯），經中揭出《般若》、《華嚴》等經名，又出現有名的「四十餘年未顯真實」之句，在種種方面是研究《法華》的重要材料，實際上從來也是如此看待。但今日吾等所見的《無量義經》是否真如同「序品」所述？或因「序品」載其經名，故後世據此而補撰（《出定後語》判此為偽作）？或因已有此《無量義經》，為利用其所揭材料而撰「序品」？若是如此，至少此一部分應是後世之所追加，無論如何，對此有必要再加以研究。

二、法及其普遍的妥當性（會三歸一、授記作佛）

（一）綱領
- 方便品（第二）
- 譬喻品（第三）

（二）詳說
- 信解品（第四）
- 藥草喻品（第五）
- 授記品（第六）
- 化城喻品（第七）
- 五百弟子受記品（第八）
- 授學無學人記品（第九）

（三）結——法師品（第十）

（四）追說附錄
- 提婆達多品（第十二）
- 勸持品（第十三）
- 安樂行品（第十四）

三、法佛之永遠性

（一）序
- 見寶塔品（第十一）
- 從地踊出品（第十五）

（二）佛壽無量與法之永遠性
- 如來壽量品（第十六）分別功德品（第十七）
- 隨喜功德品（第十八）

（三）追說勸誘
- 法師功德品（第十九）
- 常不輕菩薩品（第二十）
- 如來神力品（第二十一）

（四）結——囑累品（第二十二）

四、法與人格活動（以菩薩為主要）

（一）法與人格活動
- 藥王菩薩本事品（第二十三）
- 妙音菩薩品（第二十四）
- 觀世音菩薩普門品（第二十五）
- 陀羅尼品（第二十六）
- 妙莊嚴王本事品（第二十七）

（二）勸說流通——普賢菩薩勸發品（第二十九）

據此看來，「序品」除外，《法華經》是由三段所組成，第一段揭示一切眾生皆歸入於一佛乘，第二段揭示其根據，第三段揭示作為法的一佛乘實是菩薩的人格活動。但若論及歷史階段，大體上可以說《法華經》是經由前述階段而開展的。

以下將基於前述的分科，述說法華思想之大要。

第三節◆法華的主要觀念

《法華經》是由二十七（八）品組成，故若匯集經中散說的經句，可以組成種種教理。雖然如此，但法華一以貫之的思想，不外於揭示一切眾生必然成佛。從來的小乘佛教徒認為得以成佛，是特殊的人經由特殊的修行所成，而吾等無論如何修行，都只能是一名佛弟子（聲聞），新進的大乘佛教徒因此認為聲聞是所謂的敗種，不是佛種。排除此等僻見，認為一切眾生皆可成佛，更且指出佛陀的出世本懷在於令一切眾生開佛智見的，是《法華經》一貫的旨意。就此而言，《法華》以揭示大乘思想的普遍適用為其主要目的，可說是屬於應用門的經典。從而相較於《華嚴》、《般若》、《維摩》等大乘經，《法華》的哲學要素不強，較著重於宗教的一般化、通俗化。中國的註釋家，尤其是天台等認為「方便品」所揭的十如是——如是相、如是性、如是體、如是力、如是作、如是因、如是緣、如是果、如是報、如是本末窮竟——是《法華》，尤其是迹門的本意，但就筆者所見，法華的主要用意未必專注於此。十如是見於羅什譯本，但無論是《正法華》，或是梵本皆不得見之。其梵本所載原文如次：

ye ca te dharmā yathā ca te dharmā yādṛśāś ca te dharmā yal lakṣaṇāś ca te dharmā yat svabhāvāś ca te dharmāḥ / ye ca yathā ca yādṛśāś ca yal lakṣaṇāś ca yatsvabhāvāśca te dharmā iti / teṣu dharmeṣu tathāgata eva ，pratyakṣo 'parokṣaḥ //

譯文：關於彼等諸法，此等眞實之法，此等法有如，此等法有如如，此等法是如是相，此等法是如是體……彼等法惟佛現見。

《正法華》所載是「如來皆了諸法所由，從何所來諸法自然，分別法貌眾相根本知法自然」，世親所撰《法華經論》則是「何等法，云何法，何似法，何相法，何體法」的五如是，而非十如是。總括來說，此一問題具有研究的價值，但若就《法華》本身的立場而言，絕非如天台等所說的，將重點置於所謂的如是教，而是據此揭示法華的能說者——佛陀的力用，藉此證明《法華經》的真理而已。是故，以此為基礎而建設三千三諦等的世界觀，反而逸脫《法華》的真意。《法華》是《法華》之所以，亦即《法華》優於他經之處，完全在於只有《法華》力說開三顯一、會三歸一、歸入一佛乘。所說的妙法（sad dharma），並非意指與客觀的真如有關之法，而是歸入於一佛乘，亦即歸入於三乘無差別的真理之意。又其白蓮（puṇḍarīka）一語，當然含有白淨之意，然其涵義恐是在於以蓮代表心臟，亦即暗示其一佛乘之根據仍在於人人本具之心。就此而言，筆者認為《法華》的旨意實與十如是等無關，而是在迹門，尤其是「方便品」至「法師品」是純乎其純的《法華》立場，若就經典史而言，此一部門也最為完整，且最為原始。雖作此說，但筆者並無看輕「無量壽品」與「普門品」等之意義與價值，筆者認為《法華》的一乘思想若不歸結於此，則其妙用或是根源亦不完整。若對照一般經典，「壽量品」的旨意未必只見於《法華》，無論是《金光明經》或《涅槃經》，乃至其他種種經典皆得見之，觀音菩薩等之妙用也未必只限於《法華》，其他經典也見提及，只是形式上略有差別。反之，以方便品為中心的，亦即所謂迹門的開三顯一或授記作佛，完全是《法華》首次高唱，若無此一部門，只有壽量品或普門品，則《法華》也只是諸大乘經之一，絕對無此地位。反之，縱使不含壽量品或普門品，而是以方便品為中心，直至法師品，僅只如此而已，無可懷疑的，《法華》仍可居於諸經最優秀地位。此因以如此方式述說皆共成佛道的原因與經過的，不見於其他經典。

要言之，《法華經》的立場，與其說是哲學的，不如說是宗教的；與其說是專門的，不如說是通俗的；與其說是理論的，不如說是實行的；與其說是事實的證明，不如說是促進對於理想之自覺，以最包容的態度融合從前大小乘之對立，將一切誘導入一佛乘是其真正的歸趣。

第四節 ◆ 會三歸一、授記作佛（迹門的主要觀念）

若依據歷史考察，無論說為聲聞（śrāvaka），或說為獨覺（pratyekabuddha），或說為菩薩（bodhisattva）、佛陀（samyaksaṃbuddha），都是從歷史的佛陀之人格或經歷所導出的。所謂聲聞，是指聽聞佛陀教法的人，意指佛弟子以及信者；所謂獨覺，恐是從在菩提樹下證悟，但尚未進行教化的佛陀所導出的觀念；所謂菩薩，是指本生譚修行時代的佛陀，此可說是佛陀的候補者。嚴格說來，此三者無須視為不同。尤其佛陀與聲聞的關係，雖有師長與弟子的區別，但都共赴同一解脫，其中並無本質上的區別，而此乃是原始佛教的通規。但當佛陀入滅之後，一方面佛身論的異常發展，另一方面對於羅漢（聲聞）的考察亦趨於綿密，兩者的懸隔逐漸顯著，而獨覺通常被視為是一種獨立的聖者，自此，三乘各別的思想成立。亦即佛陀的特徵是，於圓滿的自覺之外，尚具備覺他的利他方面（菩薩是佛陀的候補者，精進於自利利他行是其特質），獨覺在自覺方面，同於佛陀，但欠缺利他行，故此一方面劣於佛陀；聲聞的自覺不完全，故劣於獨覺，且全無利他的精神，而對此予以批判的是以菩薩道（佛乘）為目標的大乘家。不只如此，對於傳統的佛教徒（小乘）而言，佛陀與佛弟子（聲聞）之間有不能跨越的區隔，普通人可以成為佛弟子，但佛陀是特殊的人累積其特殊修行的結果，此非普通人所能企及，雖無大乘家的輕視聲聞之舉，但對於成為佛陀，從而對於以下化眾生為本質的任務，彼等是特別的看待，此乃是不爭之事實。

此中的問題是，此三乘之差異是否因於本質性的差異，此中可有融合之道？或只是暫分三乘，最後仍有歸於佛果之道？對此，如前所述，小乘教認為縱非本質，但實際上三乘之間確有區別，並無融合之道，《法華》之前的大乘教法（以《般若》、《華嚴》、《維摩經》等為代表），認為二乘是愚根劣機，故無大乘菩薩道之資格。大小乘彼此排斥，佛教遂判然二分。至於新大乘方面，雖高揭理想，實則偏局，傳統教團雖占有古地盤，但被新思想家嘲笑為小根劣機，彼此之間喪失思想的架橋，此乃是《法華》之前的態勢。

予以融合，至少在大小乘之間，附上思想上的連絡，既維持自家立場的菩薩道主義，也承認聲聞道主義仍具有意義的，即是《法華經》且是其迹門所處理的題目。

若是如此，究竟《法華》是如何維持其大乘主義的地位，又能提出其三乘融合之道？首先《法華》率直指出佛陀是別說三乘，亦即為聲聞宣說四諦，為緣覺（獨覺）宣說十二因緣，為菩薩宣說六度。雖然如此，但《法華》進而指出此僅是方便教化眾生，眾生機類有種種，若初始即宣說大教，恐妨礙眾生得道，故初始分而說之。《法華》指出其因由出自菩提樹下的思惟，亦即佛陀在菩提樹下三七日思惟之際，歎其所悟境地深妙，眾生恐不得理解，故一度決心入涅槃，但當回顧過去諸佛行迹皆是方便先說三乘，因此決定自己應追其縱跡，亦即先說三乘。然佛之本意完全在於菩薩乘，亦即在於一佛乘，三乘只是誘引之道（方便品）。如是，注力於通俗化的《法華經》，將此以種種譬喻說明的，即是法華的迹門。

其一是「譬喻品」的火宅喻與三車喻。有一長者為救其身陷火宅之子，謊稱屋外有羊、鹿、牛等三車，勸諸子應速出取之，諸子逃出火宅後，屋外並無羊、鹿等小車，長者所給予的是大白牛車。如是，佛陀為教化愚痴眾生，令出三界火宅，故應機宣說三乘，令急出火宅，然其目標不在聲聞或緣覺乘，而是在於菩薩乘，亦即佛乘（此中有「今此三界，皆是我有，其中眾生，悉是我子，而今此處，多諸患難，唯我一人，能為救護」之名句）。其二是「信解品」中的長者窮子喻。本是長者子，因走失而流浪他國，且忘記自己是長者子之身分，其父逐漸引導之後，最後賦予家業（《羅摩笈闍》也有此喻）。第三是「藥草品」的雨水與草木喻。亦即雖是相同的雨水，依草木之大小其所承受的雨水量雖有差異，但皆蒙其利益，其中並無區別，佛陀如蔽天大雲，依受教之機而有三乘的區別。第四的「化城喻品」的化城譬喻，此係揭示過五百由旬有寶土，然途中險難，恐眾人心生懈退，因此有神力的導師以方便力於三百由旬處，化現化城，令眾人暫作休息之後，再向五百由旬之真土前進，同此，佛陀雖以五百由旬的佛乘為目標，但作為至此之預備，先說三百由旬的聲聞（四百由旬的獨覺），再逐漸導入五百由旬的菩薩乘。

如是，《法華》以種種巧妙譬喻揭示三乘方便一乘真實之旨，若是如此，從來住於三乘之分際，僅以聲聞為滿足者將依何等根據令彼等轉向大乘，為此，《法華》使用二種相輔的方法。其一是假托過去佛，諸聲聞於宿世已結《法華》之緣，另一是給予此等聲聞將來皆得成佛的所謂授記作佛。首先就過去佛而言，原始佛教已有諸佛一乘道的思想，亦即佛陀之悟是具有普遍性與必然性，而《法華》思想正是由此出發，又依循《本生譚》（Jātaka）的神話精神且予以通俗化的，即是宿世的《因緣譚》。對於《法華》而言，此具有最為重要的意義。此因一切眾生悉有佛性之說，《法華經》尚未有意識性的表現，然此《因緣譚》不但具有悉有佛性之意，更且作通俗的表現。《法華經》如是指出：「十方佛土中，唯有一乘法，無二亦無三。」亦即一切佛陀必說《法華》。從而過去若有佛，必然同說《法華經》，過去佛既已宣說《法華》，則一切眾生於其無限輪迴的期間，必然一度聽聞過《法華經》（皆成佛論）。如是，《法華經》於其「序品」揭出日月燈明佛過去宣說《法華經》的因緣，尤其在「化城喻品」中，指出釋迦佛往昔曾作為大通智勝佛之第十六子，彼從其父（大通智勝佛）聽聞《法華》以後，生生世世作為菩薩，為無數的眾生宣說一佛乘，先與彼等結《法華》之因緣，當時的聽聞者之中，即有今之舍利弗、迦葉、目連乃至其他的所謂聲聞。只是彼等忘失曾聽聞一佛乘之因緣，卑下自己，不知自己亦能成佛，此恰如長者之窮子忘卻自己身分，自以為是奴僕身分，又如不知衣裡藏珠卻窮困一生的人。是故彼等小乘教徒並非如彼等所思，或如部分大乘者之所認為，亦即並非只是聲聞，而是受過必將成佛之約定的。不只如此，被視為已入涅槃的羅漢亦非真正的灰身滅智，彼等尚殘餘變易生死，故若乘其變易生死，最後仍轉回一佛乘而至成正覺。總括來說，一切眾生於過去（特以釋迦菩薩為中心）已種植佛種，故最後皆得以成佛，此即是《法華》迹門的主張。恐是從心性論的立場而形成此悉有佛性說，但如前所述，《法華經》尚未提出本有佛性論，而是以過去的習氣作為根據而主張悉皆成佛，雖然如此，反而具有通俗化的妙趣。

如是，《法華經》揭示二乘成佛（開三顯一）的原因，同時也給予聲聞將來必成佛之約定的，即是有名的授記作佛。首先，被選中的是先前在《維摩經》一直被奚落的舍利弗，在《法華》的「譬喻品」中，佛陀給予舍利弗將來百千劫後，將成為精華光如來（Padmaprabhā），國名離垢（Viraja）的記別。其次在「授記品」中，以大迦葉（光德國，光明如來）為首，須菩提（寶生國，名相如來）、大迦旃延（閻浮那提金光如來），大目乾連（多摩羅跋旃檀香如來）等都獲得記別，進而在「五百人弟子受記品」中，以富樓那為首，其他的千二百聲聞也獲得記別，又有憍陳如等五百人的獲得記別，乃至在「授學無學人記品」中，阿難、羅睺羅之外，學無學人的二千羅漢悉受成佛之記別。如是，先前在《維摩經》等，被比擬為敗根的聲聞眾，例如舍利弗、目連等諸大弟子，乃至其他的末輩，亦即所有聲聞幾乎全都獲得成佛之約定，而《法華》的目的首先於此完成。「法師品第十」所揭，正是其總結，若真有《法華經》的原型存在，至此恐是其大致的完結。

但若再作探討，只是如此，仍有所不足。此因就《法華》的立場而言，草木國土成佛暫且不論，至少是持一切眾生悉皆成佛之主義，但上來只是誘引二乘，卻忘卻二乘以外的對機，更且完全沒有觸及同樣是聲聞的比丘尼，因此不免有不足之感。意識及此，表面予以言明的，大抵是作為前揭諸經之附錄的提婆品與勸持品等。在勸持品中，揭出摩訶波闍波提、耶輸陀羅等比丘尼的代表也受記別，故婦女也得以成佛，尤其在提婆品中，被視為大惡人的提婆因往昔與《法華經》所結因緣，因此也受將來成佛為天王如來之記別，此外，八歲的龍女變身為男子，於南方無垢世界成佛，以此證明雖是惡人，或是畜類，簡言之，一切眾生將來必皆成佛。但此中仍有不足之感，亦即若依據方便品所載，先前佛陀欲說《法華經》之際，曾有增上慢的比丘五千人等離席，此五千人的後續如何，不得而知。《思益梵天經》也有退席的五百人，對此，網明菩薩對思益梵天曰：應引領彼等回歸正道。梵天答曰：縱使彼等脫離正道法門，然終究是不離，此恰如吾等不能脫離虛空，故雖是退者，仍可視為是法門內之人（《思益經》的行道品），反之，對於退席者，《法華經》只是說為「退亦佳」，沒有下文，不得不令人覺得有所不足。既然提婆都能獲救，想必也認為一時增上慢的五千比丘爾後必然因回心向大而成佛，但總括來說，《法華經》沒有明白提出爾後狀況，終究是稍嫌不足的。對此，希望能獲得專家所作的會通。增上慢比丘的問題暫且不論，總之，迹門的要旨完全是立於一乘真實、三乘方便的立場，更且倡導悉皆歸入一乘。然其所據，大抵可收納為此下數項：

第一，所有的人都有成佛的可能性。

第二，完全發揮此可能性的，即是佛陀，因此諸佛所說，必以一乘教為其蘊奧。

第三，機根有上、中、下，為誘引中、下，暫以方便併說三乘。

第四，眾生無始以來既是輪迴不已，則眾生必然聽聞過一乘教。而此根據作為種子隱藏或現實化之差異，而有凡夫與三乘之區分。

第五，從而過去世所植種子若開發，則人人必將成為佛陀，然其開發之機緣在於《法華》之宣說，亦即一乘真實之教與授記成佛之約定。

第五節◆法佛永遠（本門的中心思想）

一切眾生於過去曾種植佛種，此乃是成佛之根據，但開顯之，且給予將來成佛之記別的，則是釋迦佛陀。是故，若無釋迦佛陀，縱使眾生有成佛的可能性，終究不能實現，從而無邊的眾生若欲成佛，作為開發者、保證者、授記者的釋迦佛陀有其必要。從《法華經》成立時代的一般信仰看來，釋迦佛陀完成其出生的一大事因緣，於八十歲入涅槃所遺留下來的，只是奉祀其舍利的塔婆，能說法以及授記的佛陀已不存於此世。因此成為問題的是，靈山會上佛在世的眾生皆獲得將來成佛的保證，但佛滅後的眾生將由何人授記？佛滅後的眾生雖有將來成佛的可能，若只是禮拜舍利塔是否即可滿足此可能？對應此一疑難，指出不只是靈鷲山會座的眾人，含括將來的眾生，亦即給予一切眾生成佛保證的，即是本門所談，亦即以有名的佛壽無量之說為中心，或以此為頂點而揭示諸菩薩活動的部門。通常說為法華之本門的是始自於「第十五從地踊出品」，但若從舞台而言，視為起自「第十一見寶塔品」將較為恰當。此因就舞台而言，前十品是以靈鷲山為中心，反之，見寶塔品以下是在空中（迹門是以佛陀時代的人為對象，無論場所或人都是一定的，反之，見寶塔品以下則以將來的一切眾生為對機，故其會座是在空中）。被稱為本門的，無論是踊出品，或是壽量品、普門品，都有多寶塔（prabhūtaratna-stūpa）的影子，因此可以說由於多寶塔的現前，《法華》的論述至此大為轉換。

總之，自多寶塔出現以來，《法華》的舞台一變，更且是從種種方面，以極為有趣又意味深遠的背景開啟其序幕。此中所說的多寶塔，是指過去世，東方寶淨佛國（Ratnaviśuddhakṣetra）有佛名為多寶（prabhūtaratna），此佛入涅槃後，其色身作為舍利，收藏於寶塔中，不可思議的是，作為《法華》

之保證者，於任何時刻、任何人宣說《法華》之際，寶塔將現於會座空中，讚嘆《法華》，證明其真實。從而今釋迦佛陀宣說《法華》之際，此多寶塔亦從地中踴出，高懸空中，從塔內出聲讚嘆「善哉，善哉，釋迦牟尼世尊」。可惜的是，筆者尚未探查此多寶塔思想開展次第，此處提出多寶塔，實具有兩個重大意義。

第一，過去佛之代表。據《法華》所載看來，過去已有日月燈明佛與大通智勝佛宣說《法華》，然今釋迦佛尚未表現其承續之態勢。但為證明《法華》之久遠性，過去佛需要有一作為連結《法華》的保證者或保護者，應此需要而出現的，即是多寶塔。第二，在進行舍利供養與法供養之調和時，產生舍利塔中的法身思想。釋迦佛今雖顯示涅槃相，但絕非從來所認為的灰身滅智，據此遂導引出壽量品中的佛壽無量之說。要言之，從為顯示法華真理的久遠性與佛身之久遠性，從地下踴出舍利塔且高懸於空中看來，可以說是以多寶佛代表過去佛，就此而言，先德認為無論稱為釋迦佛，或稱為多寶佛，都歸著於此《妙法蓮華經》（可視為唯有一乘，悉皆成佛的異名）。

在前揭的背景上，從地踴出無數菩薩，而所有的舞台準備也都齊全，從中開展出久遠實成之佛性的，即是被視為本門之中心的「第十六如來壽量品」的說法。其大要是：眾人皆視我釋迦佛生於釋氏宮殿，踰城出家，於伽耶城（Gayā）附近開悟，成為佛陀，然此完全是基於方便教化的示現，實則成佛以來，已經過無量無邊劫。亦即並非化城喻品所揭身為大通智勝佛第十六子時，才志於佛道，亦非傳說中在燃燈佛座下，才志於菩薩道。此等主要是為揭示不斷地修行、永續地努力，實言之，如來是久遠實成之佛，從而於未來也是作為久遠實成之佛，常從事教化眾生。八十歲示現涅槃相之所以，主要是為令眾生因佛陀在世不久而及早求道的方便法，實非滅度。作為永遠之佛，我常在靈鷲山及各處不斷說法，然眾生為妄見所制，故不得見之，若真心欲見我者，將隨時現相令彼等見之。從而我所住此土完全是淨土，是所謂天人常充滿之境地，只是眾生迷故，視此世界為苦。亦即求則給予，叩則開啟，吾等若真以佛果為理想，意願成佛，佛陀即顯現，隨時隨處給予吾等記別，亦即確實的，隨時給予任何人成佛的保證。

當然，前文所述，主要是表面上的說明。若從內在探索《法華》的真意，此久遠實成的釋迦佛陀之說，絕非意指歷史的佛陀其生理上的永續，而是出自令佛陀成為佛陀之所謂法身常住的立場。但此中有迹門與本門之別，迹門的大通智勝佛會下以來的佛陀是酬報修行的，可以說是報身佛之應現，相對於此，此則是無限永劫的法身佛陀，為令容易了解，故現報身之形。無論說為久遠實成，或說為我此土安穩，或說為天人常充滿，皆含有此意，若不以法身佛視之，則無法理解。從而，就此而言，《法華》的本門思想相通於《華嚴》的思想（《維摩經》的佛國品亦然），也是自然之數，只是《華嚴》或《維摩經》的佛國品，沒有力說佛陀的永遠性，反之，壽量品則是力說此一方面，在將其力直接作用於一般眾生，正如同無量壽佛的思想是其最大特徵。但若僅就世界觀、佛身觀而言，所謂本門的立足點，幾乎是汎神論的概念，異於先前迹門的實在論，此乃不可掩蓋的事實。從而此思想若再往前推進，則其所謂久遠實成的佛陀，終究應歸著於永遠的法性或佛性，表面上將此提出的，實是以《大乘涅槃經》為首的各種如來藏經，《法華經》雖充分包含此意，但尚未至於此境，此固然顯示其思想尚未有哲學性的成熟，但若從另一方面而言，與其說是朝向哲學的，不如說是朝向宗教的，而此正是《法華》的長處。

第六節 ◆ 法身具體活動的菩薩道（以《觀音經》為中心）

如是，《法華經》令一乘法與久遠實成的佛陀成為一體，但若僅如此，將只是一種理想圖式，並不具有真正的人格價值。為令此具有真正的人格價值，必須依行為將此圖式作人格的實現，同時此圖式作為人格的佛陀而被實現時，若無具體活動——垂跡於現實世界，淨化此現實世界，以及此現實世界向上，則其意義不完全。法華一乘的理想不外於即是此人格的活動而將真空妙有化的過程，簡言之，久遠實成的佛陀實現的經過，以及久遠實成的佛陀作為人類而在現實社會活動的妙用，正是《法華》的中心。如是，為滿足此要求而開展的是法華思想的第三段，就文獻而言，大致是《法華經》之最後期。亦即述說為實現一乘法而努力的過去諸菩薩，以及將來傳持此經的諸菩薩，乃至現在從事救度眾生的諸菩薩行跡及其作用部門。菩薩恐是位於佛與眾生之間，而眾生成為佛的經過或是佛作用眾生的經過，皆依菩薩的人格而實現，因此，於佛壽無量之後力說諸菩薩行跡。

此中，作為過去的菩薩，致力於一乘法傳持的，雖有無數，但在所謂的法華本門中，作為模範的是常不輕菩薩（Sadāparibhūta）與藥王菩薩（Bhaiṣajyarāja）。「常不輕菩薩」之名，令人想起《般若》的常啼菩薩，依據《法華》所述，此乃釋迦各種前身之一，此菩薩的特徵是對於所有人（四眾）都唱言：「汝等將來必將成佛，故我尊敬汝等，絕不輕之。且禮拜之。」對此，眾人生起被愚弄之感，故迫害之，但此菩薩絲毫不撤回其所信與宣言。如是唱言不止，盡力引發眾人的自覺，此即是以常不輕為名之所以。亦即基於人人皆有佛性而尊重所有人，是此菩薩的特長，更且是爾後成為一乘的開說者，三界慈父的釋迦佛陀之根據，故吾等若同樣是志於佛道，首先必須有尊重人格的誓願，此乃此故事中隱含的深意。

其次的藥王菩薩則是列於寶塔會座的菩薩，此菩薩往昔曾在日月淨明德佛座下修法華行，其名為一切眾生喜見菩薩（Sarvasattvapriyarśana），亦即此菩薩誓願以愛心見一切眾生。為完成此誓願而非常努力，其結果是獲得現一切色身三昧（sarvarūpasaṃdarśana-samādhi），此三昧同於妙音（Gadgadasvara）與觀音（Avalokiteśvara）現種種身救度眾生的根本力，可以說正是相應見一切眾生喜見誓願的三昧力。加之，此菩薩報恩之念甚篤，其師日月淨明德佛入涅槃時，彼以自焚酬謝佛恩，爾來，生生世世為法華一乘法盡其力，並以藥王為名至今，此即是藥王菩薩本事之大要。但僅以此菩薩的經歷猶未能發揮現一切色身三昧之蘊奧，予以發揮的，實是妙音與觀音，《法華經》第二十四與第二十五（Skt. 23-24）所述即是。妙音與觀音是性格極為相似的菩薩，都是依現一切色身三昧之力現種種身救度眾生。不同的是，依據《法華》所載，妙音菩薩是東方淨光莊嚴淨土的菩薩，彼來此娑婆世界是為向釋迦佛表達敬意，故其所作的救度眾生活動，可以說是客分的，反之，若依據《法華》所載，觀世音菩薩是以此娑婆世界作為活動中心，故與吾等的關係深於妙音。當然嚴格說來，現種種身，濟度眾生是菩薩的一般特徵，諸大乘教對此皆有述說。例如《維摩經》方便品的維摩居士的活動，《華嚴》十地品的第八地菩薩的濟度活動，皆悉類似觀音現種種身的濟度眾生。但以此等為背景所描繪出最具綜合性且最雄大的菩薩濟度活動，且據此揭示出應朝向久遠實成的佛陀之道，以及人格的體驗與實現久遠實成的佛陀所成之道的，則是《法華》中的妙音菩薩與觀音菩薩之所作為。

依據羅什譯本所揭，現所謂三十三身而濟度眾生乃是觀音的特色，亦即顯現佛身、辟支佛、聲聞、梵王、帝釋、自在天、大自在天、天大將軍、毘沙門天、小王、長者、居士、宰官、婆羅門、比丘、比丘尼、優婆塞、優婆夷、長者、居士、宰官、婆羅門婦女、童男、童女、天、龍、夜叉、乾闥婆、阿修羅、迦樓羅、緊那羅、摩睺羅伽、執金剛等等。但實言之，將此定為三十三，是機械的拘泥於什譯，梵本《法華》（《正法華》大體同於梵本）只有十六身，亦即佛身、菩薩身、緣覺身、聲聞身、梵身（Brahmarūpa）、帝釋（Śakra）、乾闥婆（Gandharva）、夜叉（Yakṣa）、自在天（Iśvara）、大自在天（Maheśvara）、轉輪王（Cakravartin）、鬼神（Piśāca）、毘沙門（Vaiśravaṇa）、將軍（Senāpati）、婆羅門（Brāhmaṇa）、執金剛（Vajrapāṇi），並沒有宰官、居士、長者、阿修羅、緊那羅、摩睺羅伽等。故將觀音的示現身說為三十三未必正確，應是無數的形相，以術語表示，是作為普門（samantamukha），以各種姿態在各種場合從事濟度眾生，是觀音濟度的特色（千手觀音、十一面觀音的意義也在此）。此觀音濟度的特徵，當然也含有說法拯救眾生之心的方面，但相較於此，較著重的是，具體現實世界的事實濟度。例如欲得子者，給予子女；欲得財者，給予財帛；救拔火難、水難、賊難等，著重於現實生活是觀音信仰的特徵。此即《觀音經》無論是中國或日本，在一般社會中最為盛行之所以。雖然如此，但若就《法華》的立場而言，僅將此視為稱為「觀音」的特殊作用，可說未得其真正精神。將真空妙有化，即世間而見實相，才是《法華》的立場，雖說觀音現種種身，但終究應是人人都作為觀音，行無限的慈悲活動，此正是實現久遠實成的佛道之道，同時，久遠實成的佛道若能及於此具體的活動，才是真正發揮其深義。從法華聖典成立史而言，此《觀音經》大致成書於其最後期，但若就思想看來，《法華》的立場從開三顯一再往前推進，作為其最後根據的則是——就人人而承認久遠實成的法身，而此久遠實成的佛陀（法身）是作為人而在此世活動，將世界予以淨土化的根本力之立場，法華思想直至《觀音經》出現，才可說是真正得其完整的結尾。

附記：《法華經》的原典與翻譯

相對於《大般若經》與《大華嚴經》是由諸多《小般若經》與《小華嚴經》所成，《法華》自其初始，就較具統一性，且先後有序。當然此係就比例而言，若嚴格論之，《法華》仍是諸經之集成，但彙整成近於今日吾等所見原典之形，則是相當早期，此自是無可懷疑。茲試揭今日吾等所見法華聖典如次：

（一）梵文 Saddharmapuṇḍarīka-sūtram, vols 5. edited by kern and Nanjio.
改訂梵文《法華經》（Saddharmapuṇḍarīkasūtram, vols 3. edited by U. Wogihara and C. Tsuchida. Tokyo.）
補充：英譯 S. B. E. vol. XXI by H. Kern.；法譯 par Burnouf；日譯南條・泉。

（二）竺法護譯《正法華經》十卷（無普門偈），西晉大康七年（西元二八六年）。

（三）鳩摩羅什譯《妙法蓮華經》八卷，後秦弘始八年（西元四〇六年）。

說明：此中所說的八卷，是指今日吾等所見，若依據《添品法華》之序文所載，羅什翻譯欠缺藥草喻品的半品，以及富樓那品、法師品的前面部分，還有提婆品。亦即本是七卷二十七品，爾後追加，即現今所見。

（四）闍那崛多譯《添品妙法蓮華經》七卷，隋仁壽元年（西元六〇一年）。

說明：此係補足前述羅什譯之不足，故名「添品」。

以上所揭，可說是「法華集經」，此外，部分譯本也相當多，其中或存或佚，今恐繁瑣，故從略。漢譯以外，日譯方面有：

（五）梵藏傳譯，河口慧海譯《法華經》上下二卷。

為顯示在研究《法華經》的成立與真意上，有必要忠實比較及校證前揭各種文獻，故附記於此。

第五章　禪的種類及其哲學意義

第一節◆禪的意義

在論述此問題時，首先有必要對於禪的一般觀略作述說，否則欠缺議論基礎。

雖說為禪，但未必只是禪宗的禪，其中有各種種類。首先就禪的語義見之，此乃是來自梵語dhyāna（巴利語jhāna）之音譯，詳稱為禪那（馱衍那）。所謂禪那，其語根dhyai，有思惟或靜慮之意，但在印度思想史上，其使用法頗不一定。六派中的瑜伽派將此置於八種禪修階位之第七，故可視為修行階位之一；小乘佛教特立四禪，是種種禪修法的一種特定行法，而大乘所說的禪那波羅蜜中，包含所有的禪修種類。

雖然如此，但主要也是遣詞用字上的差異而已，論起禪的本質，主要是心注於一境，專念於某一事物。若勉強作階級上的區分，禪那與三昧（samādhi）之間可作區別，但大體上，無論說為三昧或說為禪那，所指實是相同，亦即將一心一境的觀修法稱為禪那，或稱為三昧。原始佛教所揭示的八正道中的正定，即是samyaksamādhi，故三昧一語可總括一切禪修，此徵於大乘立六度之際，是以第六的禪那波羅蜜作為代表，即得以知之。

對於禪的意義，筆者是依循此廣義之通稱，又禪宗所說禪的概念，至少在形式上也是依循此一用法，此當切記莫忘。某些不入流的俱舍學者認為「禪」只是四禪的名稱，又某些狹量的瑜伽派研究者認為 dhyāna 其階位較低於三昧，凡此之說，皆非正確，故特為申明之。

禪修雖是身心相應的全一的修行但若分而考之，實具有二種要素。其一是形式方面，其他是內容方面。

形式方面，身體若安靜，則有助於精神統一，換言之，是屬於身體方面的修鍊，而此乃任何禪修之共通形態。此一形態頗為重要，無此條件，禪定不能成立。所謂的坐禪，若就外形而言，不外於是此一方面的練習。但禪的本意不只在於精神上的統一，就外形而言，若不以統一的精神力思惟某物，則禪的意義不能完成。此因若只是精神統一，雖有身心保持平靜的功能，但不能開悟。所說的開悟，主要是指能獲得精神上實現某種理想的自覺，故其理想必須成為思惟標的，常成為精神統一之中樞。所說的禪的內容，實意指此所念標的。

佛教中，或以止觀一語取代禪，而此語最能呈現上來所說之意。「止」是指心情平靜，「觀」是指基於止而作思惟。佛教常主張止觀均等，此因心情若過分平靜，將墮入無氣力的半睡眠狀態；若過分思惟，將導致心散亂，兩種情況皆不可取，故將處於沉著、平靜的狀態，且一向專念於理想，稱為止觀均等。禪的本質全在於此，此當切記莫忘。

第二節◆禪的種類

如是，禪的修行不只是精神上的統一，其中還包含著概念，若是如此，依其觀念的內容，禪自然有種種區別產生。唐代的宗密禪師在《禪源諸詮集序》卷上將此分類為五種。

一、外道禪：所謂「帶異計，欣上厭下而修者」，亦即認為我以外，另有神的存在，可視為是厭此世界而到達神界的修念方法。奉神祕主義的基督教徒等，專念神，盼獲得恩寵的觀法包括於此中。

二、凡夫禪：雖信奉佛教，但只信因果道理，未臻於真實教法者的修行。宗密稱此為「正信因果，亦以欣厭而修者」。

三、小乘禪：所謂「悟我空偏真之理而修者」，堅信無我的道理，以滅我見為目的的修行。

四、大乘禪：所謂「悟我法二空所顯真理而修者」，亦即非只自我，也達觀外界一切空，以探究其一切空之妙諦為目的的修行。

五、如來最上禪：悟自己是本來佛，為予以實現而修的禪觀。宗密說為「若頓悟自心本來清淨，原無煩惱，無漏智性本自具足，此心即佛，畢竟無異，依此而修者，是最上乘禪」。此又名祖師禪，或稱一行三昧，或真如三昧，或如來清淨禪，達磨門下所傳之禪即此。

宗密所作的以上五種分類，雖是簡單，但甚得要領。故大體上可以認為禪的種類有如上種類，但若更確實而言，雖被列於外道禪，但吠檀多派中，也有懷類似如來最上禪之理想而修的人，而佛教中也有相信我等之外，另有佛的存在，希望蒙佛攝取的方法，故宗密的分類未必完全正確。筆者的意見是分成四種並無不可，此即先前作為解脫觀之種類所舉的「往生天國」等——四種理想的禪觀。

如是，禪既然有種種種類，則依此所到達的境地也有種種區別，而其修行者的人格自然也有種種不同色彩。若以身心分離為目的，以否定生存意志為期而修者，自然成為厭世的、無活動的；若以往生天國為目的而修者，因具有感情的、信仰的色彩，自然成為他力的；而相信自己即是實在的人，因為是自立的、活動的，故具有樂天的性格。

上來所述，是與禪有關的一般觀念，據此，再稍就其宗教哲學意義述之。所謂的宗教哲學意義，是指對於生命問題或自我問題的探討上，禪具有何等根據。此因人生的一切若能與生命問題或自我問題有關聯，才能發揮其真正意義，對此，宗教是以直接當面的問題看待，此中若無充分根據，則不具有真正永遠的價值。

若是如此，對於生命問題或自我問題，禪具有何等根據？實言之，關於生命論，筆者已於他處就〈生命觀より見た宗教の意義〉、〈無限生命と解脫〉等問題，屢屢論之。當然此等未必是以禪為中心而述說，但既已觸及禪的內容，故此處不再重複述之，此處將僅就自我的問題論之。當然其生命論也包含在其中，因此順序上，首先從何謂自我開始。

第三節◆何謂自我

何謂自我？古來哲學者、宗教者的目的，無非在於解決此自我。西洋的蘇格拉底提出「了解你自己」，故直至今日，自我的問題常是哲學上的中心點，就印度而言，釋尊出生以前的二、三百年前，《奧義書》中有關此一問題的探討既已圓熟，故成為一切思辨考察之基本，直至今日。從而此一問題的解釋，因人因流派而有種種差別，無法一一枚舉，故此下將徵於一己之經驗，處理此自我的問題。

常識上，所謂自我，是指此身體。然若問及一般人，何謂「我」，大多的回答是認為身體的全部即是我的範圍。雖是相當平凡的回答，但此正是以自我觀察為出發點的觀念，此當切記莫忘。但自我的觀察絕非僅止於此，若再細思，將可發現是相當不完全。

簡言之，將身體全部視為「我」，若不幸喪失手足等時，自我豈非減半？想必絕非如此。又若從其他方面而言，若此身體是「我」，則身體以外的，即非是「我」，亦即非我，但實際上吾等常將自己的妻子、自己的子女，視同自己，其因何在？

依如是的探索看來，將身體視為「我」並不正確，此將是毫無可疑之餘地。因此，若依筆者所見，吾人的自我觀是伸縮於內與外。換言之，具有一方面逐漸內縮，另一方面漸次向外面開展的傾向。所謂內在的，是指漸次內省探求吾人本質的方法，就一般的心理經過而言，是由肉體推進呼吸，由呼吸推進心。進而同樣的心中，既有被見與能見，也有能作用與所作用等二方面，故其全體並非自我。此因所謂自我，通常是以所謂的常一主宰為義，既然有所動與所觀的差別，若將此視為自我，則是自相矛盾。若是如此，則必須於心的深處探求自我。

何者是潛藏於心之深處的自我？總括來說，是感覺的、所動的，且與外界的知覺有關係的，是受肉體支配的，此等心象同樣在心中，但作為非我而可消滅的。因此，真正的自我是在此等的內部，令此等成為可能的，可以說是純粹主觀或純粹活動的原理。但知覺或分別，亦即概念作用，畢竟來自經驗，含有非我的要素，故不能直接將吾人的概念視為自我。此因自我若是如此，則此自我是吾人知覺的對象，而判別卻在更深之處。

若是如此，自我本身應是絕對的，理論上是作為最後的假定而成立，實際上是僅依直觀才能獲得。總歸一句，「言語道斷，心行處滅」。

如是，內部探求自我的經過是以身體為出發點，逐漸遣去其中非我的要素，最後到達某絕對位的方法。圖示如次。

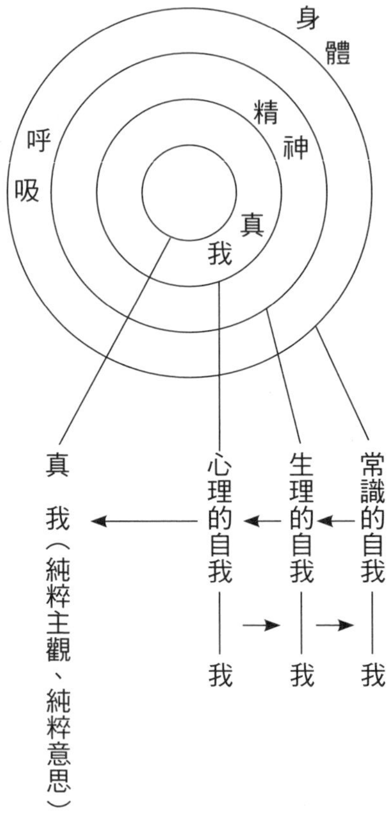

如圖表之所顯示，至少形式上吾人的真我是內部的，更且是在最內部。雖然如此，但此主要是自我的方面，另一方面更有開展的，亦即外延的觀察。

基於方便，再從將身體視為自我的觀察述說。

若身體全部是自我，則無自己身體的，必然都是非我。然而實際上，吾人或有將他人直視為自我的一部分，亦即如前所述的父母、妻子即是。就身體而言，雖是非我，仍視同自我，甚至自己雖失去身體，仍希望父母、妻子生存。在心理學上，此當然是因於愛或因於同情的結果，但具有以保存自己為根本要求的生命，更且愛他心生起之因何在？此若不以自我的範圍具有自我擴大的性質釋之，則不能發現其原因。實際上此自我的擴大不只是對於父母、妻子，也對於鄉黨，對於國家，進而及於全人類，此乃歷史上明顯之事實。被稱為仁人、志士，乃至聖者的人視國家為我，視全人類為我，為此而欣然獻身，通常稱此為自我犧牲。就筆者所見，此舉並不是否定自己，而是擴張自己，將國家視為自己，將全人類視為自己所致。據此，認為自我是無限的擴大，亦即可及於絕大，將是妥當的。亦即在形式上，是朝先前內省的自我相反方向前進，圖示如次。

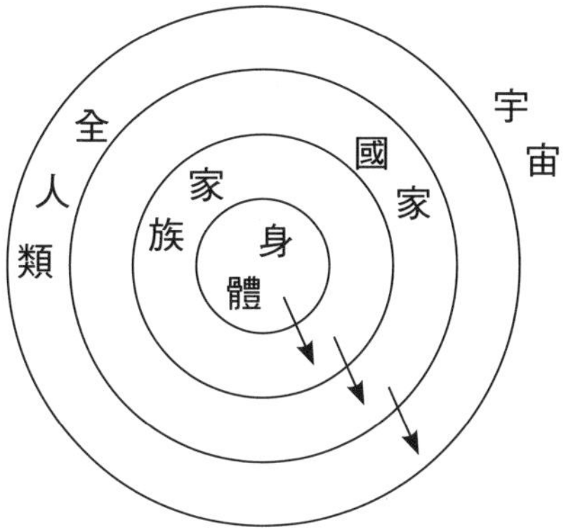

亦即先前是在身心的組織上，逐漸將身體的要素視為非我而遣去，相對於此，此時是將通常視為非我的，逐漸當作是自我。

據此看來，「我」是以肉體為中心而擴展至兩極，形式上有極大與極小之區分。但必須注意的是，此極大與極小實際上卻是一致的。看似矛盾，但若達觀真相，絕非矛盾。

第四節◆絕對我

如上來所述，「我」的範圍有種種，但實際的意義上最為低級，從而範圍狹窄的是將肉體視為「我」的觀點。此充塞在六尺空間，只過七十年寒暑，則人類的自我遠劣於象等。人類若無精神生活，則在種種方面，吾等遠不及其他動物，從而若只是執著於附隨此肉體，而無力探尋欲望之意義，皆應名之為物。

此徵於實際上只執著於肉體問題者，其外在方面既無收容人之力，內在亦無內省之力的事實得以知之。反之，若由於逐漸遠離肉欲束縛而深入於精神層面，外在方面其活動範圍將更寬廣，同情他人，將他人也視為我。捨身為仁之說，不外此意，但實際上若不能顧及我身，也不可能有高超的道行。逐漸推進此理時，被視為內省的「絕對我」之位若同樣適用於外延方面，則與貫通於全宇宙的「我」是一致的。亦即我觀之發展是內觀與外延成正比，內觀若深，其外在的活用則廣，要言之，由於脫離感覺的、肉欲的要素，故無論內在或外在的自我，逐漸擴展。深度內觀的聖者具有以無限慈悲，欲將一切眾生攝之於我的誓願，其因在此。

吾人的自我若具有如此性質，則何者是其本體？無論如何，作為最後的假定，筆者認為必然有作為吾人本性的絕對生命或絕對我存在。若非如此，僅只六尺之軀與七十年生命的吾人，不能滿足內在或外在無限擴展的要求。吾人的生命，亦即自我，無論時間上或空間上，所以能朝向無邊際的方面，若不認為其本性是與無限絕對的大我相連結，則不能了解此意。但此大我，實質上絕對不能脫離吾人本性，吾人本性必須是其根柢，此因若脫離吾人本性，則此乃是他我，不能促進自我的擴大。

當然此絕對的生命，不屬於吾人相對認識的範圍，因此概念上雖作如此表述，然真相實是不可知，不能如實知曉。理論上，依自我發展的方向乃是精神上的實在，以生生的活動力為本質所形成之吾人本性，是永久不變絕對自由之本體，必須如此思考才合乎道理，在實踐上，吾等以此為理想而邁進，無論是社會或直觀的，予以實現時，此中才有妥當性，才有認定的根據。

無論說為真如，或說為法身，或說為佛心，乃至說為神明，不外於是指此「絕對我」。若依古時的解釋，「絕對我」是既有的客觀事實，由此分出現實的各我與世界，但時至今日，此一觀點已不能維持。現今的解釋是，作為最高之當為（Sollen）須依實現才得以存在。雖然如此，但無論理論上或實際上，若不能如此，則「我」的意義不能滿足，因此既已是存在，更且無論是此世界或生物體，皆以其「絕對我」為根柢而向此前進，即是其存在之意義。從而若依此見地，萬有皆悉依存於作為終極原因的「絕對我」，一草一木之中，清楚顯示絕對的意義，尤其是吾人的精神驀直到達大我之通路。

第五節 ◆ 大我的實現法與禪

雖相當迂迴曲折，但吾人依從生命活動的法則，進而又從自我發展的徑路推進，遂到達「絕對我」。若是如此，此應如何實現？大體而言，吾等的生命活動皆朝向實現絕對生命邁進，筆者在他處對此已有所述。無庸贅言，對於「絕對我」，此乃是相當合適的理論。此因所謂自我，不外於即是生命意識到此自我之當體，兩者之間並無區別。但更進一步，欲直接予以體驗時，絕對不能外求。無論從文明史的研究，或從國家的成立組織探索，或解剖道德現象，都不能獲得，此等僅能揭出其方向，不能顯露大我的本質。此因雖說是朝向絕對生命之活用，但終究是相對的，絕對生命的獲得必須依據絕對的方法——即是宗教。此因一切宗教，消極方面是成立於要求解脫，但積極方面則是以某種形態樹立絕對者，或說為佛，或說為神，或說為真如，或說為空等，名稱雖異，然其本質必然是樹立超越小我的絕對原理，且與彼融合。更且此等以種種名稱表顯的絕對原理，不外於是絕對我的異名，對此筆者既已述及。

若是如此，此等宗教是以何等方法予以實現與體驗？當然依宗教的不同，其方式也有種種差異，然其中心不外於一方面制御感覺，另一方面必須專念確守理想標的。確實意識及此，且提出將「絕對我」於內心具體化的，即是禪。如前所述，禪有形式的方面與內在的方面，依止觀均等，同時實現制御感覺與確守理想是其特色。亦即依先前所舉自我觀的圖解，將身體收於呼吸，呼吸收於精神，精神集中於真我，直接與絕對我融合，即是禪的特色。達磨禪所說的直指人心見性成佛，不外也是指此。

當然，如前所述，同樣稱為禪，但有種種方式，雖然如此，歸根究柢其差異在於如何描述「絕對我」，若就原則而言，至少於潛在的，都含有前述的我觀，且期許實現之。此即筆者視禪為一切宗教要道之所以，又，實際上就印度而言，自《奧義書》以降，也是任何學派皆悉採用禪之所以。（參照拙著《梵我思辨：木村泰賢之印度六派哲學》第四篇〈瑜伽派〉[5]）

所說的禪之證悟，指的是依精神統一之力而到達冥合真我的狀況。《奧義書》直稱此真我為妙樂，若依禪宗有證悟經驗的人所述，至此域時，其感受的歡喜無可言喻。因為此時的境況是，脫離從前支離破碎的生活，並安住於全一絕對之境。此一境地是吾人的精神力殆盡，而入住無差別平等的本位，故無法以言語說明。除了所謂的冷暖自知，自己親身實驗之外，別無他法。禪宗等在揭示悟後風光時，經常使用充滿矛盾，甚至看似毫無意義的言句之所以，也是基於此實是不合乎一般論理，但勉強給予說明所導致，因此成為超論理的說明。

第六節 ◆ 達磨禪的特色

如是，禪是體驗「絕對我」之要道，但若論其活用，則依禪的種類不同，彼此未必同一。解脫味與安心立命的自信同一，但具體於生活體現時，又依教理不同而產生種種差異，或澈底以隱遁為要旨，或特尊超逸恬淡，或參預實際社會的活動等等，以種種形式表現。亦即就前揭自我思想開展的圖式而言，或因專注於向內，或因延伸向外，其活用也有種種不同。

5. 編註：《梵我思辨：木村泰賢之印度六派哲學》中譯本由釋依觀翻譯，臺灣商務印書館於二〇一六年一月出版。

若是如此，立於此間，被稱為如來禪或祖師禪的達磨禪特色又是如何？一言以蔽之，開啟自內證之悟，當然是其目的，但相反的，向下門則將此活用在一切生活上，也可說是其主要特色。此因所謂的禪宗，內含教理背景的般若的空，亦即純粹活動（Die reine T ä tigkeit）的空，在活動的形式上以表現所謂的「絕對我」為主。禪宗認為似悟之悟，非真悟，教誡只執著於自內證的，將此稱為金鎖銀環之病[6]，或斥為向上的死漢[7]等，其的原因在此。亦即以向內的方法實驗自己的本性，乃是主觀實現大我的唯一方法，但若僅執著於此，忘失擴大其客觀方面，則自我的活動終究不完全。如泰戈爾所指出，大體上印度的弊病在於偏於主觀方面，疏忽其客觀的活用。矯正此弊的正是佛陀，但於其門流中，傾向隱遁獨善者仍多，而禪宗則以直通佛陀人格，活躍於現實方面為主義而興起。此即達磨禪的最大特質，在諸禪法中大放異彩，也是獨立成為一派之所以。

何故吾人有此身體，以及有世界、有個人的差別？從向上門看來，一切唯一，故實現其本性的唯一絕對的大我，有其意義存在，此乃先前一再所述。但若轉眼從絕對我本身的立場見之，無論是世界或是個人，皆有應是如此而為此的原因。此因若與絕對的大我毫無關係，則無一能存，達磨禪縱使沒有明顯表示，但仍將此視為是絕對我（真空）的活力溢出的結果。確是如此，吾人依內省的方法，面謁絕對的大我而了悟此為何物之後，再回歸於此差別相，若不能於差別相中見其意，則不能說是完成。禪宗的從柳綠花紅見絕對的大我，於青山見法身，於溪聲聞廣長舌，不外於是在力說此「卻來門」之活用。甚至連絕對的「大我之悟」或「法身」等語彙也忌諱使用，或將此貶為說似一物皆不中，且著重於現實的活用之所以，全在於此。如此一來，往往引發學人誤以為味噌與糞便同一之弊，雖是如此，然其目的完全是意圖於現實界實現絕對我，此乃吾人當切記莫忘的。修禪者古來於生死之間感得自由，作無作的大活動之所以，實在於此。

禪宗的公案，如前所述，有種種矛盾，且相當難解的其數眾多，但不外是從各個方面說破此意。從而面對種種公案時，自能感得其中的無限妙味。

但應予以注意的是，禪宗的「禪」由於是如此活動的，故學人往往忘記其自內證方面，誤以為偏向外側是禪的特色。若是如此，將是主客顛倒，故必須大加警惕。若論及禪的本質，其實完全是在於自內證，若脫離此一方面，僅專注外在的活動，絕非禪之妙用。近來，真正的禪法衰微，僅盛行古則公案，無論是教導者或是學習者，都誤以為真禪的授受是如此，就真禪的立場而言，此乃是必須大為斥責之弊。真禪的基礎完全只在於打坐，在打坐結果之活用中，有達磨禪的特色，此當切記莫忘。

最後，再以一言補述。禪雖是活動的，但從來主要是從個人的特殊活動求之，卻疏忽有必要廣及社會。個人的活動固然是基本，但作為將來的方針，不可忘記更有必要將此一般化、社會化。亦即依據禪的妙用，將社會、國家，進而將全人類結合在一起，注力於其向上發展的方面。當然就某種意義而言，禪是接引所謂上上機根的法門，故將此一般化，實際上是困難重重，但至少作為得道人的活用，今後有必要盡力邁向生活的社會。若以為表現奇矯言行為即是證悟表徵，往往呈現成反社會的，而此絕非禪的真正運作。

6. 編註：意謂金鎖銀環固然美麗，但仍將束縛身軀。
7. 編註：意謂斥責小乘人雖知向上，卻不知下化眾生，猶如死人一般。

第六章　佛教思想的開展與禪的考察

第一節◆禪在佛教中的地位

禪（dhyāna）或三昧（samādhi），從佛教的德目而言，是三學之一，是八正道之一，是六波羅蜜之一，但若立於宗派立場，禪宗是諸派中的一派。故就此而言，作為佛教的修道法，禪雖占有極為重要的地位，但也只是種種的行法之一而已。雖然如此，實言之，此僅是表面觀察，若進而考察，禪並非諸德之一，而是佛教思想之基調，佛教的所有思想，都是禪的考察所成，彼等係依據禪的思惟才被體驗化。正如若無祈禱，則無有生氣盎然的基督教；若脫離禪觀，則無有生氣盎然的佛教。然而當佛教思想逐漸分化後，雖內在仍有禪觀，但表面上則著重於理論的教理說明，結果是佛教墮於學解的分際而喪失其真生命，就某種意義而言，此乃是佛教遭遇的不幸命運。俱舍宗是如此，成實宗是如此，法相宗是如此，天台、華嚴宗也是如此。此等的背後皆有禪觀存在，其教理的方針無非用以作為禪觀的準備，但當重要的禪觀被視為教相一部分，會重視理論的處理甚於實踐時，遂成為理論派，喪失禪之特質的實修意義。若無四禪四無色定的修行，則無俱舍宗；若無五重唯識觀的實踐，則無法相宗；

若無基於二諦的空觀之實修，則無三論宗；若無止觀之實修，則天台宗喪失其生命。而令喪失此禪的學解佛法回歸其本來精神，即是禪宗的任務，但今日的禪宗僅關注於祖錄之提倡與坐禪法的講述，忽視坐禪本身，實與學解佛法無異。總括來說，佛教之真髓——就視此為體驗之教而言——完全在於禪或三昧，因此其教理組織完全出自禪觀，從而於禪觀中發現其最後的妥當性，此無論在實修或在理解佛教上，當切記莫忘。

就脫離實修而說明禪而言，筆者亦無異於他人所為，但作為念願正確理解佛教思想的學人之一，此下將稍就前文所述，再作簡單說明。

第二節 ◆ 作為教理之母胎的禪觀

首先從為何佛教思想是依禪的考察而成立，及其完成的理由述之。實言之，以禪的考察為背景而成立的思想不限於佛教，印度的思想最遲在《奧義書》時代以降（西元前八百～六百年），是以內觀的方法，亦即術語所說的瑜伽（yoga，相應）的觀察法，作為真理的覺醒與體驗之道而進展，而佛教禪的考察不外於也來自此一學風。今暫將一般所論置之一旁，專依佛教的立場，探尋其思想與禪的考察之間的關係。

如筆者一再述說，佛教的思想縱使其表面呈現如何的理性，但絕非基於為理論而理論、為知識而知識提出，而是以體驗、以臻於皮肉骨髓為其目標。反過來說，是將其切身經驗當作教理而提出。此中，含有禪的考察作為其思想構成，以及體驗化不能欠缺的方法論意義的契機。

禪的考察中，在性質上有二方面，其一是消極的，另一是積極的。消極的方面是抑制感覺、抑制表象，捨離一切妄念雜念；積極的方面是，如是統一精神，極度集中注意力，專念於某一公案，而融入於全意識的方面。以術語表示，前者稱為「止」（śamatha），後者稱為「觀」（vipaśyanā），依止觀均等而見真理，是體驗此之要道，此乃是佛教之方針。亦即依「止」而防止精神散亂與動搖，同時獲得一種解放感，趨近於法悅狀態；更依「觀」而與觀念的內容一致時，此中已無內外的區別，無主觀客觀的對立，全數悉成一則公案，此即有真理真正成為自己皮肉骨髓之感的心理根據。故從佛教的立場而言，無論理論如何精銳，理想如何高遠，也只是知識的範圍，只是一種圖案，若不以此圖案為基礎，依「止觀」的方法，澈底轉換改造我心，則不能真正的具體化。若非如此，所謂八萬四千法門也只是畫餅而已。但佛教的思想不只是理論而已，被視為以靈之更生為目標的宗教之所以，全在於止觀。

第三節◆禪觀的內容

成為問題的是，若是如此，佛教的禪觀內容是依何者而給予？此因同樣說為禪觀，但外道禪、佛教禪、小乘禪、大乘禪等等的觀法有種種，並非一同。此看似簡單，卻是極為複雜的問題，實與佛教思想的開展有深厚關係。首先從極為簡明淺顯的立場而言，佛教禪觀的內容主要是由佛陀的自覺與教說所提供，故吾人依止觀一再進行佛陀所悟的思惟，乃是佛教禪的考察之正課。但若進而思之，佛陀的自覺既然是依菩提樹下的禪觀而成就，則後世的佛教禪觀的種種相未必即是歷史佛陀的三昧，後世的禪觀者給予相當創造的，實是不少。因此在考察佛教禪觀的內容時，若不推及此創造的原動力，則不能說是完全。從而若窮盡的論究，必須追尋至極複雜的心理經過，雖然如此，但筆者在此將簡略分成三段而作觀察。

第一應予以考察的是一般的原動力，亦即何故吾等進入禪定，體驗一定的內容時，關於其法喜禪悅狀態的一般心理根據的考察。簡言之，此主要不外是「對永遠生命的憧憬」與「解脫的要求」所促成。此因如後文所述，一般而言，此乃是宗教心之根柢，尤其在印度，至少《奧義書》以降的諸思想是如實以此二大要求為其根柢，佛教的禪觀，若溯其本源，不外於也是此力所催成。尤其在佛教中——此將於後文述之——大體上「解脫的要求」雖是強烈的原動力，但逐漸轉成「對永遠生命之憧憬」，據此，禪觀的內容，至少表象上遂有某種程度的差異，因此雖是一般論，但前述的原動力，在理解佛教的禪觀時是不能忽視的第一階段。

第二是受前述之力所催發的佛陀本身的禪觀內容及其發表形式，正是佛教禪觀的出發點。依據傳說，佛陀在菩提樹下端坐思惟，遂成就佛果，至於其內容，既然是自內證，當然是神祕中的神祕，是所謂餘人所不見的境地，唯佛與佛的境地。但佛陀不僅自內證，更以一定的形式發表之。此即是四諦觀、十二因緣、四念處、四無量觀等佛一生所說之法。據此，禪觀的內容成為表面化、教理化，同時，至少形式上，爾後的佛教禪觀無論是形式上或內容上，皆以前述的佛說作為規準，依據佛說而給予規定。

第三應考察的是，以前述為出發點，禪觀內容與表面教理逐漸開展的契機。就形式而見，如前所述，佛陀所給予的教理與弟子所修禪觀的內容應以一致為其原則，所謂教禪一致的本旨也在於此。但吾等對於禪觀內容與表面化教理的關係，有必要作更深入的考察。此因既以禪觀為本位，則予以表面化的教理，只是其轉譯，因此是否與原先完全一致，則有再作檢查的必要。故若依此立場而言，教禪一致之說，實言之，只是一種要求，實際上未必一致，兩者之間實有某種程度的差距，其因有三。

首先，禪觀內容完全是自內證的體驗，若論其蘊奧，實屬體驗者以外，難以體會的超經驗範圍，相對於此，若予以轉譯，或予以教理化與組織化，內容的真實將被扭曲。再者，教理的解釋方面，大體上應以眾人一致為原則，但若將此移至禪觀，禪觀者個人的氣質或潛在的意識將有自由運作之餘地，此若與一般創造的原動力結合，有時將獲得與表面教理方針稍異的靈感，因而獲得安心立命的境地。進而，無論是四諦觀或緣起觀，或四念處觀、四無量觀，皆屬禪觀的內容規定，但予以擴展時，遂形成一種形態，故將此移至禪觀時，並非其全部，有時是依其中的一部分（例如對於緣起觀，說為依識有名色，依名色有識；對於四念處觀，則說為心是無；對於四無量觀，或說慈觀或說喜觀），作為具體公案，此乃相當常見。

從部分性的禪觀內容，其地位超出表面教理，得以更為高深，也是自然之數。如是，基於前述三種理由，佛陀所揭示的表面教理與弟子的禪觀內容兩者之間，原則上雖有應該一致的要求，但實際上，至少在廣狹淺深的程度，或表象化的方式上，產生某種程度的差異，也是難以避免的自然狀態。但如此的差異——大抵而言，是既深且自由——當弟子更將禪觀內容表面化與教理化時，據此而成立的最初教理組織，至少在解釋上有某種程度的變更，也是自然之數。此中，即存在著表面教理受禪觀之力推進而逐漸分化、複雜化，遂朝種種方向開展的契機。在重視創造更甚於傳承的大乘，此特為顯著，無論是從內在見原始佛教的緣起觀所導出般若的空觀，或是從表面見止揚空觀的華嚴的無盡緣起觀，或以此等為背景的佛身觀或淨土觀，皆是依三昧所感得的結果，此乃眾多聖典之所明白揭示。但此等也只是表面的教理化、組織化，各居其宗派立場，此固然無庸贅言。總括來說，大乘佛教有種種分化，但至此時期，發展出種種三昧觀，而此等觀法內容也逐漸被教理化。

要言之，既以禪的考察為其中心，而禪的體驗與表面的教理又具有如糾纏般的關係，且相互規定，因此佛教教理的開展遂逐漸產生變化與複雜化。然其變化的原動力——對於教理的表面解釋之變遷姑且不論——主要雖是依據禪定三昧內含的創造力，但此間「解脫的要求」與「對無限生命的憧憬」互為表裏，若其中某一方占有較強作用，則或成為真空的教理，或成為妙有的觀察，此乃是同樣的佛教分成種種之所以。

第四節 ◆ 禪觀內容的普遍化

更成為問題的是，若是如此，何者是禪觀內容，亦即此三昧表面化與教理化的契機。此因當住於某種三昧時，其自身雖構成一個獨立世界，但從外側看來，主要是個人的、主觀的體驗，並不具有客觀的妥當性。迦葉的三昧，阿難不知；阿難的三昧，迦葉不知之說，正道破此中狀況。但為將此境地傳予他人，為令他人獲得如我之滿足，為令他人獲得如我之解脫，將此予以教理化時，對於三昧的內容有必要賦予一般的妥當性。此即是新的立場或宗派興起的原動力，且是教義組織者最為致力之處。其方法有種種，但筆者認為可約為如次三種立場。

第一是三昧內容的客觀化，亦即將此視為客觀事實之表象或思念。若僅將此視為主觀的想念，則只是個人的財產，但若將此表象化、客觀化與事實化，由於自己的思念仍立於萬人共通的基礎上，故此中具有普遍妥當的價值。佛教的世界觀或淨土觀大抵是依此經過而構成，此如後文所述。例如以禪的心態為基礎而構成欲界、色界、無色界的三界說，或依般舟三昧（pratyutpanna-samādhi，佛現前三昧）所感得的佛陀以及淨土，或依所謂指方立相的西方淨土，都被視為是於一定方所的客觀存在即是。

第二是論理的組織禪觀內容之道。尤其以對象難以被表象化的——例如空觀，例如真如觀，例如法界觀——最為必要。大體上禪觀的特色是，縱使其經過中有推理，但最終仍是脫離推理，脫離思慮，直依大直觀直下契當真理，佛教教理中，禪觀被視為現量智（直接經驗）的理由也在於此。但此內在的直接經驗，其性質上，只是體驗者自己而已，為予以一般化，至少作為至此的順序，有必要給予論理的基礎，以及思惟的法則。此即是佛教呈現哲學開展的契機，例如《中論》辯證論的說明空；如《唯識論》以阿賴耶識為中心，認識論的導出萬有；如《起信論》以真如為中心，從本體論的立場（半是認識論）說明世界，其形式上雖是論理的思辯，但實言之，不外是對於依據禪所體得的直觀真理給予論理的形式。

第三是依據以心傳心的一般化方法。依據先前的二種方法，個人的禪觀具有普遍的形式，由於是以基於直觀的體驗為主，因此為確定也適合他人，最直接的方法，仍是將此直接傳予弟子、傳予信者，令彼等獲得與自己同樣的體驗。無論是將禪觀的內容實在化或給予論理的體系，不外於都屬用以揭示至此的圖式與道行的手段，實言之，如一再指出，既說為是體驗，自然是冷暖自知，論理所不能及，說明也不能及。此中，作為直接確定其妥當之道而被提出的，即是以實修實行為架橋，師資之間依以傳心的方法，體驗同一內容，體驗同一境地，在所謂的默識心通之間，有同道唱和之道。禪宗所採取的方針是，直接了當的依此方法，直逼未教理化以前的佛陀的自內證，故高唱不立文字，教外別傳，但實言之，此未必限於禪宗，只要是真實的佛道修行，大小乘皆常依此方法行於師資之間，此乃無可懷疑之事實。只是禪宗的立場是以般若為背景，更且以動態的體驗為目標，又是表象化或論理化所不及，導致此以心傳心之法最常被應用。

如是，依應用前揭三種方法的某一種，或三種方法全部應用，對於個人三昧的內容給予適合一般的教理組織之形態，因此佛教教理似乎是作為與事實相關的認識，作為與理論相關之組織而成立。但當禪成為體驗化其事實或其理論的一種方法時，教理原是其之所出的三昧，反受教理的方針所規定。但在以禪的方式體驗化此教理組織時，自然而然，各人又某種程度的添加其獨創的三昧。所謂的異安心或分派，實是脫離其教理規定，隨意加入三昧，亦即因表面的教理改變而產生的教會現象，實言之，佛教思想的開展常因此而推進，此如前述。

第五節 ◆ 認識方法的禪觀

如是，佛教依據禪的考察而認識真理、體驗真理，進而具有創造真理之力，今稍變更立場，將考察作為認識真理之方法的禪具有何等任務，藉以闡明佛教思想的特質。

無庸贅言，禪是一種神祕的直觀方法。若論其蘊奧，可說是一種止揚經驗，直接以心內的睿智達觀實相的方法。從而對於禪的考察，無論對此教義學如何說明，若就獲得經驗事象的正確認識之道而言，此一方法未必適用。三昧的特質在於去除妄念雜念，思想集注於一處，此乃一切考察不能欠缺的心理準備，但禪的本質不在於經驗的整理統合，因此不能採用經驗的科學認識方法。至於若在禪的思惟經過中加入經驗、科學，則只是經驗性認識三昧的素材，並不是基於三昧的認識而獲得的。

禪的考察，亦即三昧本質的任務，直接了當而言，在於徹達心性，直接切入生命的躍動。此因雖不能作科學的說明，但至少從深層的生活要求而言，吾人的本質——不得不認為生命的真髓是以超越肉體、超越感覺的統一與自由為屬性的那一物，禪的考察，如前所述，正是逼近於此的唯一途徑。

今稍從佛教的立場說明，佛教雖有自我觀、心性觀、生命觀等種種看法，然其根本立足點，皆是予以實踐——「無論如何，首先是捨吾等之小我，於此中開啟自由的天地（心境）」，作為捨此小我執的事實根據，佛教所主張的是無我論、緣起論，為表現其自由的心境，使用種種術語，或說為空，或說為如來藏，或說為涅槃，或說為佛性，或說為常樂我淨，但主要是對於所謂的「雜念境界唯證相應」的那一物轉譯之差異。筆者姑且稱此為基於小我執的小生命（小我），小我執打破的當體則稱為絕對的生命（大我），此二者代表吾等精神生活的二方面，更且佛教所說真正不動的生活，立足於生命之根本的生活，是在所謂絕對生命之體得或實現中才被打開。佛教的禪或三昧的目的全在於此，其消極面，亦即「止」的方面，正是司掌打破小我執的方面；其積極面，亦即「觀」的方面，對於其內容雖假借種種表號，但終究以能符合不可說、不可思議的那一物為最高目標。只是將此轉為語言時，如前所述，或說為空，或說為涅槃，乃至或說為大日，或說為阿彌陀佛，有種種差異，但本質上不外於立足於心性自體的開發，生命自體自由躍動的靈性活動。筆者先前將禪視為認識方法，認為其最後的對象是生命的原因也在於此。從而以禪的考察為中心而開展的佛教思想，終究不外是如何規定小生命（現實的生命）與絕對生命之關係，更且如何將此適用於禪的組織。

如此看來，佛教的方針似乎無大異於數論派與吠檀多派？此因無論吠檀多派或數論派，皆以捨假我歸入真性實我為目標，更且此係依禪，亦即依瑜伽而實現，在此觀點上是實佛教同一。對此，筆者舉出如次二點，作為佛教思想的特質。

第一，數論或吠檀多認為絕對的生命是自初始就被給予，相對於此，佛教認為被給予的是現實的生命，理想的生命反而是捨離對此現實生命的我執所表現的一種心境。亦即吠檀多與數論看待絕對的生命體是就其體，佛教則是就其用。

第二，數論與吠檀多認為若安住於理想的生命，則與現實的生命無任何關係，表現上是絕對生命的積極化，但在生活上反而是極為消極。相對於此，佛教是著重於絕對生命的「用」，因此其活用的表現，必須經由現實的生命，故相對於向上門之否定現實的生活，卻來門是再給予新的意義。此既已顯現於佛陀的人格本身，尤其在教理上是大乘特為顯著的主張。例如菩薩十地的階位中，是於第八地完成平等界（絕對生命的境地），於第九地若無對應差別界（現實的生活）的準備，則佛果不能成就，淨土往生的信仰中，認為往相（絕對生命的歸入）之上，應有還相（差別界的歸來），總之，一切大乘皆以某種形態主張從平等界回歸差別界。尤其直接了當以此為標誌的是所謂的祖師禪，在現實的活動中打開絕對生命的活動是其方針，可以說此乃是吠檀多派與數論派等所不得見的佛教特長之發揮。

第七章　佛教思想與信仰文化的解釋

第一節◆佛陀與時代思潮

首先筆者將從內觀的立場探求佛教思想的成立及其開展契機。實言之，以前揭的內觀作為基礎之外，有關佛教思想的成立與開展，另有其他複雜的要素，絕非僅以簡單說明即得以解決。尤其是原始佛教與大乘佛教，如前所述，實與當時的思想與社會有密切關係，故若不理解當時的文化趨勢，在理解佛教思想之真意上，將是相當困難。此因佛教的成立雖出自佛陀的自覺，然其背景實與時代有關，為導正時代民心，實有必要以某種形態常與時代精神接觸。故在此嘗試再度從此方面探求令佛教思想開展之契機。

首先從原始佛教見之，原始佛教的教理是佛陀無師獨悟所成，佛典中對此已有明確揭示。雖然如此，但基於方便教化，至少對於當時的宗教界或社會情勢，佛陀確實給予甚深的注意（參照拙著《原始佛教思想論》第一篇第二章〈時勢與佛教〉[8]）。某些學者認為佛陀的特色在於對當時宗教界的特點或予以批判，或予以內面化，因此佛教的諸多教說若一一還原其要素，實則新的元素不多。此當然言之過分，但總括來說，原始佛教的成立承自當時的文化甚多，此乃是任何人都必須承認的。茲就最為顯著之例，亦即被視為原始佛教根本立足點的緣起觀見之。

所謂緣起觀，可以說是指「此有故彼有，此生故彼生，此無故彼無，此滅故彼滅」的原理，要言之，是指一切現象（以心理生活為中心）是成立於相互的關係之上，若脫離相互關係，則無一物得以成立。相傳佛陀是覺悟此理而成就正覺，爾後的佛教思想皆以此為基點而發展，因此就佛教而言，可以說是其基礎觀念形成的教理（關於緣起觀的詳細說明，請參照拙著《原始佛教思想論》第二篇第五章及附錄）。從而對於其原始意義，近來諸多學者頻頻論及，但相當不可思議的是，學者們對於佛陀意圖藉此緣起觀解決何者，竟然欠缺理解。若依筆者所見——隨著適用範圍擴展，緣起觀雖滋生種種意義——然其最初，主要是有關人生命運的解決，亦即原是為探究以老、病、死為中心的苦樂禍福之根源。此徵於當時一般宗教界的中心問題皆在於此，即可知之。當時思想界對此問題的解答有三種方案：

第一是所謂的他作論（paraṃkata vāda），苦樂的命運是由某種高於人類的作用所決定，不是作為人類的吾等所能決定，即所謂的宿命論。

第二是自作論（sayaṃkata vāda），此正與第一項相反，苦樂皆由自己所致，責任的歸著點在於自己，故可以說是自由論。

第三是無因無緣論（ahetu-apaccaya vāda），認為苦樂禍福的發生是偶然事件。

而佛陀的緣起觀則是對於前揭三種方案的任何一種皆予以排斥，但就某種意義而言，卻又予以包含，予以止揚，此徵於經典中經常提出前揭三說，予以否定之後，才揭示緣起觀，應是無可懷疑之事

8. 編註：《原始佛教思想論》中譯本由釋依觀翻譯，臺灣商務印書館於二〇一九年一月出版。

實。若依據佛陀所述，苦樂禍福並非偶然的結果，亦非必然的命運，更非被稱為自我的固定主體所導致，要言之，是成立於種種的關係與事情之上，因此若其關係或事情有所變更，則苦樂禍福的命運也將變更。雖是如此，然其關係之根本實在於吾等之心，若將此心委諸自然（我執我欲），則吾等的命運當然可以說是決定性的，但若施以精進或努力，可以轉換此心，從而無論苦樂或禍福，皆依此心力得以征服、得以超越，此即是緣起觀之結論。之所以佛陀有「我是努力論者」之說，不外於來自於此。從而據此看來，緣起論的原意既非自由論，亦非宿命論，這是一清二楚的。

可惜的是，對於前揭的背景思想缺乏深切洞察，導致此緣起論的本意自古屢遭誤解。筆者發現近年有二種錯誤的解釋被提出：其一是，認為佛教是立於緣起觀，亦即是立於因緣觀而成立，認為一切都受因果必然的關係而規定，可以說是以近於宿命論的方式解釋緣起觀。另一是認為所謂緣起，主要是指自由的規定，故可以說是指自作的。筆者不方便揭出持此等論述的學者之名，都是被視為佛教學界第一流的人，卻提出如此失其正鵠的解釋，實是令人無法想像，之所以如此，歸根究柢是欠缺理解其背景思想，以及欠缺對於此等思想與佛教有何密切關係的觀察所導致。

佛教的根本立足點既與當時的思想界有如此密切關係，則其他種種德目、行法乃至教團規律方面，佛教皆與當時思想界或宗教制度有所關聯，此實是思之過半。但實言之，此一問題早已有奧登堡（Sergei Fedorovich Oldenburg）、雅可比（Jacobi, Hermann Georg）與路易斯戴維斯（Thomas Rhys Davids）等西洋學者，以及近來的少壯學者巴魯（Barua; Prebuddhistic Indian Philosophy），乃至日本學者盛行研究，故無須再予以強調，但若輕忽此一方面，如前所述，恐有漏失佛教思想要點之虞，故特以此例揭出其適用法。

第二節◆大乘經典與文化史的背景

對於原始佛教方面，是就與此有關的討論進行其研究，但如同原始佛教，同樣是對應時勢而興起的大乘佛教，若不基於其文化史的研究，亦即若不能從其側面進行觀察也是一大遺憾。此因大乘佛教的研究，總體上應異於原始佛教的研究，大乘經典的表現法是相當藝術性的、戲曲的，可以說是相當程度的變形，若直接就當時的文化作考察相當費事，此乃是令此研究越發困難的原因。因此今僅大略探究大乘佛教的興起與當時時勢的密切關係，至於關於彼此之間的詳細交涉，若說為幾乎屬於未開拓之領域並無不可。而筆者至今仍處於研究之途，當然對此尚未有任何可特別揭舉的成果，只因夙來對此方面多加注意，且有意朝此進行探究。

大體而言，大乘思想與當時時勢的交涉，可就積極與消極等二方面見之。積極方面是對應當時的時勢，可以說是受其影響的部分。例如詩篇的《摩訶婆羅多》全書約有十萬頌，佛教遂出現《大本般若》（十萬頌大般若）等種種的十萬頌經，又當時新婆羅門教的信仰界有所謂諸神與淨土之觀念，佛教遂力說諸佛淨土的信仰予以對抗。至於消極方面，對於當時的時勢與思想，佛教感覺有所不足，因此提出予以補正或改造的意見。由於大乘佛教的使命是在此一方面，因此在理解大乘佛教文化史的使命上，揭出此消極方面有其必要。但如前所述，猶有諸多方面尚未觸及，故此下僅就筆者從來所注意的，更且在某種意義上值得注目的二、三點，進行其全體的研究（雖然已斷斷續續曾在他處述及，但在此特依文化史解釋的立場重新論之）。

首先可揭舉的第一例是，彌陀本願中的悉皆金色願的主張。依據《大無量壽經》所載，彌陀四十八願中的第三願及第四願是「願國中人天悉同一金色，其間無形色之區別」。藝術的意義之外，如此的誓願看似不具何等深意，但若探尋形成此誓願的思想過程，其間顯然潛藏著意圖破除人種階級的理想，故不容忽視。恐是在此本願形成之前，已出現《阿閦佛國經》的本願與《大品般若》的本願，此乃筆者曾在他處之所指出。亦即在此金色願形成之前，已有《阿閦佛國經》的「願我淨土人民皆無惡色醜卑」，以及《大品般若》的「令人民之間無色相之異」之誓願，尤其《大品般若》（十萬頌）的「我佛土中，得無如是形色差別諸有情類，一切有情皆真金色端嚴殊妙……」（《大般若》四五一卷），要言之，皆以無人種差異為其要點，因此彌陀本願的金色之說，可說只是一種形容。若思及此乃是對應——當時社會由於人種區別而產生四姓（varṇa ＝色＝姓）的區別，因四姓的區別，人與人之間產生階級觀念，而此一觀念在種種方面妨礙人民的融合，則此本願所顯示的是有關社會的理想。對此，《大品般若》的本願所表現最為明白，例如於其第十二、十三願中，明顯提出我淨土中無四姓差別，眾生無上中下的區別。亦即此本願無疑是就當時的實際社會情勢而提出，去除人種的偏見，排除階級鬥爭是其目的，但若欲達成目的，則應基於般若的平等精神，依據基於佛心的慈悲心。要言之，若不透過當時的社會情勢，以及佛教對此的態度，則無法理解此悉皆金色願的道德意義，此依前述的說明將是無可懷疑。

另一例是《大品般若》所揭的「理想國土的住民無大小便之患」的誓願，也是一種特色。如此的誓願看似空想，但若對照彌勒下生時理想社會的狀態，探討此願之精神，可以發見此中實含有對於文化設備的一種想望。彌勒下生時，一切的文化設備齊全，尤其下水道的設備方面，「其時男女欲大小便故，地自然開，事訖還合」，換言之，具足抽水馬桶的設備。《大品般若》所揭的此一本願是以此為基礎，且更予以理想化，要言之，所謂「無大小便之患」，不外於是指無處理大小便上的困擾。一般說來，如同中國，印度一般人的廁所設備極不完全，唯獨佛教的精舍中，設有潔淨的東司，此依律文等所載即可知之。因此，若依佛教文化史的見地而言，此本願之含意甚可玩味。

據此二例看來，大乘佛教的表現縱使看似空想，但若尋其本，皆觸及現實問題，更且無論道德或文化，都含寓導引至最高理想狀態之深意。從而若不理解當時的文化情事，則不能理解佛教思想其種種相（特別是藉由藝術的表現）的真意。

第三節◆大乘經典與藝術的表現

前揭二例或與一般社會，或與一般文化有關，此外大乘經典中對於佛教社會內部問題的解決方案，同樣也有以藝術的表現方式予以揭示的。茲以《法華經》的多寶塔之涵義作為例證，揭之如次。

在釋尊宣說《法華經》之際，突然從地踊出一大寶塔高懸空中。此塔中納有多寶佛的全身舍利（全部遺骨），此舍利發大音聲讚嘆、隨喜及證明釋尊所說《法華經》。以此寶塔的出現為契機，《法華經》的行文遂大為轉換，作為法華道場的舞台裝置，此寶塔具有極為重要的意義。但若就從地踊出寶塔，寶塔高懸於空中，塔中有多寶佛之舍利，亦即就一堆枯骨在此扮演著重要角色而言——作為禪觀對象的寶塔三昧其所具意義——至少就道場的結構而言，可以說相當的不合理，這是人為造成的。長久以來，對於此品的撰述目的，一直困擾著筆者。直至注意到文化史的解釋之後，才了解意圖調停當時佛教教團內成為論爭火種的二大主張，乃多寶塔的撰述趣意，也覺察到在《法華經》的地位上，此乃是一種必然趨向，先前的困擾一掃而空，且有大為痛快之感。所謂的二大主張，是指尊重舍利或重視正法。

佛陀將入滅之際，遺誡阿難：「以自己為光明，以自己為依所而住，不依據其他依所。以法為光明，以法為依所而住，不依據其他為依所。」佛滅後，此遺誡被視為教團的指導精神，而教團的中心生命在於正法的履行，此固然無庸贅言。但除此之外，從起始的追慕佛陀，逐漸演變成尊重舍利之風習，甚至認為舍利具有一種神祕靈力，隨之而起即是舍利塔之建設，例如相傳阿育王廣建八萬四千塔等等。但因此（至少在外形上）導致佛教成為一般化，縱使不知佛教根本義，只要建設舍利塔且禮拜之，即得無量功德。以如此的信仰化導，其結果是外在方面增加佛教的勢力，此固然無庸贅言。但伴隨此風習之盛行，最為重要的，以正法為首要的，縱使仍作為主義不變，但事實上已不被重視。在宣傳佛教時，往往以建設率都婆作為急務，對於教法及長養法身方面，難免有輕忽的傾向。

部派佛教時代，教團內對於率都婆禮拜已產生爭議，上座部所屬的說一切有部、法藏部等，主張禮拜率都婆能得大果報，反之，大眾部所屬案達羅地方的一派（制多山派、北山住部）主張「供養率都婆不能得大果」，亦即澈底立足於正法中心主義，對於時流表示反對。如此的爭議直至大乘佛教時代還一直持續，大體而言，般若系大乘是立足於正法中心主義，例如《小品般若》指出「就如來實義身之生起而言，受持讀誦一卷《般若經》的功德，較勝於供養遍滿全世界的舍利」，又如《維摩經》也是主張以法供養代替舍利供養（關於《般若經》，請見《小品》的第三寶塔功德品、第四賞讚功德品，關於《維摩經》，請見法供養品）。

但同樣在大乘佛教之中，也有以禮拜佛菩薩為主要的信仰主義者，認為率都婆以及可視為是其變形的佛像有其得以尊重信仰的理由，長久以來，此一問題在佛教的教團一直是論爭的種苗。若用今日所理解的方式表現，此一問題即是——為圖謀佛教精神普及，究竟是以寺院堂塔或教團的建設為先，或以實行佛教精神為先？理論上應以實行佛教精神為主，但若就實際問題而言，尤其若就為使佛教民眾化而言，建設寺院堂塔、尊重墓地等等，至少在外在方面，將較適合擴展佛教，故相當難以決定。因此若得以尋出依據教法、理法（法身）而承認舍利塔的意義，以及從舍利塔窺見法身意義之道，此一問題得以調停，則能開啟教團推行之道。其意在此，更且以藝術、舞台裝置形式表現的，實是此《法華經》的多寶塔。此因《法華經》的特色在於調停大小乘，統合專門與通俗，為尋出此一問題的解決之道，故有此寶塔踊現之說。亦即從地踊出，懸於空中的舍利塔，並不只是一種紀念物而已，其中蘊含活生生的意義，而安置於塔中的多寶佛舍利讚嘆《法華經》之舉，則寓意遺骨並非只是作為崇拜對象，而是表徵永遠的真理。最後所揭的釋尊進入多寶塔內，所呈現的二佛並存之形，此係一方面揭示釋尊已成為舍利，而佛教徒應守護其舍利，但另一方面為鼓吹釋迦的法身（教法理法），遂有遺骨為真理發大音聲之表現，亦即藉由多寶佛的舍利顯示，可獲得等同佛壽無量之效果。實言之，《法華經》的佛身常住觀不只是比喻，而是實體化，因此僅依此解釋多寶佛塔的真義並不恰當，在此提出多寶佛塔之所以，除了用以作為深遠教理的表徵之外，在解決教團內實際的問題上，是用以作為主要材料與背景，可以說是苦心慘澹所成，此乃必須澈底承認的。

第四節 ◆ 文化史的考察意義

據此看來，在佛教思想的成立與開展上，無論是當時的一般思想，或社會的事情，或文化的情勢，或教團內部的問題，除了呈現於文獻表面之外，對於隱藏的材料也多加利用，此乃任何人都容易發現的。然而在經由種種階段之後，其表現法已有相當的變形，而從來的學者因不了解當時的文化情勢，對此遂不予以注意。雖然如此，但今後在研究佛教思想史之際，至少作為其側面觀，若不注意及此，則不能觸及複雜的佛教思想之微妙層面。更且在從來被吾等視為空想的一種表現或一種表徵中，反而得以窺出對於社會與教團的批判，以及指導的原理。但必須在此聲明的是，前文所述，完全只是側面觀，因此在理解佛教真髓時，不能超越前述禪觀的考察。

第八章　本願思想的開展及其道德的、文化的、宗教的意義

第一節◆序說

佛教，尤其是大乘佛教，特為強調菩薩的本願（pūrvapraṇidhāna）。亦即菩薩於其修行時代，立下將來成就佛道時，於自己所建設的國土內，得以實現種種功能或狀態的誓願。但與其說是今世發願，並於今世成就，不如說是經過生生世世遼遠的修行，最後才實現其計畫，此乃是本願思想的特徵。

通常將此本願作總願（sāmānyapraṇidhāna）與別願（viśeṣapraṇidhāna）等二種區別。總願是所有菩薩共通的誓願，簡言之，是誓願成為一切智者，亦即誓願成為佛陀，通常其內容可分成四項。此即所謂的四弘誓願「眾生無邊誓願度，煩惱無盡誓願斷，法門無量誓願學，佛道無上誓願成」。此又可濃縮成二句「上求菩提，下化眾生」，此二句被視為大乘佛教精神之基調。

相對於總願，別願可說是有關下化眾生之樣式的特殊念願，此依菩薩或佛陀的不同，其種類與性質多少也有差別。例如從數目看來，千手觀音有六願，藥師如來十二願，阿彌陀佛二十四願或四十八願，釋迦有五百大願等分類。消極而言，無限的眾生有無限的弱點，為救渡眾生的佛菩薩遂依其意企而特

別於某一方面注以主力；若積極而言，佛菩薩在建設理想王國（淨土）之際，某種程度上彼此的嗜好有所差別，導致有各種不同的誓願，雖然如此，此間含有思想開展程度上的差異，此亦不能忽視。

如是，本願有總願、別願兩種區分，然而在此二種之中，無論從歷史的見地或從教理的見地，乃至從現代的意義看來，最堪玩味的，應是別願思想。此因總願雖是大乘佛教根本精神之代表，但過於抽象，反之，別願是具體的規定，更且此間富含種種的教訓與暗示，就今日吾等而言，作為最高文化之目標，可供吾等學習的實是不少。

因此，總願暫且按下，此下擬就別願的思想論之，但在問題的性質上，有必要先從二方面觀之。第一是有關本願思想開展之經過，亦即歷史的部門；第二是基於前述的材料，向道德的、文化的、宗教的意義推進，從佛教教義學的立場探究其內容的組織部門。

第二節 ◆ 本願思想的開展（以願數為基準）

一、本願思想的開展及其經典成立的經過

如同其他的問題，本願思想在成為完整的形態之前，也是經過種種階段的開展。從來認為無論藥師的十二願或彌陀的四十八願，都是釋迦所宣說，但佛教的歷史研究不許作如此認定。以原始佛教為出發點，經由部派佛教（小乘）而至於大乘，此間須經過多少階段才能彙整成完善的思想，只要是作批判性研究佛教，相信任何人都不得不承認此一事實。但就筆者所知，特就此本願思想，秩序論究其

開展次第的著作與論文並不多見，因此，雖有繁瑣之虞，但仍是從原始佛教出發，略見其概要的進展。更且此問題的論究，不僅與本願思想有關，尚且某種程度涉及本願思想相關經典成立經過的研究，筆者對此確信不疑。

二、原始佛教與本願

首先就原始佛教見之，就用語而言，念願（paṇidhāna, paṇidhi）或希願（paṇidahati）是原始佛教經常使用（大抵與生於天界有關聯）的用語，但尚未如後世將此納入於思想中心。歷史上佛陀的目標在於捨棄生於天界之希願，直接獲得究竟涅槃。佛陀以如同自己獲得涅槃，也令他人入於涅槃作為使命，此乃是佛陀屢屢屢之所宣言，而此涅槃的成就不是在於下一世的遙遠未來，而是即今證知與實現，游履於其中，就某種意義而言，可說是強烈的現實主義。從而至少就佛陀本身的立場看來，無論證悟或解脫，佛與弟子（聲聞）之間沒有任何差別，後世在菩薩（佛陀的候補者）與聲聞之間，樹立資格上的差別，認為菩薩立下本願，從事救度眾生，而聲聞只是獨樂其解脫，如此的思想乃原始佛教之所未見。

雖然如此，卻不能因此而斷定本願思想的萌芽不能從原始佛教內窺見。如同其他教理，此思想也是暗中萌芽於原始佛教內，且逐漸地開展，此不能忽視。對此，首先有必要闡明將佛陀及其弟子作出區別的理由。筆者認為其契機有二個條件：

（一）理論上佛陀與弟子（聲聞）同是證悟者、解脫者，但實際上佛陀與弟子之間在種種方面，仍有不能超越的懸隔。最顯著的是，佛陀的解脫是無師自悟，相對於此，弟子的解脫是聽聞佛陀所教，依其教導而成就，所以不是獨創性的。相對於稱佛陀為「完全的覺者」，稱弟子們為聲聞的原因，即來自於此。若是如此，何以有如此的差異？對此必須予以探究。

（二）原始佛教所力說所強調的是於此世解脫，但實際上不少的修行者於修行途中即告死亡。為令修行者安心其修行並非無效，必須承認下一世仍得以繼續修行。亦即輪迴的信仰成為生生世世繼續修行的保證，聲聞四果中，須陀洹等前三果實是依此見地而建立。

如是，將前述的兩種觀察用於佛陀觀時，其結果是縱使特別殊勝偉大圓滿的佛陀，也是修行的結果，且其修行不只是現世，亦可溯及過去，是無數生死的累積，才於現世成為佛陀。佛陀降誕時，有種種奇瑞顯現的信仰也是因此而構成。從而相對於此，聲聞的佛弟子劣於佛陀之所以，縱使也是隔世修行，但僅是數世，其多半是受佛陀教化而開悟。此因佛教特為強調的是，只有依據修行，才能成為完成者，並無所謂「天生的聖者」，人格的圓滿或不圓滿，力用的廣與狹，完全在於修行年時的長短與努力之緩急。

如是，盡管佛陀提出平等的宣言，但佛的階位與弟子的階位之間逐漸產生區別。由於如此的差別產生，從小乘教及於大乘教，與此相關種種艱澀的神學解釋也隨之興起，同時另一方面，佛陀的前生，亦即有關菩薩時代的種種事蹟也一再出現，遂形成龐大的文學，此即是極為有名的「本生譚」。

相對於神學的解釋僅是教界內的專家所談，此本生譚遍及於通俗社會，對於佛教精神的一般化，扮演非常重要的角色。某種意義而言，相較於難解的原始佛教與小乘佛教的核心教理，此本生譚傳達的佛教精神可以說更有助於將通俗社會予以佛教化。

本願思想若論其萌芽，至少是起因自本生譚。菩薩於其無數的前生示現種種身分，總是犧牲自己，為他人、為道法而努力的事蹟，成為數百種本生譚（現今所傳有五百餘種）的主幹，如此犧牲，如此努力，若作目的論的解釋，則完全可稱為本願。亦即種種的努力，是為了最後成為以菩提（bodhi，悟、智慧）為內容的佛陀，成佛是為了救度癡迷的眾生，此即成為「上求菩提，下化眾生」的所謂總願之根柢，更且此乃是最原始的本生譚之所明言。可以認為，佛陀的前生——無論是生為猿，或生為兔——被稱為菩薩（bodhisattva，菩提薩埵，求一切智的人）之所以，是為揭示無論其形體如何，只要是志於菩薩道，就是進入成佛之道的人。如此推進時，似乎可以說——大乘佛教所提出的種種菩薩苦心努力而成為佛陀，建設特定的淨土，立下引導眾生容易至此的本願思想，畢竟只是本生譚中釋尊修行而成佛的思想之複製與擴大。但實際上推進至此之間，本生譚本身也有若干階段的開展才進展成大乘文學，如前所述，是經由種種的開展，因此不能草率作出歸結，此乃必須特加注意的。

要言之，從原始佛教表面的立足點而言，本願思想不是其中心思想之代表，而是屬於旁系。但從內在看來，至此的思想芽苗已蘊含於原始佛教的中心問題中，更且與佛身觀有關聯，就其萌芽於通俗化運動中看來，若不從原始佛教中探求，則無法說明其起源。

三、本生譚經典的本願思想

本願思想的起源在於本生譚，但如前所述，本生譚本身也有若干的變遷與發展。從而本願思想初始是經由本生譚系統的經典而次第發展，此無庸贅言。但本生譚是產生於原始佛教至大乘佛教之間，因此，其古者是與原始佛教有連絡，新者則與大乘有連絡。就其新者是與大乘有連絡看來，發展於此間的本願思想可以說是本願史上初期之代表。筆者認為大略可將此分成三個階段：

（一）以五百數十種為一類的本生譚作為代表，以巴利語流傳。此中當然有發展的次第，但總括來說，可說是原始的，僅就當時流行於世且具有警世意味的故事予以加工而已。從而與本願幾乎沒有關係，雖然如此，但至少其中較為重要的仍是言及菩薩所行的一切功德皆悉回向於一切智（佛陀）。不只如此，在種種的本生譚中，極力強調真實的祈誓（saccakiriyā），亦即當任何災難生起，菩薩發起所謂的「真實的祈誓」時，依其念力，能消滅不可意的災難。此無關於下一世之將來，故不能說是本願，但若就念願力具有如此威力而言，無可懷疑的，爾後成為本願思想中的一種要素。

（二）聖勇（Āryaśūra）所編輯的本生論梵本（*Jātakamālā*）及其漢譯的《菩薩本生鬘論》（十六卷）為代表。實言之，思想較現今所見梵語原典更為複雜化的漢譯《本生鬘論》，若從故事的題材看來，雖同於先前的本生譚，但其中的宗教意義較先前更為深化。尤其漢譯的《本生鬘論》，其「第十二稱念三寶功德緣起」揭出念佛稱名的功德，作為本願思想之先驅，實含有重要意義。

（三）孫吳康僧會譯《六度集經》（八卷）。可以說是欲將小乘的《本生經》予以大乘化的產物，本願思想極其顯著，總願中「將來成佛」之誓願固然無庸贅言，從中亦得以窺見別願思想之萌芽。亦即菩薩受任何不當之苦時，不僅忍受之，且誓願將來成佛時，首先將除去其苦因。茲試揭其一、二例如次：

菩薩前生曾作為修行者，住於忍辱行時，有名為迦梨王之惡王，刀割菩薩身體肢節。菩薩不僅忍受之，更「念曰：吾志成道，與時無爭。斯王尚加吾刃，豈況黎庶乎？願吾得佛，必先度之（惡王），無令眾生效其為惡」（《六度集經》第五卷）。另舉一例，菩薩曾身為猿猴，救人卻被人傷害，但仍「自念曰：吾勢所不能度者，願其來世常逢諸佛，信受道教行之得度，世世未有念惡，如斯人也」（《六度集經》第五卷）。既有將來共成佛之總願，同時又有濟度特定惡人，除去世間害惡的別願。雖只是片面的，且其誓願不免是消極的，但據此而發展出爾後完善積極的本願，因此是絕對不能輕忽的材料。

據此看來，本生譚系統的文獻中，《六度集經》的本願思想已相當成熟，但《六度集經》仍未脫小乘色彩。但此中既有十方諸佛的思想，授記作佛，變生男子，也有《般若經》中有名的常啼菩薩的先驅傳說，加之，某種意義的還相迴向也見萌芽，但論及菩薩，都是釋尊生生世世的前生，尚未推進至種種菩薩於諸方同時存在，起種種誓願。更進一步推進，承認同時存在的諸菩薩，且彼等有種種本願的是，屬於大乘的經典文學。

四、一般大乘經典與本願思想

筆者無暇在此論述大乘與小乘的區別，首先僅就理解本願思想的必要範圍內述之，然後才移至本願的問題。

小乘的目標是個人解脫，濟度他人並不是其必然條件。其最高的理想，僅滿足於作為一名佛弟子，亦即作為聲聞，不敢企望自己也成為正等覺者的如來濟度一切眾生。佛陀是萬中之選，數億歲一出，絕無二佛並出，是其通則。從而對於志願成為佛陀的「菩薩」一語，僅用於指稱釋迦佛（或過去佛）的前生時代，此外諸如文殊、普賢、觀音等菩薩立種種誓願，修無數善德之說，乃是小乘之所不許。反之，大乘的特質在於自己成為佛陀，也令他人成為佛陀，可以說佛陀地位的社會化是其必然條件。從而無論任何人，只要立志，即可成佛，同時已成的佛陀，不只釋迦佛，諸方有種種的佛陀，而其候補者的菩薩也有種種，努力建設各自的佛國土（buddhakṣetra），實與以個人解脫為理想的小乘大為不同。

如是的探究大乘的特質，以及大乘經典中的本願思想開展經過時，可以發現大乘的數百種經典中，所立的菩薩無數，故其本願也有種種，更且從中也得以窺見其發展脈絡，此即其本願條項的增加。例如某菩薩有六願，某佛有十二願，某佛有二十四願，顯示其中有一定的秩序性發展。

當然，僅依數目多少而判定其發展的前後是相當危險，因此數量之外，也必須探討其思想內容的性質，經過如此的步驟才能確定，雖然如此，但基於思潮大致相同的經典而列出的本願條項，仍是顯示其間發展經過的有力表徵，此乃是不爭之事實。更且此數目的增加與開展有一定秩序，被視為原始佛教資料的經典對此已有明言。例如關於五蓋障與七覺支，有「外道不信之徒也知此五蓋障與七覺支之說，然唯有佛教徒了知五而成十，七而成十四」之說。就筆者所見，大乘的本願思想實依循如此的法則而開展，雖然從來的學者對此不加注意，但在文獻的研究上，應是無可懷疑的歷史事實。

五、《小品般若》與六願思想

依據本生譚所述，佛陀前生的菩薩時代，即以各種方式實行善事。由於是以最完全的程度實現此等善事，故稱為波羅蜜（多）（pāramitā），亦即完全行，將行波羅蜜視為是菩薩特有的修行（或將波羅蜜譯為度）。更且將菩薩的諸善萬行分成六類或十類，所謂六波羅蜜或十波羅蜜乃是本生譚的分類方式，尤其分為六波羅蜜是通例，本生經典最後期的本生譚故事代表名為《六度集經》之所以，即在於此。亦即將菩薩的諸德分成慈善（布施）、忍耐（忍辱）、努力（精進）、精神統一（禪定）、睿智（智慧）等六種德目，並以種種故事作為其實例。

如是，修行六波羅蜜成為菩薩的特徵，而大乘佛教以菩薩思想為其中心時，六波羅蜜思想遂有高度的開展，此固然是無庸贅言。就某種意義而言，大乘教的種種相，不外於六波羅蜜思想的分化。從而本願思想的探究也與六波羅蜜有關，實是自然之數，尤其認為六波羅蜜的實行，其全體既能迴向於總願，同時他日建設淨土時，每一種波羅蜜則是給予淨土具有道德、文化特徵的別願，實是小乘的「本生經」所無的——大乘經典的特徵之一。

就文獻見之，記載中最早將六波羅蜜與本願結合，據此而總願與別願兼具的是《小品般若》（Aṣṭasāhasrikā-prajñāpāramitā），亦即《八千頌般若》、《佛母般若》、《道行般若》等。此因般若思想原是從六波羅蜜中的智慧（般若）波羅蜜開展而成，是初期大乘之代表，尤其呈現在最早被妥善整理的《小品》文獻中，實具有重要意義。《小品般若》裡述說本願思想的是《佛母般若》的「第十九甚深義品」，此中力說藉由行六波羅蜜，消極來說可征服自己內心的私欲，故可從一切苦與驚怖解脫，進而依據般若的菩薩精神，立下依此功德，將來所建設的淨土免除苦痛、怖畏、不如意的本願。試揭舉其大要如次：

由於行布施波羅蜜，縱使遭逢惡獸亦不足懼。此因菩薩連其身體也可捨棄，則此等何足掛齒。更且誓願將來所建設的佛土，全無惡獸。由於持戒與忍辱行，精神上可解脫怨賊之怖畏，更且誓願將來的佛土全無怨賊等。由於行精進，斷心中渴愛，故能斷渴水之苦，更且誓願其佛土，八功德水充滿。由於修習禪定，得法喜禪悅之食，免於飢饉，更且誓願其淨土飯食充足。由於修習智慧，達觀吾等常有病，得以脫離病苦，更且誓願其淨土是無疾病的健康之地。

（梵文原典，頁三百；施護譯《佛母般若》第十八品；《大正藏》卷八，六四七頁以下）

亦即各項的前半是消極的，揭示依般若的真空觀而精神上從一切痛苦解脫，其後半揭出他日建設淨土之際，將真空之力用轉換成妙有的方面，積極面則是力求道德上、文化上的完備。相較於先前所舉的《六度集經》等所揭的本願思想，確實是相承其系統，但將此搭配六波羅蜜作為別願，明顯地積極化淨土的理想，故可說是大乘的顯著開展。就此六願思想成為爾後有種種開展本願條項的基調而言，雖然相當簡單，卻是本願史上最應予以注目的文獻。

六、以六願為基本而發展至四十八願

如是，《小品般若經》首先與六度結合而確立六願的思想，就數目而言，文獻上其次出現的是十願的思想。對應十波羅蜜思想的十願，因於《華嚴經》而被特為強調，在佛教教理史上也占有一席地位。但若相較於以六度為中心的思想，如後文所述，屬於此系統的本願，其後沒有太大的發展，可以說只是旁系的本願，恐過於繁瑣，就此略過。

以六度為中心，依先前所舉的數目倍加而推進，從佛教特色的立場而言，十二願思想是其正系的發展。據此成為其倍數的二十四願，乃至二十四倍數的四十八願，可說是最為完整的開展順序，且是皆有文獻支持的本願數。但此僅是大致的配列，若作更詳細研究，與其說是倍數的累進，不如說是次第的，逐次增加六願而至四十八願。亦即更齊全的進展是，六願、十二願、十八願、二十四願、三十願、三十六願、四十二願、四十八願。實際而言，筆者未能從獨立的文獻中找到十八願與四十二願之例，其他則得以從文獻中了解且能尋得其系統。不只如此，從某種意義而言，十八願說是以附屬之形存在於十二願說中，因此不能從文獻中發見的，只剩下四十二願說，就此而言，至少至今筆者仍確信本願的開展是依此系列之順序。更且就筆者所知，此乃任何人猶未明顯指出之事實，從十二願至四十八願的發展順序，不僅有文獻立證，更且可以探尋此間的思想內容之變遷。

七、《阿閦佛國經》的十二願與十八願

首先就十二願說見之，其中最明顯的是《藥師如來本願經》的十二願文。實言之，此係大乘佛教末期，伴隨密教思想而興起的經典，因此不能視為般若六願思想之繼承與開展。就筆者所知，與《小品般若》大致相同潮流的產物，但稍遲成立的經典中，以十二願（以及十八願）為主幹，述說本願思想的是《阿閦佛國經》。此有支婁迦讖譯與菩提流支譯等二種譯本，內容大致相同，是以東方有阿閦佛，今於其國土教化眾生的信仰為基礎，述說此佛身為菩薩時的本願，以及本願成就的佛土及其狀態，乃至彼佛入涅槃之前的教化狀態。繼未來佛的彌勒思想產生而興起的阿閦信仰，可說也是相當古老，但相對於彌勒佛是小乘的，阿閦的信仰是以般若思想為背景而成立，是純大乘。在初期大乘時代，阿閦佛是信仰界最具有勢力的佛陀，其本願是此佛於過去因位時，對大日如來所作的誓約，主要是立下自己修行方針的誓言。其條數，就筆者所計，總計為二十一，然其中心是十二條。前四條是未得阿閦（不動）之名的預備誓約，後五條若從經典的文體看來，可視為是附錄，因此其核心是中間的十二條。所謂的十二條是：

一、所有的修行迴向於一切智（成佛）。　二、一一言語悉與念佛相應。

三、生生世世出家。　四、出家行十二頭陀行。

五、成就四無礙智。　六、住於行住坐等三威儀。

七、根本罪不犯。　八、對婦人說法不起欲念。

九、佛菩薩之說法必當謹聽。　十、不聞外道異端之說。

十一、行財施法施時，住於平等心，不設彼此的區別。　十二、見罪人必救之。

（《大寶積經．不動會》；《阿閦佛國經》上卷，《大正藏》卷十一，七五六頁）

若從其內容見之，雖未必與《小品般若》所提出的六願思想有密切關係，但若就以十二為中心而言，首先提出前六願，之後再增加六願。不只如此，此僅是與自己的修行有關的誓言，並不是建立佛國土，令眾生至此國土的願望。此外，在經典中也積極敘述國土的功德，其內容顯然是從《小品般若》的六願出發，直至《大品般若》的三十願中間思想之代表。亦即就此而言，顯然《阿閦佛國經》是《小品》至《大品》之間的產物，從而也得以旁證先前的十二願與此十二願之間，其歷史的連絡極為密切。

若是如此，其淨土的積極觀又是如何？有趣的是，從中得以了解十八願說之一型。當然經典本身並沒有明白說為十八，也沒有稱此為本願，但就筆者所計數，《阿閦經》中淨土的特相大致可歸納為十八條，更且此等在爾後的經典都被說為本願，因此仍可視為是阿閦佛於因位時代的本願。今試揭舉如次：

一、國土中無三惡道。　二、人人皆行善行。

三、國土平坦。　四、其地柔軟如絨毯。

五、無風、寒、氣等三病。
六、人民無惡色醜卑。
七、婬怒癡薄。
八、國土無牢獄。
九、無邪說異道。
十、樹木花實繁榮，人人從樹取衣。
十一、衣食皆有芳香。
十二、飲食自然現出。
十三、住所由七寶所成。
十四、八功德水充滿。
十五、婦人極貞淑。
十六、人人臥舖皆以七寶所成。
十七、人人的飲食勝過天人。
十八、國無王者之號，但有法王號。

（《大正藏》十一，七五五頁下）

相較於先前的十二願，前者以出家主義為中心，相對於此，這顯然是在強調在家眾的理想生活（不能忽視此中受彌勒淨土思想的影響）。十二願在內容上是從《小品》出發，與爾後彌陀中心的二十四願說與《大品般若》的三十願說有連絡，即在此一方面，應是乘本願思想的主潮流而成。

基於方便敘述，此下將稱先前的十二願為自行願，其後的十八願為淨土願，此中的問題是，兩者之間的關係如何？從性質而言，前者是因行，後者是結果，因此兩者合併才是完全的本願體系，但筆者想探究的是，十二數與十八數是同時成立，或中間有某種程度的歷史開展，爾後才被彙整在一起？筆者所見如次。

阿閦佛的本願是以十二為主體，此徵於爾後樹立阿閦佛變形的藥師佛，確定其本願為十二，將是無可懷疑。但在性質上，先前的十二願欠缺有關淨土的圖案，不免有不完全之嫌，因此必然於十二願之外，有關淨土建設的本願自初始即有某種程度的附隨。更且此一部分是承襲自較早成立的期待，彌勒下生時所實現的理想國之形態，而且如前所述，也承自從《小品》出發的積極觀之系統而逐漸開展，遂在數目上超過主本願的十二，朝十八邁進。如是彙整成一定之形，即是現在吾等所見的《阿閦經》。此因阿閦佛信仰絕非《阿閦佛國經》才出現，此信仰早已存在，但經由種種變遷，才演變成現今所見的經典。就此而言，筆者認為淨土願之觀念，從其內容看來，自初雖與前十二願並存，但整理成十八特相，亦即於先前的十二項再加上六項，之間有一段歷史的開展。

八、《無量清淨平等覺經》的二十四願說

如是，《阿閦佛國經》中有十二願說與十八願說，其次出現的是二十四願說。更且在文獻上明顯提出二十四願的本願數。此即初期《無量壽經》所說的法藏菩薩（Dharmākara）的本願，支婁迦讖（A.D.147〜186）以漢文譯的《無量清淨平等覺經》，以及支謙（A.D.223〜253）譯的《阿彌陀經》是其代表文獻。對於阿彌陀思想之起源雖有種種異論，總括來說是稍遲於阿閦佛思想，更且是受阿閦思想激發，意圖與之對抗而興起的，例如將阿彌陀的極樂世界配於西方，即意在與阿閦的東方相對立，兩種信仰之間有密切關係應是無可懷疑。從而認為二十四願是阿閦十八願的修正或增補亦無不可。茲依《平等覺經》所載，揭其二十四願如次。

一、國土無三惡道（阿閦淨土願第一）。

二、從我國土不再退轉三惡道。

三、人民悉皆金色（同於阿閦第六，無惡色醜卑願）。
四、天上人間無有區別。
五、國土人民悉有宿命通。
六、有天眼通。
七、有他心智。
八、飛行自在。
九、有天耳通。
十、人人無欲愛。
十一、人人遂住於涅槃。
十二、諸弟子、羅漢無數。
十三、自然光明無量。
十四、壽命亦然。
十五、國人皆無量壽。
十六、國人無惡心（阿閦第二）。
十七、十方諸眾生聞我名，願生我國。
十八、住清淨心而念我者，我與弟子共來迎。
十九、雖是惡人，聞我名而懺悔者，生於我國。
二十、我國諸菩薩悉得一生補處之位（次生成佛的資格）。

二十一、國人三十二相悉具足。
二十二、供養諸佛資糧自在。
二十三、飲食自在（阿閦第十二）。
二十四、我國土諸菩薩無論說法或修行，悉如佛陀。

（《大正藏》卷十二，二八一頁）

相較於前十八願，表面上看來兩者相符的僅五、六條，然精神上大致相似的相當多，此乃不爭之事實。不只如此，徵於支謙譯的二十四願說，大體上與《平等覺經》所揭，既有相同，也有相異，更且其中有所謂國土清淨願（阿閦第三與第四），女人變生男子願（從阿閦第十四發展的）等，阿閦十八願與彌陀二十四願的連絡性更為明顯，彌陀的二十四願是利用阿閦的十八願而成立，已是無可懷疑之餘地。此兩者的差異在於阿閦佛國土可說是道德的、文化的，而彌陀的極樂世界則加上藝術性與宗教性（他力的）；前者是現實的，而後者則是完全被理想化。推出彌陀佛之所以，不外於藉以超越阿閦。此即阿彌陀思想興起後，阿閦的勢力次第衰弱，爾後作為阿閦的變形，改推藥師，藉由與彌陀信仰調和，圖其復活之所以。

九、《大品般若》的三十願說

如是，阿彌陀的信仰是意圖止揚與超越阿閦，但本願思想的進展絕非僅止於此而已。相對於阿彌陀本願的顯著他力性，為支撐自力的阿閦本願，遂興起超越彌陀二十四願的運動。此即《大品般若經》

（《大品般若經》第二分＝二萬五千頌的《放光般若》＝《光讚般若》＝羅什譯二十七卷《摩訶般若經》等）所見的本願思想。《大品般若》無疑是《小品般若》的增補擴大，但至此之間，無論阿閦思想或彌陀思想，都以大乘的根柢作為其基礎背景，但為支撐具有密切關係的阿閦思想，更且為確保其自身的優越地位，故特設關於本願的一品，企圖超越二十四願說。

《大品般若》中，特別揭出本願的是「第五十八夢行品」（依據羅什譯），從經典的體裁看來，無可懷疑，這是拓展《小品》的「甚深義品」之內容而成為獨立的一品。亦即大體上是繼承《小品》的對應六波羅蜜而立六願，此外更加上二十四願而成為三十願，為建立淨土的菩薩所修的本願即此。依例揭其內容如次：

一、衣食及其他資生具充足（《阿閦》十一～十二；《彌陀》二十三）。
二、無病弱者，只有健康者（《阿閦》五）。
三、國人相互如父母兄弟。
四、國人於三乘法精進得脫。
五、國人的精神統一，悉住於正念。
六、無邪見，住於正見（《阿閦》九？）。

——以上是對應六度的，大體上與《小品》的六願相同——

七、眾生於涅槃是正定聚者（《彌陀》十一，必至滅度之願）。
八、無惡道（《阿閦》一；《彌陀》一）。
九、地清淨（《阿閦》三；支謙本《彌陀》三）。
十、黃金爲地。
十一、無欲愛、戀著心（《阿閦》七，《彌陀》十）。
十二、無四姓的區別。
十三、眾生無上中下的區別（合以上二者而形成《彌陀》四？）。
十四、眾生之間無色相之差異（《阿閦》六；《彌陀》三）。
十五、無王者之號，只有法王（《阿閦》十八）。
十六、無五趣或六趣。
十七、無四生之區別，皆悉化生。
十八、國人悉得五通（《阿閦》五～九）。
十九、國土無大小便之患。
二十、光明無量（《彌陀》十三）。
二十一、無日月歲時之名（《彌陀》十五？）。
二十二、壽命無量（《彌陀》十四～十五）。
二十三、皆悉具足三十二相（《彌陀》二十一）。
二十四、以所植善根供養諸佛。

二十五、無三毒四病。
二十六、無二乘，一切歸入純一大乘（《彌陀》二十四？）。
二十七、國土中無增上慢人。
二十八、光明無量、壽命無量、弟子數無量（《彌陀》十二～十四）。
二十九、國土廣大等合無數佛土。
三十、達觀生死悠久，實無生，亦無解脫。
（羅什譯，《摩訶般若經》第十七卷；《大正藏》卷八，三四七～三四九頁；無叉羅譯，《放光般若》第十三卷；《大正藏》卷八，九二頁。）
補充：《大品般若經》的「初分願行品」同樣是三十願。

相較於先前的《阿閦》十八願、《彌陀》二十四願，如括弧內之所顯示，採用兩方皆有的，有五條；只採用二十四願說的，有十二條；只採用《阿閦經》的，有三條。亦即大體上二十四願說採用最多，據此看來無可懷疑，此是直接從二十四願說發展出的本願。從其他方面看來，例如無王者之號，也是採用自阿閦本願所獨有，又從略去二十四願說中的他力主義之本願看來，此《大品》的三十願，如前所述，是意圖超越二十四願說，更且是從般若的立場，意圖建設妙有方面的產物。尤其其第三十願的強調見生死一如的思想，最能傳述前揭消息。

十、《無量壽莊嚴經》的三十六願說

《大品般若》揭出三十願說，意圖超越以彌陀為中心的二十四願說，相對於此，意圖再超越三十願說的是從彌陀信仰所提出的。在文獻上，應此要求而出現的是法賢所譯《無量壽莊嚴經》（三卷）的三十六願說，此經是於宋代譯出，譯出年代（A.D.982 ∫ 1001）雖晚於魏譯（康僧鎧譯，《佛說無量壽經》）、唐譯（菩提流志譯，《大寶積經．無量壽如來會》）的四十八願說，但從本願數目的性質看來，其原典無疑是成立於四十八願說之前，但一直未被翻譯問世。相較於先前的二十四願說，雖增加了十二願，但並非一蹴即成，其間先經由《大品般若》的三十願，是在三十願之上，再增加六願而成，此若對照先前所見的進展，應是無可懷疑。

若是如此，此三十六願說所增加的是何等條項？恐過於繁瑣，筆者將略去其一一比較之手續。若就其結論而言，大抵如次：

（一）意在超越三十願說，但內容上沒有特別利用般若的表現。此因相對於般若特有立場的自力性、道德性，彌陀系統是他力性的，因此不能採用先前企圖超越二十四願的部分。

（二）三十六願說所增加的部分，從四十八願說看來，是第二十六那羅延身之願以後的部分。亦即主要是讚嘆名號功德的部分，因此力說般若三十願說故意省略的方面，並予以擴展。

據此看來，雖然意圖超越三十願說，但在性質上，與其說是止揚性的作用，不如說是朝與此無關的特有層面推進。若與爾後的四十八願說對比，欠缺最重要的念佛往生願，故不免流於不澈底。

出現於三十六願之次的，順序上是四十二願說。此四十二願說若能在般若部系或阿閦佛系的經典內發覺，將為出自相同潮流，但稍向不同方向推進的兩種系統在所立的本願數上互相較勁之事實，提供值得注意的材料，可惜的是，如先前所言，筆者尚未發現任何系統所屬的四十二願經，故誠屬遺憾。筆者先前曾指出梵本"*Sukhāvatīvyūha*"（《大無量壽經》原典）的願數為四十二，但爾後筆者發現自己所擁有的梵文原典其缺頁的地方恰巧是在第四十二願的結尾，由於此一疏忽而認為梵本願數有四十二，實屬不該。亦即含有四十二願文的經典筆者未能得見，在此訂正。

十一、《大無量壽經》的四十八願說

四十二願說之後的四十八願說，無庸贅言，乃是最為完整的彌陀本願。此即所謂的《大無量壽經》（略稱大經，魏譯，康僧鎧本）以及《大寶積經．無量壽如來會》（略稱寶積經本，唐譯，流志本），前者相傳譯出於西元三世紀（二五二年），後者譯出於七世紀末至八世紀之間（六九三～七一三年），前者有頗多在中國修改潤色的痕跡，因此真正能作為梵典之代表的是寶積經本。

四十八願的順序以及內容方面，兩本大同小異，無論依據何者皆無差別，因此基於方便，此下將依據康僧鎧所譯的《大無量壽經》，並參照唐譯以及原典進行探討。首先的問題是，現今吾等所見的梵本《大無量壽經》的願數，大體上是近於四十八願本，但願數只有四十六條，並沒有遵守以六為單位的約束。坦白說來，筆者對此雖是煞費苦心，但仍無法給予適當的解釋，最後只好便宜推定——從三十六願說進展至四十八願的過程中，梵本《無量壽經》的編輯者忘記過去的約束，以為列出四十六願數就已足夠。此因得以確定是四十八願說的，並不是魏譯的原本，而是唐譯的原本，可以說其成立時期相當晚，因此這之間有種種的變動，在變動中，有所謂的未定稿被保存而至今日。總括來說，雖有四十六願本存在，但彌陀本願最為完整，從前述的開展狀況看來，應是四十八願說。

若是如此，四十八願說的特質又是如何？首先從最初的二十四願說探求，大體上是同於《平等覺經》的二十四願，但最能發揮其顯著特質的，即是十念往生的思想。茲依梵本所載，譯出其全文如次：

若我成就菩提後，無量無數佛國土內眾生聞我名號，發欲生我國土之心念（citta），迴向諸善根於彼，至少十念發動相續（daśabhiścitta-utpādaparivartaiḥ）若不生我國土，我則不證得無上正等覺。唯除犯無間業，以及造作毀謗正法之障礙者。

（梵本第十九願；魏譯第十八與第二十願；唐譯第十八願）

藉由念彌陀名號而得以往生，自二十四願的時代已有之，但強調僅十念相續則是首見，在所謂的他力易行道上是一大進展，成為四十八願說之重點。尤其魏譯本所載的第十八願是「至心信樂，欲生我國，乃十念至云云」，強調專念即是往生之因，此句是原典的正當翻譯與否，學者之間雖有異論，但此十念是梵本原典與魏譯、唐譯共通，作為他力本願的根本基調，在淨土教最受重視。但此本願最應予以注意的是，排除無間業者（犯五逆罪）與誹謗法者，亦即對於往生者給予道德的限制。先前的二十四願說或三十六願說皆無此說，反而二十四願說中有「縱使前世造惡業，若能念佛懺悔者，亦得以往生」（迦識譯第十九願，支謙譯第五）。此雖是相當的他力且是易行，但有欠缺倫理的精進之虞，再從純粹他力的立場而言，也欠缺澈底，此乃是不爭之事實。將此與先前的惡人往生願結合，朝向純粹他力之本願推進的是，經由法然而由親鸞成立的淨土教，就此而言，法然與親鸞，尤其親鸞的他力觀可以說是超越《大無量壽經》。縱使附加一定的條件，依十念相續的念佛而往生之願，是直至四十八願說才完成，因此，此乃是四十八願說的最大特長。

如是，在初始的二十四願內，發揮從前二十四願說（三十六願說同樣）所無特質的四十八願說，於其後半的二十四願更加上超越三十六願說的新條項，令極樂世界更為圓滿。四十八願若一一述說，恐過於煩雜，故僅揭其後半的二十四願如次（編號依據魏譯與唐譯）。

一〜二十五、雖有些微差異，但大體上同於《平等覺經》的二十四願。

二十六、國人悉皆那羅延身（宋法賢譯三十六願說之第二十二願）。

二十七、國土的形色極其嚴淨。

二十八、任何人皆得見廣大菩提樹。

二十九、國人悉得四無礙智，自由說法（吳譯十八，宋譯二十三）。

三十、國人的智慧辯才無礙。

三十一、國土平坦清淨如鏡（吳譯三，宋譯二十五）。

三十二、國土內妙香充滿（宋譯二十四）。

三十三、依佛陀之光明力，諸土人人身心柔軟（宋譯二十六）。

三十四、依聽聞名號，任何人皆得離生與總持。

三十五、依聽聞名號，女人得以轉爲男子身（宋譯二十七）。

三十六、依聽聞名號，人人修梵行皆得成佛（宋譯二十八）。

三十七、依聽聞名號，修菩薩行必受天人尊敬（宋譯二十九）。

三十八、國土中人人衣服自然成就（宋譯三十）。

三十九、生我國土者身心自然清淨悅適，如解脫者（宋譯三十一）。

四十、國人於其寶樹間，得見無數他佛國土。

四十一、國人悉諸根具足，無有不具者。

四十二、聞我名號，他土眾生得善分別勝三昧（suvibhaktavatīsamādhi），得見十方佛（宋譯三十二）。

四十三、他土眾生聞我名號，生生世世生於尊貴家。

四十四、他土眾生聞我名號，可得努力歡喜與修行之一致（宋譯三十三）。

四十五、聞我名號者得普至三昧（samantānugatasamādhi），瞬時得供養十方佛（宋譯三十四）。

四十六、我國土眾生隨其志願所欲聞法，自然得聞（宋譯三十五）。

四十七、聞我名號者，不問我國他國，必得不退轉位（宋譯三十六）。

四十八、聞我名號者必得無上法忍，到達三寶之眞理（宋譯三十六）。

（參照南條文雄《佛說無量壽經梵文和譯支那五譯對照》，九七頁～一○○頁；《大正藏》卷十二，二六七～二六九頁）

先前所省略的三十六願之名目，今列之於括弧內，更且揭出二十四願說以外，直至三十六願所增加的部分，至於沒有列在括弧內的是直至四十八願說才增加的。據此看來，四十八願中，其後的二十四願大體上是三十六願說之延長，但對於他土眾生強調名號稱念的功德，則是超越三十六願說，以及一一詳述淨土完備的文化設施，可以說四十八願說較前者更為推進。

要言之，此四十八願說一方面定下他力本願的基調，另一方面則致力於淨土的理想化，而且對於吾等（所謂他土眾生）強調念佛稱號的功德，揭示與彌陀淨土的聯絡，可以說是其最大特質。

就其背景而言，當然是含有從前彌勒、阿閦的淨土觀，此外，雖沒有明文，但仍含有當時一般所流行的諸神淨土思想，並予以精鍊。同時在本願數方面，乘著從《小品》六願出發之趨勢，無論屬於相同系統的二十四願或三十六願，或不同系統的十八願以及三十願皆予以利用，乃至予以超越。此即至少在文獻上，此四十八願說居於本願最上位之所以，爾後雖也興起釋迦五百願等，但終究不如四十八願說的勢力，理由即在於此。雖然如此，但若從種種立場作思想推進時，此四十八願說仍有種種的不徹底，簡言之，此徵於先前所觸及的他力本願（念佛往生願），即得以知悉本願思想之所赴不應僅止於此。爾後在印度依種種立場，出現其修正意見的大小本願經，其因於此，尤其中國與日本的淨土思想家提出與其說是修正，不如說是救釋，努力求其澈底的理由，也在於此。

十二、關於本願數目的結論

上來追隨本願思想的主要潮流，探察其開展次第。但關於佛教本願的文獻絕非僅僅如此而已。相對於以上的主要潮流，或作為旁系，或作為後繼，提出種種本願說，此如前述。彌勒的本願或文殊、普賢的本願，乃至觀音、藥師的本願即此，尤其《文殊師利佛土嚴淨經》二卷（西晉竺法護譯），顯然含有阿閦、阿彌陀本願的成分而意圖超越之（雖沒有成功）。此外，與本願思想關係深厚的是《悲華經》，就某種意義而言，此可說是本願叢書，全經匯集從前的種種本願，且某種程度的予以調和。所謂的釋迦五百本願也出自於此中（所謂的五百本願，恐是將《本生經》所揭的五百則本生，一一視為本願）。因此若欲窮盡的研究本願思想，應涉及此等文獻，研究其相互關係，此固然無庸贅言。但無論如何，無論從氣魄上，或數目的規定上，此等不具有與主要潮流一貫的精神，此乃是不爭之事實。此乃筆者在本論文不重視此等之所以，但若就部分而言，此等得以補足主潮流之不足，因此在其次組織的研究中，將某種程度的予以利用，在此預作說明。

茲將上來所述的本願思想開展，歸納成如次數項：

（一）本願思想的大為發展是從大乘開始，然其起源之萌芽已含於原始佛教中，尤其與本生譚有深厚關係。

（二）從本生譚開展出六波羅蜜思想，對應六波羅蜜，興起六願之思想。

（三）以六願思想為原型，般若教系與淨土教系交互開展其本願數，逐次增加六願，最後所到達的淨土教系的四十八願是其頂點（就此而言，可以認為本願思想的發展也是採用阿毘達磨的數目累進法）。

（四）從思想內容看來，初始主要是消極以無罪過與困苦為其目標，但次第予以積極化，以文化的、道德的、藝術的完備作為本願的內容。

（五）本願不外於是淨土建設的方針或圖案，因此所謂本願思想的開展，不外於是佛教理想的國家觀之發展。

第三節 ◆ 本願思想在道德上、文化上、宗教上的意義

一、本願思想的三種看法

所謂本願，主要是誓願成為覺者，更且於自我完成之外，也意圖令他人成為覺者，亦即意圖於全世界實現理想社會的願望。種種本願不外是從四面八方具體規定此理想社會的條件，此如前述。可以說此乃是一種烏托邦的憧憬，痛感人類所住的現實界的不完善，雖是空想，但就定下一種理想鄉而言，仍可能是一種令人類得以向上發展的動因，因此吾等從中得以發見最高文化的指導精神。但應予以注意的是，在構成本願時，是意圖於他方佛土實現，或在此土實現看來，宗教的理想以外，也含有存於此中文化意義的希望。總之，筆者先前急於述說本願的歷史開展，欠缺組織性的考察其思想內容，故此下將使用前述材料，但主要是從二、三種立場探究本願思想所含完善社會狀態的佛教之理想。基於方便處理，將從道德、文化（狹義）與宗教等三種立足點，探究應如何理解本願思想的意義，才是契合佛教精神之所以，並以此作為本論文之結論。

二、道德方面

筆者無意述說宗教與道德的根本關係，但總括來說，佛教自初始就是倫理色彩最為濃厚的宗教，此無庸贅言。路易斯戴維斯教授與奧登堡教授將佛陀的最初說法，亦即術語所說的「轉法輪」（dhammacakka-pavattāna），英譯為「正法王國的建設」，從種種方面看來，可以說是最堪玩味的翻譯，

實際上佛陀作為法王，意圖建設正法王國，且極力推進正法王國的理想，更且作具體描繪的，即是淨土。此因淨土雖有種種特相，但最為顯著的是，道德的秩序完備。此從本願主的佛菩薩名目得以知之，彌陀的前身 Dharma-ākara，其字義是「給予法的」（翻譯成法藏或法作），阿閦（Akṣobhya）是「不動」之義，彌勒（Maitreya）是慈悲之義，可以說都是以道德的秩序或道德的情操表徵其本願。若從本願內容來看，任何的本願其消極面是令無惡事；積極面則是眾人共同進德，淨土的第一條件是實現道德的社會，此乃不爭之事實。

因此，首先從統治體的立場見之，大乘佛教以令全宇宙成為一法界為其理想，此無庸贅言，但若就前揭本願見之，淨土絕非獨一無二。西方有極樂世界，東方有阿閦佛土，顯然有相對的淨土存在，但各淨土之間也有親密的關係，以不斷地互相交涉宗教道德作為理想。此從種種經典中，某一佛土若有任何重大盛事（大抵是說大法），必有他方佛土派遣使節之記事得以知之，尤其彌陀的四十八願，其第二十三（梵本二十一）有供養十方諸佛之願，其第四十願（梵本三十八）有見十方諸佛國土之願，其第四十二與第四十五（梵本的四十與四十三）是入禪定見諸佛且恭敬此等諸佛之誓願，凡此皆顯示藉由與他方佛土連結的關係，作為淨土之間的理想特態。雖有對立的種種淨土，但從本願的精神看來，此等只是行政的區劃而已，其間雖多少有文化特色的差異，但相互間不存在任何衝突，此無庸贅言。爾後的密教以大日如來為中心，統一諸佛諸土，成為一大曼陀羅（大國土），主張無論西方國土或東方國土，不外於曼陀羅會中的種種相，即是前揭關係的極度開展。

總括來說，表面上實有種種佛土對立，若是如此，其統治者是何人？無庸贅言，是其淨土的建設者，建國精神之權化的特定佛陀，例如極樂世界是阿彌陀，妙喜國是阿閦佛之類。更且一淨土必由一佛支配，其間無二佛並出，乃是各淨土的共通規定。此因各種淨土其根本精神（總願）一致，但分成種種之所以，在於種種的佛陀分別以其特定的別願建設其佛土，因此不同別願的二佛絕無並立之餘地。就淨土的性質而言，絕對不允許如世俗王者參預淨土之統理。以阿閦本願（第十八）為首，《大品般若》的本願（第十五）清楚明言淨土無王者之號，只有法王，其因在此。前述的結論，看似極為簡單的論理歸結，但若就事而言，在歷史上有其一段過程，故此下稍作說明。

首先從一佛的思想言之，從原始佛教至小乘佛教，雖承認隔時繼起的種種佛陀，但同時無二佛並出，是其佛陀觀的一大特徵。大乘佛教則依據前述理由而承認同時存在的諸佛，更且彼等相互有交涉。但此等佛陀若統治及教化同一國土，由於佛與佛之間有某種程度的差異，可能有衝突生起之患，更且若一切佛全然同一，則無立種種佛陀之必要。如是，最後所到達的結論是，前述的諸佛在總願上一致，但在別願方面，各佛土只有一佛，可以說既應用小乘的一佛主義，但也守住多佛主義。其次就排斥王號的經過見之，徵於歷史事實，阿育王時代除外，一般說來，印度的政治是群雄所制，彼等自稱為王，然行王道者少，大抵以自己的利益與權勢為重，不顧人民休戚。從而人民對於王，與其說是思其恩惠，不如說是畏其加害，佛典中於火難、水難、賊難之次，屢屢揭出王難的理由也在於此。作為其補償而期盼的，即是轉輪王，亦即能以正法為權威，平和統一天下，令百姓安居樂業的理想聖王。此理想也被佛教採用，例如先前所述的轉法輪之用語，實由此轉輪王統治狀態所導出，換言之，將轉輪王以正法統轄四海的理想應用於精神界，正是佛陀的使命。淨土的法王思想實是此精神的人格化，因此，不只是小王，連輪王也予以超越的，即是令無王號的本願。進而將此精神回歸於此世，應用於政治上的是印度的阿育王，以及中國、日本佛教帝王的理想。尤其是日本，上宮法王太子將大乘佛教的精神視為政治要道，聖武帝以華嚴的無盡緣起當作政道精神，無非是努力將此法王的理想於此世實現。

其次，就受此法王統治的國人道德狀態見之，當然是在所有方面道德完善，至少是向最完美的境界而努力的團體。此因法王並不是以額外或外在的法律統治，而是作為最高的完美主義者，也作為精神導師率領一切人成為完美者，因此若無道德的（宗教的）完美，淨土則無存在的意義。

從而人民相互的關係——此中無先覺與後覺的差別——在佛與法之前完全平等，世間所見的差別完全不存在。尤應注意的是，種種的本願強力主張人種平等，廢除階級。阿閦第六願令我國土無惡色者，《大品般若》第十四願國人色無差異，《大經》第三願令悉皆金色，皆出自同一主意。總括來說，除去膚色的人種偏見，所謂的人種平等是在淨土實現。又，《大品般若》第十二至十三願的令無四姓區別、無上中下區別，與《大經》第四願令無天上人間的差別，也有相同趣意，亦即不外於是與廢除階級有關的本願。從而淨土中，無黃、白、黑的人種之爭執，也無階級的鬥爭，民心自然融合一致，彼此如父母兄弟（《大品》第三願），於平和中，共同樂道，共同精進於道。尤其在淨土中，生存是客觀的既定的事實（衣食住自然成就願），同一法王所統治，故無異端邪說（阿閦第九願），免於經濟的不安或思想的分裂，所有人皆平等。關於語言方面，前揭的本願對此沒有特別明文，但若從彌勒下生時，此世「言辭一類，無有差別」（《增一》第四十四卷第三條）看來，淨土中顯然沒有語言不同的困擾，此無庸贅言。

上來所述雖是空想，但若思及印度因人種、階級（四姓）與語言等方面的區別，民心不得一致，佛教提出此等理想，其深處實含有對於當時社會的一種強力的反抗思想，此不能忽視。

依據佛陀所述，創造前述理想社會之原動力，固然在於佛陀的本願力，但不可忘記的是，也與社會的各人謙遜（《大品》第二十七願）；無私欲（同上第十一願、阿閦第七）；住於正念（《大品》第五～六願）；常精進，令其心與最高理想相應的自我反省有關。甚至從某種意義而言，佛教的淨土觀是以自己的清淨作為基礎、作為出發點所構成，隨時隨地，自己才是世界的基調，即使是本願，也是如此。

要言之，淨土的理想是從道德的立足點出發，以人格價值的平等為基礎，先覺者與後覺者以及後覺者的同志，結合而成具有正義、慈悲與精進的統制團體。此從一方面而言，是到達圓滿的狀態，但若從以無窮的完成為理想的立場而言，淨土也是修道的道場。此徵於任何本願無不以淨土的修德為重要條件得以知之。就此而言，當時印度教諸派的神土觀主要將此視為享樂場所，而佛教的淨土觀最大特長在此，稍後將就此再作論述。

三、文化方面

淨土不只是道德完善，生活的文化設施方面也相當完善。此乃是伴隨本願思想的開展而逐漸明顯表現的特質，此中含有類似近代文化設施的構想，頗值得予以注意。恐是如同道德方面是現實上的不完美之所激發，但由於是從現實生活中積極的擷取材料，故其理想得以實現的也不少。

首先從全體國土之相看來，淨土的領域極其廣大，此以《大品般若》（第二十九願）為首，諸本願所述皆同。其任何方所嚴淨豐饒，四時皆是快適之地，乃是稱為樂土之所以。就此而言，佛教的淨土觀無大異於婆羅門教的淨土觀，但若從文化的見地看來，佛教淨土觀的特徵之一，是對於國土的道路特別注意。《彌勒經》所描繪「土地平整如鏡」，彌勒下生時的道路狀態，爾來由《阿閦經》等諸經繼承，特別納入本願中，以種種的表現法述說。或謂「地平清輝如鏡，且有彈力」（《阿閦》第二願，《大品》第九願，《大經》第三十一願等），或謂「黃金為地」（《大品》第十願），或謂「如步於絨毯柔軟且有彈力」（《阿閦》第四願）。其他有關國土的形容，皆與道路有關，此因道路平整，兩側種植行樹、諸處掘井等等，乃是釋尊所舉薦於民眾，此傳統的精神在淨土中被具體化，作為佛教如何注意交通之佐證，可以說是富有價值的本願。

如是，對應土地之快適，住民的衣食住行也是極為完備，此無庸贅言。由於土地豐饒，故衣服或飲食方面皆無勞成辦的，即是飲食衣服自然成就願（《阿閦》第十一至十二願，《大品》第一願，《平等覺經》第二十三願，《大經》第三十八願等）的精神，換言之，作為客觀的既定事實，人人愉快的生活，經濟狀態高，乃是淨土的特相。尤其住宅方面，以堅牢、美觀與便利兼具為理想，諸經文極力述說。從而其內部的設備亦極盡精巧，此固然無庸贅言，若就文化的見地看來，極堪玩味的也不少。首先就燈火設備而言，是光明無量願（《大品》二十八，《大經》第十二願等）；對於給水的設備是八功德水願（《阿閦》第十四願），無論是水，或火，或光，都很方便，尤其是汙水的處理。《大品般若》第十九願的「令我國土之人無大小便之患」，看似空想，但若更加深究，此完全是汙水處理理想化的表現。此願的背景恐是彌勒下生的「爾時男女之類，欲大小便，地自然開，事終之後，地亦還合」，可以說簡直是抽水馬桶的預想。「無大小便之患」的本願，其真意是無有關大小便處理之患。距今二千多年前，作為淨土的特相能慮及於此，就某種意義而言，實令人驚嘆。

至於通信機關或交通機關的外在設備，就筆者所知，本願沒有明文，但應此要求之活用絕不能忽視。此即五通的本願（《大品》第十八，《大經》第五至九），所有的住民悉得天眼、天耳、宿命、他心、神境等五通。所謂天眼通，是無論遠方或微細之物皆得以見的眼力；天耳通是能聽聞遠方音聲之力；宿命通是能知過去之力；他心通是能知他人心意之力；神境通是能自在飛行之力，亦即相當於今日的電信、收音機、飛機、火車、汽車，乃至依諸種科學設施而獲得的妙用。兩者的差別是，今日所見的是藉助於外在設施，而本願是求之於眾生的內在力，雖是空想，但至少此間潛藏著文化的要求，此不能忽視。

如是，利用前揭的狀態或設備，住於淨土的人，如前所述，獲得衣食住的滿足，此無庸贅言，此外又免三毒四病之難（《大品》第二十五願），諸根具足，無不具者（《大經》第四十一願），皆同一色，具三十二相（《大品》第二十三，《大經》二十一願），具有雄大堪比擬那羅延神之身（《大經》第二十六願），壽命無量（《大品》第二十一至二十二，《大經》第十三、十五願），享受生活，品嚐法喜禪悅。

要言之，從文化設施的立場而言，本願所嚮往的淨土是藝術的，同時也可以說，科學的應用最進步。看似只是空想，但若仔細探究，都是對於實際生活所提出的發想，應予以注意的是一切的發想，今日已逐漸可見其實現。佛教認為如此理想的狀態不容易於此世實現，作為補償，是在他方佛土求之，雖然如此，但原先既是現實理想生活的投影，故有必要回歸於生活，就現實生活作解釋，同時進而努力令其實現，此乃是信此本願者的義務。總括來說，向來習慣於一切皆依觀念為主的佛教——當然，以心為主是佛教本來的立場——隨著本願思想的開發，透過物質而將觀念往實在化的方向擴展，乃是本願思想的特質之一，此應當注意。

四、宗教的立場

如上來所述，本願有道德面與文化面，無論如何，其中心是對宗教要求的滿足感。無論是道德的完善或文化的完善，必須納入宗教的要求中，在本願的體系才有其地位。因此必須述說宗教的要求是如何，但今已無暇詳論，僅揭出其結論，揭出與此相關的本願意義。

如筆者屢屢所述，宗教的要求從心理方面看來，是由二種要素成立。其一是對無限生命的憧憬，另一是求解脫之心。對無限生命之憧憬是以生存的意志為出發點，追求生命無限的持續與自由永不歇止之心；解脫的欲求是指痛感現實界內外的必然壓迫，迫切要求自己從現實的束縛解放。兩者都是發自生命內部，但其一是積極的，另一是消極的。然此兩種要求絕非毫無關係，其核心必須是相互補充，才是真正的宗教要求，是立於離此則他絕對不能生起的關係。某特定的宗教著其表象之衣，依種種理由而產生著重於積極面或消極面的差別，然仍以內在的一體不離作為其宗教心之特徵。

如是確定宗教的要求而徵於本願思想時，其大主意完全滿足此兩種要求，此若稍加注意閱讀本願條項，相信任何人都容易發見。尤應注意的是，隨著本願思想的開展，其外在逐漸從消極（解脫）轉為積極（無限生命），但內在卻牢記不忘，且隨時準備再予以表面化。亦即如前所述，初始在本生譚中，主要是以從罪惡、苦痛解脫為其本願；《小品般若》則一半以解脫為目標，一半以積極的生命活動為目標，而《阿閦》、《平等覺》、《大品般若》、《大無量壽經》則是潛藏消極面，呈現出積極面，但無論任何，強烈的解脫感是其根柢，此乃是歷史事實。若用術語表現，初始著重於真空，是本願的主意，但逐漸開展出妙有的方面，而真空妙有不離乃是大乘的立場，因此兩者只是表裏之別。

如是，本願於表裏兩方求其宗教要求的滿足，但無論如何，其顯著的特質在積極面，亦即滿足無限生命之要求的方面。此一思想雖早已含藏於原始佛教中，但將之提出於表面，在佛教思想史上是經由長久思索後，才被本願化的。本願的條項中，發揮此特質者有種種，但最顯著的是壽命無量、光明無量之願（《平等覺》第十三至十五，《大品》第二十至二十二，《大經》第十二、第十三與第十五願）。壽命無量願，無庸贅言是對於無限持續的要求；光明無量願是對於生命力最充實之當體，兩者的結合正是出自對於以無限的持續與自由為屬性的無限生命之要求。此願是在淨土實現，因此對於相信能給予其本願力的人而言，於此中能生起絕大的安慰、歡喜與安心，此即是宗教機能的核心。在解脫的妙樂之外，至少表象上燃起與被積極化的絕對者（亦即佛），在彼岸融合的希望之中，存有關於無量壽、無量光的本願之宗教價值。但在本願思想史上，無論《小品般若》或《阿閦經》尚未明文，直至「阿彌陀二十四願經」才明白用以作為本願項目，就此而言，無可懷疑的是，以彌陀為中心而發揮的思想。願主法藏菩薩所以獲得含有無量壽（amitāyus）與無量光（amitābha）的「阿彌陀」（＝無量）之名，絕非偶然。但實言之，此乃是至法藏本願才被明白且有意識的提出，由於內容通於一切本願，故若從爾後以真空為主的《大品般若》也採用看來，總括來說，任何人皆能成阿彌陀佛，應是本願共通的重點。

人人皆成為阿彌陀佛，乃是貫串所有本願的大主意，若是如此，如何才能成為阿彌陀佛？換言之，究竟是在於自我精進，或是由既已完成的絕對者的彌陀所救？亦即是自力或他力？就歷史而言，可以說此中也有前文所述的變遷，總而言之，從本願主而言，淨土的建設固然無庸贅言，其支配皆是自力精進所致。然其淨土之建設並不是為自己享樂，而是為導引眾人，因此至少就吾等而言，本願的價值在於他力。據此推進的，即是彌陀的本願，稱名念佛及於十念，即獲得濟度，就某種意義而言，此乃是最為簡單、最容易實行，所謂的他力本願即此。但若認為絕對無條件的濟度是本願的主意，至少文獻上而言，此說過於草率。如前所述，他力方面最為精練的魏譯第十八願指出「除五逆罪誹謗正法」，即使此等依至心懺悔得以濟度，但仍須精進懺悔。縱使是本願力所致，無須所謂的五體投地的懺悔，但至少也要有完全信受彌陀本願的泯沒自我的謙讓心。若連此亦不必要，則文獻上將無任何本願的條項，但若無此，就宗教而言，反而較為適切。但說為救度，說為不思議力的，畢竟仍是自覺，是反省，是神祕的直觀，沒有自覺或反省的，或直觀的，其內在生活只是空名。此即以他力主義為特質的本願內，仍有自力的要素，在泯沒自我，破除我執之殼的心態下，本願力才作為神祕的直觀而作用，此徵於至心信樂欲生我國之說，將是無可懷疑。況且說為他力本願，主要是用以作為進入淨土的手續，進入淨土後，以淨土為道場，依循道場主的教導，過著歡喜與精進的生活，自成正覺（自成彌陀）之前，絕不歇止的是淨土內的修行，無論去到何處，都不捨離自修，至少就文獻而言，此乃是本願的主意。若徵於印度教，十二世紀開創的羅摩笯闍（Rāmānuja）派其後分成二派，其一稱為猿仔派（猿說），另一是貓仔派（貓說），猿仔派主張獲得神救度的條件是猿仔緊抓母猿身體，片刻不離，故可以說是條件派；貓仔派主張神救度人時，如母貓銜其仔貓，運至安全地帶，是絕對無條件的。若將此移至今之問題，從經典自身的立場而言，本願的主意顯然是猿仔派。而將此推進至貓仔派的是親鸞的本願說，恐是將先前的心理層面改成論理的，但若直接體驗言之，泯沒自我的修行是其先行條件，此徵於親鸞說為「信心為本」，即可知之。

五、佛教教學的立場

以上三項，主要是在探察本願思想的意義。但從佛教教學的立場看來，仍有諸多必須論究的問題，此下就其主要的二、三項見之。如前所述，淨土是樂所，但從另一方面而言，是修行的道場，因此，首先的問題是，淨土內的居民都是修行者（聖者），或者也有在家人（凡夫）？此因就修行的立場而言之，佛教將所有的人分成外道與內道，內道又有信者（信男、信女）與出家者（比丘、比丘尼）之區分，漸次往上推進，相對於此，淨土內的狀況又是如何？徵於種種的本願條項，在性質上，淨土沒有外道異學之徒，此無庸贅言，但關於凡夫與聖者，則依本願體系與淨土觀而有差別。若就歷史而言，此間實有發展的痕跡。被視為於彌勒下生時代出現的樂土（此大致是最早的淨土觀），是以此世界為舞台，其住民也都是凡夫，經彌勒龍華樹下三次說法才成為聖者。進一步來說，於他方探求淨土的是阿閦佛土，在此土中，因於本願力的法爾功德，因此一半是聖道行者，另一半是在家者，更且此土有夫妻生活，可以結婚生子，此徵於「婦女貞淑，生產時極為平穩」之說，得以知之。更且教化彼等，向究竟而邁進，是阿閦佛的任務。進而在《大品般若》以及《阿彌陀經》的淨土觀中，已無婦人（轉為男子），從而無夫妻之道，出生皆悉化生，都是專注於精神生活的修行者集團，此依其本願條項即可知之。如是，就此淨土觀發展的次第見之，初始是在凡夫土，教化彼等，令趣進聖道是其主意；其次是在凡聖同居土，教化彼等成聖，且更令向上；最後則是只有聖者，亦即將彼等引導至於究竟是其主意。此乃是歷史開展的次第，同時從另一方面而言，由於將淨土視為修行道場，因此也可說是淨土的修道進展階段。

如是，淨土的理想是將一切導向聖道，依據佛教所述，聖道有三種，也就是所謂的菩薩乘（佛乘）、獨覺乘、聲聞乘等。菩薩乘是指立下成佛，建設淨土，以濟度眾生為目標而修行的聖者，故又可名為佛乘；獨覺乘（緣覺乘）是指其內在的悟等同佛陀，但欠缺淨土建設的聖者；聲聞乘是指作為佛弟子依修行、且以入涅槃而長久休息為目標的修行人。此三乘同樣是聖道，但至少在作用上，有價值性的階段，菩薩乘最重，獨覺乘次之，聲聞乘最低，此至少是大乘宗（以菩薩為理想的教派）所說。如是，與此相關而生起的問題是，三乘各別是佛教的本旨，或者三乘的區別只是暫時，最後一切歸入佛乘（一乘）才是佛教的本旨。從某種意義而言，此至少是大乘佛教產生分歧的問題，例如《法華經》即是為力說一乘真實之旨而成立。問題是，淨土內的聖者是三乘中的哪一乘？換言之，三乘各別教導是本願的主意，或如《法華》的令歸入一佛乘是淨土修行的目標？

大體而言，本願思想原以菩薩思想為中心而發展，本願的大主意必須歸著於令一切歸入一佛乘。但實際上，在到達其結論之前，不免相當曲折。此因獨覺乘猶可視為無足輕重，聲聞乘是就現存的教團（大乘宗稱此為小乘）為目標而提出的，任何淨土若忽視之，則不能說是聖眾俱會。就某種意義而言，淨土的理想是僧伽（教團）理想化的擴大，居於僧伽中心的弟子眾（聲聞）不能被排除於淨土之外，但此中也有發展。相對於受彌勒教化的龍華會下的聖者都是聲聞眾，《阿閦經》的「弟子學成品」（聲聞乘）與「諸菩薩學成品」是聲聞眾之外，菩薩眾也是其教化對象，此確實是發揮大乘化的特色，但從菩薩乘與聲聞乘的區分看來，顯然是三乘各別的立場。進而是《般若經》，般若強調三乘共通，因此也是三乘各別，此徵於《大品》的本願第三「令國土眾生於三乘法獲得解脫之願」，得以知之。但一乘思想至此逐漸擡頭，從「令我國土不聞二乘（聲聞、緣覺）之名」（第二十六願）看來，國土的聖者雖有三乘，但最後皆歸入於一乘；另一方面，也有弟子眾（聲聞）無數之願（《大品》第二十一願），總體上，在此一方面，未免不夠澈底。直至《大經》的本願才大有進展，但澈底而言，仍有未盡之處。此因在道理上，如前所述，令一切眾生等同阿彌陀，乃是彌陀本願之要旨，但至少就文獻而言，「二十四願經」乃至「四十八願經」中，聲聞眾仍是受歡迎的。例如第十四的聲聞無數願、第十九的臨終現前願，彌陀的隨伴者之中，顯然有比丘眾（聲聞）。雖然如此，但若依據宋譯《三十六願經》所載，其第二十八願（《大經》第三十六常修梵行願）是以聽聞彌陀名號，聲聞緣覺成就無上正覺（佛乘）為目標，因此顯然也有令二乘轉向大乘的思想。但具有如此深意的本願，梵典不見載，魏譯與唐譯則是自始至終都是載為「令菩薩」，並無言及聲聞或緣覺，絲毫不具有轉向大乘之意，據此看來，彌陀的本願中，並無《法華經》所表現的強烈令三乘融歸一乘的思想。爾後的《文殊師利佛土嚴淨經》等有發「使其國中無有聲聞緣覺之名，純諸菩薩，滅除疲厭瞋恨之難，淨修梵行，周遍於佛土」（《大正藏》卷十一，八九九頁上）之本願，可說是為救前述的不澈底而提出的。

要言之，由於將淨土視為廣義的教團（僧伽），因此初始是在家出家的雜居團（凡聖俱會），但逐漸成為專門聖道行者的團體（聖眾會），又相同的聖道行者之中，也有三種類，其中的菩薩乘被視為最高階，此即是本願思想開展的順序，而此仍是淨土內修行進展的過程。雖然如此，但令三乘悉皆歸入一乘——朝至此的方向前進——不免相當緩慢。此因雖將淨土視為修行的道場，但另一方面，樂土的思想也頗為強烈，因此從樂土的立場而言，必須承認聲聞、緣覺的自受用法樂。無論如何，上求菩提的同時，努力下化眾生乃是大乘要旨，而淨土的修行也有此意，以「上求菩提下化眾生」為目標而修行的是菩薩道，因此令淨土道場的眾生皆成為菩薩，是本願的歸著點。著眼於此，主張極樂淨土無二乘人，只有菩薩的，實是世親的《淨土論》，大乘思想至此遂更進一步。

如是，將淨土視為是樂土，同時也是修行道場，乃是佛教淨土觀的特長，文獻上雖然不是相當顯著，但若從其精神推論，成為菩薩道的修行道場，至少是《大品》以下本願的趣旨，若是如此，在淨土如何完成下化眾生之約束？

第一，淨土內應有先進者與後進者之區分，先進者稟承佛陀的旨意，有資助教養後進者的義務，淨土內下化眾生的責任首先於此完成。《大經》第二十五願（梵本第二十三願）的說一切智願所以是「淨土內的菩薩皆具備行相當於一切智者（佛乘）的說法能力」，是因於有此必要，但此並非下化眾生的全部。此因濟度無邊眾生是菩薩的總願，然淨土無三惡道，故淨土的布教不能達其目的。

第二，從淨土再回歸穢土，此乃是完成其總願之道。若採用爾後的術語表示，是所謂的還相迴向之道。此乃是當然的歸結，但如前所述，樂土思想甚為強烈，因此在得其當然歸結之前，仍須經過相當的思索。徵於文獻，無論阿閦本願，或《大品》本願皆未見言及，僅《大經》的本願稍見述之。亦即其第二十二願（梵本第二十願）的必至補處願，以及第十五願（梵本第十四願）的眷屬長壽願即此。所謂必至補處願是生於極樂淨土者必然於次生在此淨土成佛的誓願，但至少「三十六願經」以後，附加排除之文，亦即「除通達一切世間義理，調制一切世間，一切世間導入於涅槃，於一切世間行菩薩行，禮敬供養恒沙諸佛，安立無數眾生於最上覺，更為自己進向最上道而修普賢行者」（大要）。亦即立下一切眾生度盡之前，上求菩提下化眾生的活動絕不休止之誓願的菩薩，不是淨土的佛位補處者，而是永遠的從事濟度行（普賢行），因此是特別的。所謂眷屬長壽願，是指生於極樂者悉得無量壽之誓願，但附上「除有特殊之願」（praṇidhānaviśeṣa）一句，亦即為濟度眾生而回歸娑婆者不在此限。

據此看來，從淨土回歸娑婆，亦即還相迴向是特殊情況，不是一般的義務，至少是《大經》之前的本願精神。但《大經》以「除外」揭出此一思想，可說是本願思想的一大進步，更且是菩薩道的真精神逐漸與淨土願串連而得以發揮的證據，故應特為注意。

更進一步的是《悲華經》四法精進的本願說，依據《悲華經》所述，本願有四法懈怠與四法精進。四法懈怠是：（一）願取清淨世界，不取不淨界。（二）願只濟度善人，不願濟度惡人。（三）願成佛不說聲聞緣覺之法（恐是不努力轉向大乘）。（四）成佛已，願無量壽，不願捨壽。亦即將欣求樂土的只求簡易的心態，貶為怠墮法，《悲華經》認為發起如此本願的人只是菩薩（bodhisattva，求悟之人），但不是摩訶薩（mahāsattva，大人）。

四法精進是：（一）願取不淨世界。（二）於惡人中建立佛法。（三）成佛已，說三乘法（努力轉向大乘）。（四）願淨土壽命不短不長。亦即與其享樂，不如具備得以完成眾生無邊誓願度之誓願的條件較為理想，此正是以住於普賢行為理想的本願。

《悲華經》稱譽發起如此本願的人正是菩薩且是摩訶薩（《悲華經》第八卷；《大正藏》卷三，二一八頁）。此因就某種意義而言，看似抗拒極樂思想，但實際上是意圖發揮其真精神，此徵於《悲華經》以彌陀為首，採用阿閦等種種的本願說即可知之。進而將此配合彌陀本願，以其五門成就的第五為出門，將為濟度一切眾生而回歸苦界，視為往生之夙願的是世親的《淨土論》，而據此樹立往相（自受用的方面）還相（他受用的方面）二種迴向，更且相較於往相，認為還相更具有意義的是中國、日本的淨土教家的努力補遺。

如是，從淨土回歸娑婆，從事下化眾生的是本願思想的進步，因此又有淨土畢竟也是輪迴界的問題產生。此因往生之後再回歸娑婆，除了經由生死途徑之外，別無他法。但若從另一方面看來，淨土本願中有「必至涅槃願」（《大品》第七願，《大經》第十一願），也有「得不退轉願」（《大經》第四十七願），因此淨土往生也可視為是一種涅槃，實言之，此一問題是佛教淨土學上相當難解的問題。從而對此，專家之間，古來即有種種異說，今姑且不論，僅提出筆者所見如次：

就歷史的考察看來，淨土往生的思想與生天的思想有密切關係，乃是不爭之事實。從而從視畢竟寂靜的解脫為理想的立場而言，淨土生活只是第二次理想，最後仍須進入解脫涅槃。彌陀的本願中，如前所述，有「必至滅度（必定入涅槃）願」，更進而言之，作為願主，淨土之建設者的佛陀自身最後也歸入於涅槃寂靜，乃是大乘經典等同說之。無論是《彌勒經》或《阿閦經》或《法華經》等，皆悉指出諸佛建立淨土，其教化已，得特定的後繼者後，將入涅槃。關於阿彌陀的入涅槃與否，淨土三經雖無言及，但《觀音授記經》等仍提及彌陀入涅槃，觀音是其後繼者，據此看來，阿彌陀佛亦無例外。就此而言，若將淨土的境界對比小乘教理，是相當於其四果中第三果的不還果，可以說是將第三不還果的聖者的往生天界，在天界入涅槃的思想予以通俗化或予以積極化。從而涅槃與輪迴明顯的對立，尚未至於真正涅槃的淨土，其身分必然屬於輪迴界。之所以法藏菩薩的第三願是——在極樂世界身亡者不再退轉三惡道，正是因於極樂的果報實屬業力的生死界，故仍有業力衰變的法則，為此，遂有從淨土再回歸娑婆的理論產生。從以涅槃寂靜為最高理想之見地看來，無論是極樂世界，或是阿閦佛土，只是進前一步，並不是究竟地。但此只是大致的解釋，若從大乘的根本立足點而言，如此的解釋並不契合本願思想與淨土思想的精神。因此有必要再闡明大乘的根本立足點，但若予以詳論將是相當費事，故簡單揭舉其要點如次。

大乘共通的標語是「真空妙有」等四個字。打破以我執我欲為基礎而建設的自然狀態，即是真空，達於此境時，再給予新的意義，開啟自由新天地的，即是妙有。完全以體驗為基礎而建立，更且大乘種種教理的差別，僅在於對此真空妙有的關係如何給予基礎，如何表象此真空妙有的關係。無論本願思想或淨土思想皆以此為背景，更且從真空逐漸推進至妙有思想的過程中，特取道德的、文化的、藝術的色彩予以表象，此如前文屢屢所述。淨土思想雖承自當時有神派的神話，但得以成為佛教的思想其契機在此。

茲繼續回到輪迴與涅槃的問題見之，無庸贅言，真空的境地是打破個別的一切，此中無迷，亦無情執，從而既無以此為基礎的業，亦無業習，至少從自內證的立場而言，是完全解脫輪迴的當體。此即是寂滅涅槃，原始佛教與小乘佛教以此為極致，認為就此為止，又雖說是大乘，但就格式而言，大致以承認此說為通規。但大乘的特質在於不以此為滿足，而是就此「空」建設更高次的世界，亦即既是願主的淨土，同時，經由此高次的世界推進至「空」的，是淨土修行者的淨土之意義。亦即所謂的淨土，從佛的方面而言，是由空而下於有；從菩薩的方面而言，是從有而上於空的階段，無量光、無量壽之願正是前者的立場，必至滅度願則是後者的立場。

如是，出自止揚此兩義的淨土之意義是即空之有，即有之空，換言之，統一空有而歸著於一行的普賢行。從而先前所說的業既無，輪迴也無，唯有無作之業與無礙的輪迴。此因若無業或無輪迴，則普賢行亦不可得。所謂的本願業力，不外於此意。兩者的差別是，先前是依據我執我欲的自然狀態，因此業或輪迴是受必然的法則支配，此中並無自由，反之，至於此境，無論業或輪迴皆被納入自主自由的範圍內。換言之，無論業或輪迴作為自發性的活動，是為上求菩提下化眾生，尤其是為下化眾生而自願的，此與不具真空的業或輪迴全然不同。亦即縱使是生死輪迴，但並不是受命運左右的輪迴，而是為完成眾生無邊誓願度之約束的自主性進行，從某種意義言之，此乃是菩薩遊戲三昧的輪迴。更且若思及佛教提出解脫輪迴的根本理由，是在於去除他主的生活，於解放的當處建立自主的生活，則此自發性活動的輪迴，可以說即是涅槃。只是在格式上或表象上，依據以寂靜無活動為上位之立場，將所謂的無餘涅槃置於最後，因此再提出超越此自由的輪迴，最後入於真空的涅槃界，隱沒不再現之說，但此完全只是格式。只要是以眾生無邊誓願度為菩薩根本願，然而眾生無盡，因此作為必然的義務，菩薩無限的往返輪迴於淨土與穢土之間，可說是菩薩本願的歸結。若稱此為涅槃，則此立場正是不住涅槃。將雖處於生死，但不受生死左右，住於大安心之境，但不耽於自受用三昧，完全不捨棄救濟眾生的活動的，稱為不住涅槃，法相宗等視此為四種涅槃的一種，在本願中，就術語而言，雖不見言及，但著重於從淨土回歸娑婆，將濟度眾生視為淨土之任務看來，淨土生活實是不住涅槃。如是理解時，淨土願求的思想為快樂主義所救，在歡喜、慈悲與努力的結合之上，才得以發揮以永遠的歷程為目標的大乘佛教之真髓。

第三篇

現代視野下的大乘解脫道之溯源與開展

第一章　生命的本質與人生的意義（特從欲望出發）

第一節◆對於人生的觀察

什麼是人生真相，其最終目的在何處，此等一直是古來的大疑問。思想家固然無庸贅言，作為所有學者的事業，直接或間接也都投注於此一問題的解決。但人生的現象極其複雜且多變，大思想家們所作的觀察常偏於片面，故難以作出遍及全體且最適切的綜合性解釋。尤其是近代，隨著各種學問的專門性發展，觀察的出發點也因學者的差異而分為種種，導致對於全體的人生現象下綜合性的觀察遂越發困難。當此之時，淺學的筆者意圖觸及此一問題，可說是不自量力。但進而思及此一問題縱使難解，卻是任何人皆有義務一探其究竟，故略述所見如次。

首先將從欲望的立場作為觀察之出發點，此因欲望是人生現象最為原始的動力。誠如世人所言：「人間萬事，在欲世中。」一人生所有現象，直接間接，無不以欲望為基礎。無論信仰的要求或哲學的要求，若溯其本源，仍在於欲望，何況若就一般的人事現象見之，說為若離欲望，無一得以成立，並非過言。因此，《奧義書》說為「人由欲而成」，佛教說為「因有欲愛而有世界」，叔本華說「世界的本源在於意志」。當然，對於欲望給予宇宙論的意義，還須仔細玩味，但至少就人事現象的本源見之，並非沒有討論的空間。筆者所以用此作為解釋人生問題之出發點，其因在此，但與其說是依據唯意志論等，不如說是以最明確的事實而探究。至於所欲論述的，未必是嚴格的哲學問題，而是意圖在常識上給予某種程度的基礎，亦即並不是特依某種主義的見地，此乃必須預先聲明的。

第二節◆三種根本欲

若以欲望為基礎而探究人生問題，則立論時，應以何等欲望作為根本，乃是隨之而來的問題。此因吾等的欲望幾乎是無限的多，若一一作觀察，徒生紛歧，且將有失去立論基礎之虞。因此，首先有必要以諸欲之根本的原始欲望作為觀察出發點。然而何者是根本的原始欲望？無庸贅言，可說是根本中之根本的，必然是食欲與性欲。此二欲都是本能性的，食欲是從生至死，一直持續不斷，諸欲中，最為根本，故無須再作說明；至於性欲，初生時尚未表現，然若發起，則是諸欲中最為猛烈，幾乎是盲目的求其滿足，故亦無再說之必要。而此二欲作為生命保存之條件，不只是人類，且是所有動物皆所共通，故可說是生物一般的基礎欲望。但在人生問題的考察上，僅將此二欲視為根本欲，仍有所不足。

筆者認為此外尚有作為第三根本欲的一欲——此即是遊戲欲，或可名為自由欲。亦即排除他人限制，任己所欲而為的欲望。乍見之下，相較於前二欲，此欲並非是本然的、必須的，但事實上，在植物的生活中，已顯現此一傾向，而動物更為顯著，至於人類，甚至有願意以死而滿足此欲者，從而若從此欲以種種形式支配人類生活看來，確實須將此視為生物一般共通的根本欲。反過來說，若無此欲，只有食欲、性欲，則種種現象終將無法理解，此在一般生物，尤其在人類最為顯著，此徵於後文的說明即可知之。

如是，筆者將加上此遊戲欲（或自由欲）的食欲、性欲等三欲稱為生物的三種根本欲，更且筆者認為諸欲皆直接或間接衍生自此三根本欲。當然，確實予以證明稍感困難，但若基於學問性的常識，相信作此判定應是正確的，同時，若基於後文所說的生命三相的對照，也必須如此判定。從而若依此見地看來，以欲望為基礎的人生現象，終究是以此三欲為其根本，複雜的世相若還原其根本之原動力，皆應歸著於此三種欲望。亦即無論是宗教，或是美術，或是學問，皆是以此三欲為根本之原動力所起的現象，而以此等充實全體且內外組織完備的，吾等即稱為進步的文明或充實的國家。事實上，在被視為文明最進步的大都市中，種種的精神機關具備（此乃是欲望內在意義之產物，如後文所說）之外，必然豪華餐廳、風月場所以及種種娛樂場等等也都具備，可以說露骨且具體表現出文明與三欲之間的必然關係。

就此而言，筆者認為從古至今一直不斷絕的一種人生觀，亦即以欲望的滿足為人生歸趣的快樂主義、自然主義的論據中，仍蘊含著值得玩味的真理。此因人生既是由欲望而成立，則以欲望之滿足為目標，無疑將是契合其本性的生活方式，道學者中，或有認為欲望滿足等語，只要是士君子皆不可出之於口，但持如是論者終究不具有共談人生之資格。

但實言之，此僅是片面的觀察。人生，無疑的，雖由欲望而成立，但欲望的意義、內容，若只從其表現面作觀察，終究不能成立真正的人生觀。表現方面之外，欲望還有更深的內在意義，更且此一方面乃是人類活動之根柢，此不能忽視。簡言之，三種根本欲是人生現象之根源，若僅就其表面活動看來，主要是依循與動物共通的生活形式，故無從窺見人類作為人類的特長。然而人類所以有動物所無的文化現象，主要在於其欲望表面的活動之外，還發揮其內在意義所致。若依筆者所見，無論如何高尚，若溯其本源，終將歸著於三種根本欲，因此，就觀察的出發點而言，此當切記莫忘，從而此根本欲的滿足之中，有其偉大的哲學意義存在，此不能忽視。

若是如此，何者是欲望的內在意義？可以說不外於生命本質的要求。為闡明此事，進而有必要再探究生命的要求。

第三節 ◆ 生命的要求

欲望的內在——從而人生現象之本源的生命當體又是如何？此實是古來的謎題，且是迄今尚未能解決的問題。尤其關於其起源，古來提出各種假設，但都未能獲得一致的公認。或有哲學者視此為宇宙精神之個體化，或有科學者認為只是物質化合所表現的一種作用，故所說並無一定。此實是學界之一大憾事，認為人文科學的基礎觀念不能確立，主要是起因於此，並無不可。但目前吾等所欲知曉的，並不是生命的本體，而是其活動的根本樣式或根本要求。此因人生畢竟是生命活動的呈現，其活動的根本要求若清楚，則人生現象的起源也得以清楚，從而得以定其歸趣。若依生物學者所述，生命活動的特徵有三種：第一是生長（Wachstum）、第二是營養（Ernährung）、第三是適應（Anpassung）。亦即從外界攝取營養，適應外界境遇而生長發展。史賓諾沙所說的「內在的關係對應外在關係的不斷調節」，應是此意。筆者亦持此見。但此主要是以原型質為基礎的客觀、靜態性的觀察，因此僅以此作為解決人生問題稍嫌不足。此因僅只以此不能解決——何故有此特徵的生命能逐漸發展進化而成為人類的根本動力。因此，為予以解決，此三種特徵必須完全承認，進而將此靜態的特徵轉為動態的要求，可以說有必要進入生命內部探求其原動力。

若是如此，將如何求之？其探求方式是以探究三種根本欲的內在意義，亦即探究根本欲是以何者為目標，藉以探求生命的要求。而作為其結果所得的，即是生命有三大要求，而此乃是其不斷活動進展的原動力。亦即第一是自發性活動的要求，第二是持續的要求，第三是擴大的要求，此等分別對應自由欲、食欲、性欲的內在意義。此下稍就此說明之。

第四節 ✦ 三欲的內在意義

首先從第一項自發性活動的要求見之，此係依自由欲（或遊戲欲）所推定。何故一般生物有「排除他者限制而隨心所欲活動」的本能欲望。植物以違反地心引力的法則，亦即以往上伸展的現象，而動物以能隨心所欲的步行跳躍，乃至人類以「不自由，毋寧死」的口號表現其要求，其因何在？若不視此乃是生命內部所具本質性要求的痛切呼籲，則其起源終究不可解。此內部的要求正是筆者所說的「自發性活動的要求」，就某種意義而言，可以說生命活動者本身所具。此因生物與無生物之間的區別雖有種種，但就常識而言，可以說有自發性活動（Autonomic）的是生物，無自發性活動的即是無生物。所謂的進化現象，主要是基於此內在的要求，受其力所推，生命自發性更為進展，說為「自發性能力多的，進化度高」，其因在此。此即筆者先前將此要求的衝動表現視為自由欲的原因，然又將此名為遊戲欲之所以，是因於遊戲而顯示自發性活動之最高點，反過來說，由於將此自由欲、遊戲欲視為根本欲，此生命之深義才得以理解。就此而言，孩童的遊戲欲可說是他日成為獨立自由人的準備，故有必要適當予以助成與誘導，又現代流行的種種解放運動，若就哲學而言，不外於是此生命要求的自覺性運動。此等乃是教育家、宗教家、政治家必須常置於心頭的。

第二項自我持續的要求，是指生命具有維持及持續其有機的、個體的體制之要求。而食欲即是所謂「保存自我之欲動」。生於此世，或是艱辛度日，或是豪奢一世，從而究竟是為飲食而生存？或是為生存而飲食？確實頗令人困惑，但主要應是為生存而飲食，此乃是無可懷疑之事實。亦即生命從外界攝取營養，適應外界，主要是出自為滿足此要求。

植物既已顯示此一傾向，而人類更為顯著，更且為了進食，其手段也特為精密發達，此固然無庸贅言，然其所期，完全在於生命的持續，換言之，由於有生命持續的要求，遂有食欲的產生。

第三項自我擴大的要求，主要是指潛藏於性欲內在的意義。性欲，尤其就人類而言，是最容易產生錯覺，然其結果，無論成與不成，都是為契合種族之存續，亦即為增加自己之分身。此乃是生命不只要求自己的存續，進而為求增大繁殖，故於自己的持續之外，同時也應更為擴大所致，而此不外於是所謂性欲的本能呈現。亦即先前自我持續的要求，若是時間性的存續要求，此則可稱為時間及空間的擴大要求，但同樣是生命的根本及必須的要求，此固然無庸贅言。此一要求，若就動植物而言，主要是在於肉體，至於人類，則不只是肉體，也及於精神方面，例如以名譽、權力、愛等，要求自己從眾人之中脫穎而出。家族的根源在此，此固然無庸贅言，甚至國家的成立也是基於此一要求，因此令家族、國家成立的精神條件，間接也出自此要求，此如後文所述。

如是，吾等以此三種欲望為出發點，得以確認生命有三大要求。縱使生命的起源與本質沒有區分，但只要承認生命的存在，則其活動之根基有此三大要求，將是無可懷疑之事實。從而依此見地而言，先前提及一切依三欲而成，實則可改成一切依三種要求而成，亦即三種欲望不外於是三種要求的手段。若依據進化論所述，生物是逐漸從下等動物進化成高等動物，若承認此一事實，則其進化之原動力，無庸贅言，是此三大要求，生命因要求更加持續，更加擴大，更加自由而不斷的進化。若非如此，則以何者為目標，因何而進化的理由，不可知之。如柏格森所說——此中即有創造性進化之根據。

第五節 ◆ 生命之進展及其阻礙

若是如此，生命的創造性進化是否有一定方針？叔本華說意志是盲目的，柏格森認為創造性進化並無一定目的。然若依筆者所見，此等解答並不得當。的確並無古來的目的論者所說被給予的某種目標，但大體上，此後將要創造的目標大致是決定的。此因如前所述，作為生命的特徵，其內部已具有一定要求，生命的進展皆是此要求之實現。當然，生命何故且從何處賦予其要求，也是一大疑問，但既然生命的根本活動樣式有一定要求，則認為其要求不只是創造性進化之原動力，且是其指示方針，應是適當。若以喻明之，生命之方針恰如放出之箭矢，縱使偶然失手，但箭既已放出，必然朝一定方向飛去，生命也是如此；縱使是偶然出生，但一旦出生，至少其自身已定下其應進之方向。亦即如前所述，生命自己越發自由，越發持續，越發擴大的，仍是其自身，換言之，是將無機界改造成有機界，自然界改造成精神界，雜多改造成統一，益發擴展生命的範圍。此將於後文「無限的生命」的說明中再作闡述，總之，生命的活動若沒有一定方向，則無論進化或創造都不可能，此當切記莫忘。

若是如此，又將生起另一疑問。亦即若謂生命之進路有一定方向，正如放出之箭矢，生命應驀直、容易、順當的實現其要求，但事實卻不然，此為何故？對此，筆者的回答如次。前文所述，主要是專就生命的內在傾向立論，尚未言及此中也含有其要求與實現之條件。換言之，生命受一定的要求所推，具有朝一定方向躍進之傾向，但予以實現時，必逢諸多障礙。此即是生命不斷的進展時，若有凝滯，則有退化，尤其是人類，將有無限矛盾產生的原因。若是如此，何者是其障礙？筆者認為此有三種：第一是物理性的自然界，第二是其他的生命，第三是人類特為顯著感覺的欲望表面與內在意義的衝突。

首先就第一項述之，有關生命與自然界的根本關係，留待後述，暫且先就對立的方面見之，如前所述，生命有適應自然界的作用，同時，自然界既於抱持生命，當然也具有撫育生命之意。據此，認為自然界是生命的恩惠者，生命是自然界的從順者，並無不可。但若再細思，此也只是片面的觀察，若從另一方面見之，兩者是經常不斷的爭鬥。此因自然界與生命，雖然在某一方面，具有共通的法則（此為妥協點），然若論其核心，自然界之中有它自己的法則，生命必須順從之，而生命也有它自己的要求，且要自然界順從之。例如自然界有萬有引力之法則，此引力是將一切拉向地心，反之，如先前所述，植物——程度低的生命——卻想往上方延伸，尤其是人類，甚至欲征服太空，將之納入於己之範圍內。若是如此，此爭鬥的結果又是如何？生命一方面巧妙的與自然界妥協，另一方面又逐漸征服自然界，若略居上風，則人類的生命得以進展，此固然無庸贅言。但在此爭鬥中，也有諸多敗北者、凝滯者，遭逢進化論者所謂的自然界淘汰命運的生命何其多，此當切記莫忘。而此爭鬥至今仍持續不已，因暴風雨、地震、海嘯等而蒙難，縱使僥倖得以免於全滅的，屢見不鮮。此即生命雖能向一定的方向躍進，但不容易實現其要求的理由之一。

第二項是其他生命的阻礙，生命究竟是本來唯一，爾後才雜多個體化，或初始雜多，且是永久持續雜多，此乃古來盛被議論的大問題，然今尚不觸及此根本的問題，若暫從現象觀察，生命是雜多，此應無庸贅言。就彼等生命的相互關係見之，此間存在著互助關係，此徵於動物有種屬現象，尤其人類，組織稱為社會國家的大有機體看來，應是無可懷疑。但此間也含有大爭鬥，有所謂的生存競爭，此徵於下級生物作為犧牲，成為其上級者的食物，亦屬無可懷疑。且此現象在人類之間更是慘烈，個人與個人之間，國家與國家之間，所謂的弱肉強食之事實，也是無須言述的顯著事實。就筆者所見，各各生命於其本來的目的上，尤其在征服自然的必要上，雖有相互融通之特質，然其自由、擴大與持續之要求既是透過物質而實現，則不免產生相互限制的爭鬥現象。總之，生命與生命之間有爭鬥是不可迴避的事實，且此事實導致各個生命的本來要求不容易實現，且是阻礙其進展的原因之一。

第三項的欲望與其內在意義的衝突，可以說是指欲望與理智之衝突，此乃是人類才有的障礙。欲望雖是生命存續的基礎條件，然下等生物的欲望只是衝動，只是生命特徵的適應作用，只依苦樂感（？）而調節，亦即其活動並不是意識性的、辨別性的。然而高等動物由於伴隨欲望的感情較發達，故多少具有辨別的能力，此乃動物心理學之所告知。如是，人類的欲望種類眾多，感情生活非常複雜，且理智作用也顯著發達，辨別力特強。若是如此，此等心理作用何故如此發達？就意識性而言，此乃是生命自發性活動必然進化的結果，但若將此視為手段，則主要是為完成生命之存續，此從各種心理作用見之，應是容易了解。感情與欲望有直接關聯，大體上苦樂的感覺是司掌生命的安危，意志作為活動的機關，司掌生命要求之完成，分別力（亦即理智作用）負責為感情或意志指示方向——即使不是實用論者大致也是如此認定。人類超越萬靈，贏得優先者之地位的原因，完全在於此心理機關之發達，尤其是理智作用之發達。從而依此見地看來，無論是生命的原始衝動之欲望，或是最發達的理智，雖是朝向同一目標而活動，但不可思議的，在實際的活動上，兩者之間卻屢屢發生衝突。此因欲望的表面要求，主要是滿足其食欲，且是盲目的發動，反之，理智的作用是思考欲望的內在意義，完全以生命者的要求為主。若慶幸欲望能聽從理智的指導，則生命的航向平安無事，但由於欲望既盲目且頑強，若一時脫離理智之拘束，理智反成為其奴隸，恣縱我意，生命的航向往往脫離其目標而遭遇危險。簡言之，例如食欲原是依保存自己之要求而起的欲望，但若恣縱食欲，攝取超過必需，將因食傷而減弱生命的活動；性欲原是出自保存種族的要求，但過分放縱，則喪失生殖能力。

此外的事例不勝枚舉，如是，主要是理智與欲望之衝突，更且是理智被欲望打敗。佛教認為煩惱之根源在於無明，終究是此意，事實上欲望未必是煩惱，但若缺乏大理智（佛教稱此為般若，或菩提），不能發揮欲望的內在意義，自然受制於欲望。故佛教又說煩惱即菩提，若能發揮欲望的內在意義，即將成為實現大生命之菩提道。總括來說，欲望的表裏是相即不離，卻又常起衝突，而此則是理性發達的人類才有的現象。相較於其他動物，人類較為優秀之所以，即在於此，此固然無庸贅言，但人生的現象較動物現象有諸多矛盾的原因，也全在於此。何故人類有如此的矛盾，此乃是極其難解的問題，就筆者所見，恐是在生命進化的過程中，尚殘留其原始性，而兩種活動之間，完全沒有連絡所致。亦即生命的順序的進化，應是欲望之理智化，但基於種種理由，還存留著欲望，但理智也見發達，遂成為所謂的人類。總括來說，無論其理由如何，人類有欲望與理智之爭鬥是事實，且理智為欲望所敗而迷失生命的方向，也是無可懷疑之事實。此即筆者將此事實視為生命進化之障礙——尤其對於人類——之所以。

要言之，此生命不斷的進化，同時，為實現其進化，必須經由不斷的爭鬥。對於自然，對於其他生命，對於自己內在的欲望，可說是經常宣戰的趨向進化。當然進化未必都需要爭鬥。爭鬥之外，也須不斷的妥協與融合。直言之，此才是進化的目標，雖然其過程必須經由爭鬥。此即生命其本來的要求是朝一定的目標進展，但不容易實現之，往往因戰敗而後退、凝滯乃至敗滅的原因。佛教指出悉有佛性的有情往返於輪迴，雖主要是就宗教的見地而言，但亦適合於說明此生物的現象。

上來筆者所論，可以說是在解釋客觀事實的部分。若是如此，依此事實的解釋將導出何等結論，此乃是某種程度的筆者之所主張，要言之，是歸於絕對的生命（假稱）一事，從學問、宗教、國家探其實現之道，即是撰述本文的目的。

第六節◆無限的生命

以欲望為基礎的人生觀遂及於生命論，而生命為實現自己的要求，經由不斷的爭鬥與妥協而創造出人生的所有事象。若是如此，生命如何極度發揮其要求？詳言之，是應如何持續擴大自己以及獲得自由，生命才能獲得滿足的問題。筆者認為對此的回答，除了「無限」之外，不知另有其他更為適當的回答。此因「無限」、「不饜足」乃是欲望之特相，故以此欲望為原動力而推進的生命要求亦應無限，此乃理所當然。吾等有「無限」的理想，就發生面而言，正來自於此，以永恆的壽命、無限的擴大，絕對的自由為屬性的統一的大生命若不能實現，則吾等的生命要求絕不滿足，此自是無庸贅言。從而人生之最終歸趨亦在於此統一的大生命之實現，當然，大體而言，人生的活動——不問是意識性的或無意識的——皆以此為最後目標而躍進開展。筆者暫且將此統一的大生命稱為絕對的生命，或稱為理想的生命。當然，此只是暫定的用語。筆者並非如古來所說的——如此的大生命，作為客觀之事實，是先於人類而存在。而是認為若將此視為由於人類的活動，最後終將實現的一大模型，將較為恰當。然此模型絕非置於壁上的平面圖，而是能在吾等生命的內部活動，雖然看似在永遠的彼方，卻具有鼓舞推動吾等之力，因此雖是暫定的名稱，但稱為絕對的生命或理想的生命，應是恰當。從而此絕非將宗教生活的理想當作現實生命的理想，宗教的理想確實是實現此理想生命的一種方式，但若仔細探究，人類所有的施設皆以此為中心，無論學問的發展或國家的成立，若探尋其內在意義，同樣是以此絕對生命的理想為目標，就此而言，可以說絲毫無異於宗教的理想。其差別僅在於有自覺或無自覺，以及個人實現或全體實現的方式而已。

因此，有關此絕對生命的本質予以實現之當體，稍後才作論述，此下首先將從學問、國家、宗教等三部門，依絕對生命之見地探究其意義，並闡明前述之旨。此因此三部門乃是所謂文明的主要要素，故將依同一原理而作說明，藉此確定統一文明之最高方針。

第七節 ◆ 學問的意義

關於學問，亦即廣義科學之起源，雖有種種議論，但不外於可歸著二種原因。其一是出自欲了知事物之理，且直接應用於生活的動機；另一是出自純粹的求理心，亦即出自欲滿足知識欲，可以說是出自好奇的動機。就此而言，學問的價值未必只是應用，亦即也有所謂的無用之用，此乃不能否定之事實。但若更進而探究其純粹求理心，亦即好奇心之起源，若就其發生看來，此中仍存有廣義的實用，此若思及知識是作為開展生命之光明而湧出於生命中，自然容易首肯。從而看似與現代生活無任何交涉的學問，若尋其起源與意味，則直接或間接無一不與生活有關聯。例如天文學的目的雖僅以研究天體現象之真相就已足夠，但若就天體現象與吾等所住地球有關看來，彼不僅與實際生活有至大交涉，且其初始是依此闡明人事的萬般命運，具有為未來生活立下方針之意義，此乃東西方天文學史之所顯示。歷史的目的雖僅在於闡明過去的國民或民族生活現象，但事實上據此而解釋現代，進而確實未來的前途上是有其意義；古代死語的研究，其直接動機或許基於好奇心，但實際上依其研究成果而得以串連歷史，例如歐洲的梵文研究為學界所帶來的效果。對於日本，對於中國，此梵語之研究於其佛教的研究上，具有莫大之意義（雖然無太大進展），百餘年前，歐人的研究印度古代語，可以說完全是基於好奇心。然其結果是，因梵語興盛而對於思想的影響另當別論，至少發現無論在人種方面，或語言方面，或宗教方面，歐洲人與印度人是同一的，因此人類學、語言學、宗教學等都面目一新，更且在政治上，對於歐洲人統治印度時，帶來的助益實難以估計。其初始可以說只是偶然著手的研究死語，最後卻帶來如此的實用意義，依此類推，其他的學問縱使看似不具任何生活意義，但於某一時處將有所助益，乃是不能否定的事實。知識的範圍較實際的實現範圍廣，各種學問縱使現今不具實用性，世人視為無用之學，但事實上，一切學問的背後——直接或間接——都具有實用，此當切記莫忘。就此而言，一個國家為使其文教興盛，國民生活豐富，不可只獎勵立即得以應用的學問，不知何時將有助益的，也極有必要予以獎勵。此因立即可以使用的實用學，基於其立即的效用，雖有必要重視，但所謂的非實用學也能帶來非預期的、宏大的、實際的效果，而且也顯示出其國民生活具有深厚根柢。

如此看來，所有的學問是廣義的實用學，若是如此，大體上是以何者為目標的實用學？此不外於是實現絕對生命之準備的實用學。亦即作為吾等的生命越發持續擴大，為擴大自由之範圍的準備，種種學問皆分別擔當此統一理想的某一部門，作為助其實現之機關而發展。例如所謂的實用科學是具體的探究其方法；例如理論科學是抽象的探究；例如說明科學是顯示其實相；例如規範學是為確立理想之方針等等，雖有種種分擔，但不外於都是經由自然、其他生物以及自己的欲望而開拓生命，藉以實現自己而產生的。尤其十九世紀以降，有長足進步的實驗科學，以及伴隨而起的種種發明真是到達令人目眩神搖的程度，因此相較於前代，得以滿足的生命要求實不可計數，至於蒸汽力與電力等的應用，被古人視為神通、奇蹟或空想之事也都一一展現在眼前。可惜的是，其進步過分急激，導致失去與其他文化的平衡，尤其是背離哲學與宗教，因此現代文明在種種方面，有顯著的不協調，在某種意義上，相較於從前，吾等的生活有不安動搖之感，此乃是無可蒙蔽之事實。但大體上，此只是過渡期不能避免的矛盾，絕非某些哲學者或宗教家所言——此等具有應予以呪咀的悲觀性質。亦即當切記莫忘在實現絕對的生命上，此具有不可或缺的作用。只是為健全的引導文明，吾等常當注意的是，一方面應制止認為僅以科學即得以實現人類之最高理想，另一方面對於哲學、宗教、道德等若給予刷新，則能調合其間的矛盾。現今文明之不協調皆出自於此間的矛盾，因此——從學問的立場而言——對於現今的學問方針有必要稍加變更。此因現代的學問方法是次第的專門分化，學者僅研究其選定的科目，無暇顧及其他，從一方面看來，在學問的發展上，此確是必要的方法，但從另一方面而言，卻因此而忘卻潛在所有學問根柢的最高意義，結果所謂學問群雄割據之弊害不免產生。為救此弊，部分的、專門的研究當然需要大為獎勵，但對於任何部門的研究者也需要令彼等了解潛藏於背後的全體學問的意義，據此而固守諸學的最高標的。就此而言，筆者認為史賓諾沙所說的「學問的目的在於完成最高的人類」，是值得玩味的學問方針。

第八節 ◆ 國家的意義

對於國家成立的經過與條件，學者之間有種種意見，據實言之，筆者不知何者是此學說是非得失之定說。但筆者依據目前之立場，從二方面觀察國家成立的發生條件。具備此二種條件，才能真正成立國家，雖然如此，若溯其本源，此等皆以生命維持之發展為基礎，此當無庸贅言。首先，第一個條件，此可以稱為方便的條件，是指生命依適合維持及發展自己的理由——當然此乃是無意識的——而組成稱為國家的團體體制。如前所述，生命為完成其生存，有必要遭遇與自然戰鬥，以及與其他生命戰鬥的難題。

但各個生命不斷的與自然、其他生命，以及自己的欲望戰鬥，終究是難以勝任，更且此亦非得以戰勝之道。因此，雖是無意識的，但基於與利害有關，至少同一種族之間訂下協約，依共同生活而彼此依存，一致對抗其他生命與自然，完成其全體的生存。在動物之中，例如螞蟻或蜜蜂經營共同的生活，即是其本能的顯現，尤其是人類，理性的意識性的衡量利害關係，於一定的民眾之間設定統治權，政治性的組織具有統制力的團體，此即是國家成立的原因之一。就此而言，筆者認為霍布斯與佛教經論等所揭的契約說——民眾初始互爭，但爾後覺悟爭鬥無益於彼此，故設定一定之契約，不再鬥爭——相當具有意義。從而依此一方面看來，國家的單位是個人，其結合之中心在於利害關係，個人主張自己的利益是權利，遵守團體規約是義務。

但對於國家的成立，僅依此利害關係作說明是非常大的錯誤。亦即雖含有此意，然其根柢實有更深的條件存在，此不能忽視。相對於前述的方便條件，可以說此乃是第一義諦的條件。此即基於生命自爾的要求，從種種方面欲實現以生命持續、擴大與自由為屬性的統一大生命之中，特取社會化形態的最高示現而成立國家。從方便性的觀察而言，國家只是以利害為中心的共同生活的一種形式，但若以自然的狀態作觀察，不外於是家族的擴大，若探其本源，是生命自備的繁殖力令其所以如此的必然現象。亦即就目的論而言，縱使此生命如何的要求無限，但就具體的事實見之，其得以占有的時間與空間極其微小，從而其自由活動的範圍也有限定，因此生命力為具體的持續及擴大自己，為經營更自由的活動，遂朝增殖自己，從家族而至部族，從部族而至國家推進，而此不只是適合於自然國家的理論。依據協約形式的國家其成立根柢也有此精神，甚至可以說唯有此精神顯現，協約的國家才是具有真正精神的國家。從而依此見地而言，國家成立的根本條件，並不在於外在的事情，而是一個生命朝向絕對的生命推進，從自己的內在開展，可以說國家不外於是一個生命之延長。就此而言，「國家是有機體」之說是可以認可的，又種種學者所謂的「國家意志」或「國家我」等的存在也應認可。更且此並非只是國民的輿論或決議等一時的現象，而是透過民族歷史，作為活生生的精神而恒久實存。從而依此見地看來，國家中的民眾其各自的關係，頗異於先前所述以方便的條件為立場的，此固然無庸贅言。先前以方便的條件為立場，其關係不能超越以利害為中心的結合，反之，若就此立場而言，其結合之契機在於超越利害，亦即與其說是利害，不如說是以同情為其本質；與其說是鬥爭之緩和，不如說是以調和居主位；與其說是對立，不如說是以融和為本位，是因此而產生有機的結合。此因一個生命既以統制為本位，且以其繁殖之愛為基礎，則其之延長的國家結合，必然也是統制與愛的本質連鎖。此即任何國家對於其人民，至少作為道德的義務，得以要求各人超乎利害關係，為了全體，必須有某種犧牲的根據，又實際上有為了國家的發展，對於難以任何物品取代的生命亦無悔而犧牲的所謂愛國者之所以。此因為了國家而捨其身，即是現實的生命為朝其究竟目的之絕對生命進展而犧牲之意，可以說是捨小我而令大我生，在生命自爾的法則上，履行自然的義務。

但當切記莫忘的是，生命的社會化並不是就此而停止。就現今狀態而言，國家是此方面之最高示現，但從第一義諦的條件而言，此只是過渡期的產物。此因從第一義諦的條件而言，真正的理想國家首先是完全作為有機體，以悠久的歷史為背景，人種、言語、風俗、宗教等皆相同。國家本身與國民的關係，無庸贅言，是二而不二、不二而二的關係，國民的意志隨順國家的意志，國家的意志代表國民的意志。然而實際上，過去姑且不論，就現在而言，如此的國家不曾實現之所以（日本於第一資格稍近於完備，但就理想而言，還有非常大的距離），與其說是國家的組織尚不完全，不如說是在國家的範圍，還無法體現第一義諦的條件。

現今所提倡的民族自決主義，雖是出自「以人種、言語、風俗、歷史等之同一，作為國家成立的基礎理論」，但實際上，不只是盛行異民族所成立的小國家之合併，另一方面也提倡國際聯盟等，因此契合第一義諦條件的國家之出現猶如夢想。此即暗示只有國家，人類生命之社會化仍不能達成，異民族所成的小國家之合併，若以個人作比擬，則恰如個體的生命為求其持續與擴大，因而結婚、雇用奴婢，據此而形成家族的現象；而國際聯盟則如同個人依前述的方便條件，訂下協約，組織體制鬆懈的國家，總之，無非各個國家用以獲得更大的進展而形成總合性的大國家的基礎。亦即國家的理想，縱使在於欲將全世界合成一個國家，但若無法予以有機的組織與改造，則不能窺見其最高歸趣。吾等的生命既然在任何方面都趨向無限，則沒有理由其社會化卻僅侷限於有限的範圍。今日提出如此的主張，雖似乎仍追隨往昔空想論者舊轍，但相較於往昔，今日已某種程度——至少感覺上——不僅有現實性，若依前述筆者的立場，終究是必須作如此論斷。當然，此將於何時、將經由何等次第才可到達，並不容易預言，但最後——人類的要求不變更——終將到達，而朝此努力則是個人的義務，也是國家之義務。如是，雖是空想，但遲早星球的世界（假定可以交通）也包含，全宇宙合成一體，形成佛教所謂的一法界時，此意義才是真正完成，往昔哲人所倡導的小宇宙理想（Mikrokosmos = makrokosmos），若作社會的解釋，不外是此之完成。

第九節 ◆ 宗教的意義

國家絕對的生命之實現，就國家本身而言，是一貫的生命之活動，但若就個人而言，主要是協同性的，且屬子孫相續的持續事業。其之實現，個人現在雖無法體驗，但可以期待於他日完成，並扮好個人作為基礎的任務。但吾等生命三相的要求，絕非僅以此遼遠的實現法得以滿足。亦即今日就自身而言，至少作為內在的境界，有實現其絕對生命之要求。應此要求而起的，即是宗教。

關於宗教的起源，學者之間雖有種種異論，但實是以生命的持續與進展之要求為基礎而起的現象，此與其他的人文現象毫無差別。對此無須另作太深的說明，此若就各宗教的特質見之，則容易知曉。例如就原始的宗教而言，原始民族大抵以自然與幽鬼等作為其崇拜對象，如是，原始人的生活主要是被動的，受自然力以及眼不能見的種種事情（稱此為命運）所支配，更且此自然力與眼不能見的事情，一方面是生活上的恩惠者，另一方面也是恐怖的壓迫者，因此原始人覺得似乎另有某種存在，藉由順其意志以去除生活上的不安，以及求得幸運，此即成為彼等之宗教意識。從而原始人的宗教主要是現世主義，現世的長壽與平安幸福等是其祈禱的主要條項，但當悟及潛藏於其內部的絕對生命要求，已非現世的幸福平安得以滿足，宗教意識因此擡頭，現世當然無庸贅言（有時對於現世幸福平安之獲得是奉上犧牲），包括未來之永劫，自己亦能體驗絕對生命實是高等宗教之理想。例如基督教以永久生命為理想，以全智、全能、無所不至的神為其歸趣，婆羅門教提出最高原理的「梵」，是遍在、常恒、無縛自由，且以自已實現之，作為最高理想；而被一部分人誤解為寂滅主義的佛教，對於作為其理想的佛陀之屬性，無論說為久遠實成（時間無限）常在靈鷲山（空間無限），或說為無量壽（時間的）無量光（空間的）等，都是以生命三相的持續、擴大、自由為屬性的一大生命作為理想，而憧憬而躍進，此即高等宗教的根本特徵。亦即若無絕對生命之要求與理想，則不能談宗教的起源或本質，就此而言，筆者認為將「有限與無限的人格關係」作為宗教的定義，應是恰當的。當然，下等宗教之中，也將其理想對象的神，寫象為沒有死與束縛之制限，但相較於現實的生命，三相的要求不僅大為發展，且其根柢含有必須趨於無限的種子，而此種子只是尚未意識性的開展，並不是脫離無限的生命得以成立，此徵於種種特徵，即容易了解。

從而無庸贅言，人類既然有無限的欲，則宗教心必然是人類獨有。佛教說人人悉有佛性，煩惱中有如來藏之所以，其意在此。而大乘佛教等高唱煩惱即菩提之所以，換言之，食欲、性欲、遊戲欲既以欲為主，是為煩惱，但若探尋其所暗示的生命意義，則可直接轉換成宗教的憧憬。世人或將宗教貶為過去之遺物或迷信的產物，但如此忘卻宗教心第一義諦之意義的議論，絕非正當之見解。無論如何，在今日所見的種種宗教現象中，若從今日學問的見地看來，不足取的所謂迷信的要素確實不少，但此等主要是表象其宗教心方面含有缺點，宗教心絕非過去的遺物，亦非迷信之產物，是有人類以來，即存續不已，從而宗教亦將以任何形態永久的存續。加之，依據此宗教方法的絕對生命之實現，相較於先前所述的學問生活之擴張，以即透過國家的生命延長，對於個人更具有緊要意義，從而在某種狀況下，相較於國家，相較於學問，宗教更能展現其偉大的力量，此至少是歷史之所告知。此因經由學問或國家的生命進展，若從個人的要求而言，是間接的，絕對生命之實現的意識不明確，反之，宗教是直接接觸個人精神而闡明其意義，能帶來絕對生命之根本要求是於此實現與完成強烈的確信。就此而言——當然既成宗教之改良有其必要——但尊重人人的宗教心，並助長之，乃是令人類得以實現最深要求之途徑，因此，可以說對於國民，對於個人，在人格的完成上，此乃是不可缺的方法之一。此乃特別乞求政治家、教育家三顧之所以。

但問題是，藉由學問與社會化，其前途尚屬遼遠的絕對生命之實現，是基於何等根據，僅以宗教而得以實現？對此，當然各個宗教基於本身立場，提出種種宗義學的解釋。或說因於如來或神已完成絕對的生命，因而攝取救濟吾等，或說因於自身內部所具絕對生命的自我發現，此外也有種種解釋。關於此等宗義上的解釋，非本文目的。今所要探究的是，得以實現的所謂大悟、救濟、入信等心理的事實是依據何等心理基礎。在予以理解時，不可忘的是，先前所說的宗教中必然伴隨的犧牲之意義。此因無論出自學問的發展，或透過國家的發展，都要求有相應的犧牲，但此等仍異於宗教的以犧牲為其本質。徵於種種宗教現象，原始的宗教既已以種種形式實行犧牲，最嚴重的，甚至以人為犧牲，此乃東西方的宗教史之所告知。進而所謂的高等宗教雖不重視此等外在的犧牲，但仍以內在的犧牲代之，例如苦行、克己、無我等，將犧牲自己的主張視為「宗教的澈底了解」之一大條件，此即顯示犧牲與宗教具有不可分離的關係。若是如此，犧牲的意義又是如何？

如一再反覆述之，吾等的生命活動首先是以盲目的欲望之形表現。然此盲目的欲望中，含有生命的意義，此亦如前述，而徹見其意義並司掌指示之責的，實是理性。此理性的種種作用之中，純粹擔當指示絕對生命的，筆者特稱為靈性。更直白的說，靈性本身即是潛藏於生命底層的內在意義，所謂絕對生命的指示，不外於是指靈性本身的主張。如此看來，無論是欲望，或是理性，或是靈性，都是同一生命的發動，因此說為煩惱即菩提，彼此是互相扶持，但就其作用而言，欲望與靈性其實是相反的方向。欲望是當下若獲得滿足，則不顧其先後，反之，靈性則是若不能獲得永遠，即不以為滿足，從而欲望是不厭棄分段的生活[9]，反之，靈性則是必須臻於統一的生活，兩者幾乎是互不相容，生命活動即具有如此雙重的性質，此實是人生獨有的、最深的矛盾。此因如前所述，相較於下等動物，人類的精神有非常的開展，但其中仍有原始的要素殘留，雖伴隨其非常進展性的活動，但也制止其活動。當然，一般的人事現象受理性的指示而掙扎於此兩極之間，且與之妥協，因此對於過著無自覺生活的人而言，如此的矛盾並沒有相當顯著的感知。

但當宗教的要求，亦即靈性的要求強烈時，如此的妥協已不能滿足，因此陷入於一或他，全體或零的大煩悶，此實是求道之一大試鍊。先前所述宗教中的犧牲意義，在此有其作用。此際宗教的要求是應捨棄汝之欲望，若能如此，無限生命之門自然為汝開啟。禪宗所說的大死一番，無非此意，道元禪師所說的「放則滿手，何一復何多」，最能明白顯示此一消息。要言之，若欲無限的生，至少應體悟現實的欲望生命之無價值，此乃是宗教實現的第一條件。宗教所說的解脫、自由，消極而言，不外是指有「從不知滿足的盲目欲望之束縛解放自己」的自覺。此消極的解放，之所以能成為積極的獲得無限生命的自覺，是因於人心本具的靈性要求不受任何阻礙，得以極度的發展與充實。此恰如可無限上升的風船若依己力截斷其繫索，風船即可上升，若從能阻止靈性要求的暫有欲望解脫，即成無限生命之開展。當然就宗教意識而言，與其遣去欲望，不如發動絕對的生命，尤其在他方的信仰中，雖有從欲望而獲得絕對生命救濟的宗義，但此主要是指宗義與感得者的意識狀態，實則仍以遣去欲望為其中心，此徵於純他力派否定自力救濟之能力，將認識小我之無價值視為必要條件看來，自是無可懷疑。就此而言，對於宗教心，筆者認為作「憧憬無限之心」的積極定義，若不同時附加「求解脫之心」的消極意味，則不能說是完全的定義。總之，事實上，宗教有解脫與捨離二方面，此乃是其必須條件之一，應是無可懷疑。如是，依此解脫捨離而獲得超越有制限自己的消極感，同時依此解脫，心成為純粹的能動，感得一種特有的積極力，兩者相輔，遂有獲得無限生命之自覺。從而，就此而言，宗教的無限生命之實現，當然是屬於各人自內證，然此係基於生命自爾的法則，因此其原理至少具有普遍的妥當性。藉由學問或國家不容易到達的無限生命——自內證——依宗教得以實現的根據全在於此。

但還成為問題的是，若是如此，歷史上的宗教何故分成種種，而此等最後是否可歸著於一個普遍的宗教？實言之，此實是相當大的問題，但若簡言之，筆者認為宗教最後終將統一。此因宗教有種種之所以，是因於其根柢有無限的生命與解脫，但隨著人文程度，其追求程度的淺深，因於歷史、習慣、環境予以表象化遂分成種種，絕非其所依據的最高原理有差別。而此等特殊情事，若從宗教的本質而

9. 譯註：意謂一再的輪迴。以佛教術語解釋，即為「分段生死」。

言，是屬於次要的，因此若次第除去，最後所留下來的，將是如實成立於宗教的本質之上的。如是，真正的宗教遂成為唯一，且依此滿足各人內在的生活，同時，給予將來作為現實界而作出的所謂理想的世界方針，此乃是吾人之所期待。

第十節 ◆ 何謂絕對的生命

上來筆者是以欲望為出發點，次第推進其論究，朝絕對的生命前進，以此為基礎，對於主要的人生現象，至少給予一番解釋，同時指出其當為的方向。最後必須再予論究的問題是，若是如此，絕對生命其自身之相又是如何？此因上來主要是基於要求的立場，可以說是將此假定為要請（Postulat）而論述，因此進而必須闡明其實有之相。實言之，此乃是非常大的問題，至少從認識論的哲學立足點而言，是不可能的問題。此絕對生命之觀念，雖是古來東西方哲學者、宗教家極力倡導，然彼等所述最不完全之處，在於不具有認識論的批判根據，此為其一，第二是將此視為所予之最高實有，現象皆由此所出，然其現象化，就某種意義而言，是實有的墮落。雖然如此，但對於完全的實有卻形成不完全現象的理由，彼等皆無法提出合理的說明。

因此，近代的批判哲學認為此絕對生命的觀念，只是吾等希求之投影，不外於是將理想的目標換算成說明的原理所致。筆者雖無視於如此的批判，但也無意堅持古來既有客觀的實有之絕對生命的主張。至少就事實而言，如前所述，此理想活動於人類現象之根柢，就某種意義而言，具有猶如遙立彼岸而凝聚一切的活生生之力，至少多少已經實現，因此絕非只是投影的產物，此亦無庸贅言。康德對於信仰給予獨立之分野，在純粹理性的範圍，是予以抑止，在實踐理性的方面，則允許神的存在，但不只是信仰，對於人類的所有活動都應給予意義與價值，因此至少從實踐論的立場，無論如何，都得承認此絕對的生命。若是如此，如何處理此實有的問題，才是恰當且合理？對於探討此問題的人，此實是最為苦悶之處。但筆者認為在此論究此一問題，是相當輕率，更且直言之，筆者對此的見解尚未澈底，此問題之詳述且留待他日，在此僅附加數言，作為此問題之結尾。

絕對的生命須待實現才具有實有的意義。若是觀念的，則只是作為實現之準備的模型。雖作為模型，但得以構成絕對生命的觀念之所以，在於吾等的現實生命中，具有得以實現之可能力，從而由於完成此創造的程序，才具有成為實有的可能性。而此創造之程序，主要是以優越之精神力為其前路。亦即精神勝於物質，以理性淨化欲望，如是，最後依其模型的觀念內在法則總合支配一切而獲得的當體，即稱為絕對生命的實現。

更依宇宙論的立場而作觀察，此主要是依假定其次之事，才具有意義。亦即主觀的實有若探討其原態，應是混沌的。但於此混沌體之中，含有物質與心理等二方面，此二者相互支持，也互相抗拒，此即是分化之初。如是，精神的方面逐漸優越，遂形成精神力不將物質全體轉換成已之範圍，絕不停止，而此實是人類之無限欲所代表的絕對生命之理想。從而人類才意識性地顯現絕對生命的理想，是在宇宙全體進展上的頂點，其根柢是將宇宙全體進行精神化運動。就直接現前的問題而言，是從個人的要求出發，但對於具有宇宙論意義的絕對生命，以種種形態描述而視為理想的，實起因於此。從而真正意義的絕對生命，是於永遠的未來，此宇宙的精神化運動完成時，才得以實現，萬有的神教觀具有其妥當性，是在於此時。以此為目標而努力，人類的宇宙的意義才能發揮。

第二章 解脫論

第一節 ◆ 問題所在

所有的宗教無論以何等形態表現，皆以解脫的要求為其背景。當然彼等未必皆意識性提及於此。此因意識性的提出解脫的要求，是人類的生活觀已趨於相當複雜、相當深刻之時。未及於此境的人類所信奉的宗教，是極為低級的自然宗教，縱使內含解脫思想，但通常尚未浮現於表面。就此而言，可以說以解脫為目標的是高等宗教的一種特徵。若是如此，其浮現於表面時，其解脫的內容是否所有宗教皆同？當然根本上，其核心共通，但至少將此予以表象時，各各宗教大為不同。從同樣主張解脫主義的種種宗教所立的不同立足點看來，可以說是極其明顯。從而同樣說為解脫主義，但檢討其主張，若不能揭出其解脫的 內容，也不過是空言而已，此固然無庸贅言。

主張解脫的哲學或宗教，西洋也其數眾多。希臘哲學的畢達哥拉斯、柏拉圖最為顯著，基督教當然也是立於解脫主義之上，近代以叔本華為首，德國的思想家之中，此主義的主張者眾多，實不勝枚舉。因此解脫的要求，可以說是世界上——無論是何等形態——隨處可見的思想。但無論如何，解脫思想的中心必須求之於印度。最遲是《奧義書》以降，印度所有的思想都立於解脫主義之上，不只如此，印度人的認真態度可說是舉世無雙。更且其解脫觀有種種流派，予以總攬時，認為此中得以窺見世界所有解脫主義之類型並無不可。從而若不理解其種種解脫觀，則不能得印度思想真髓，更且若正確理解印度的解脫觀，多少得以理解世界上所有解脫主義的類型，若作此說，絕非誣言。

此處所說的解脫論，是指基於此意，對於印度種種解脫觀所彙整的若干概念，同時意圖窺其共通意義。當然此一問題若予以詳論，將是非常複雜，終非一朝一夕可成，職是之故，此處盡可能予以簡單總攬，指出其方隅，此乃必須預先說明的。此下第二節、第三節所收，原是分別的論述，今彙整於一處。第二節涉及印度思想全體，第三節的目的在於檢討佛教的空之解脫觀。

第二節 ◆ 印度的種種解脫觀及其意義

一、解脫思想之起源

村上博士曾於其名著《佛教原理論》中，指出佛教各派其一貫的理想是涅槃，據此佛教得以統一，誠然如此。但實言之，此不僅只是佛教諸派的理想，廣義而言，也是印度諸教派全體的理想，也是其主義。此因無論說為涅槃（nirvāṇa），或說為解脫（mokṣa），終究是相同意義，不外於是指從分裂的個體生活解放，進而確立其自主獨立的精神生活。

若是如此，此解脫思想大致從何時萌芽於印度？當然暗地裡早已萌其芽。但顯著冒出的思潮，是在印度思想逐漸自我覺醒之時。

徵於文獻，就筆者所知，在最古思想之代表的梨俱吠陀時代（B.C.1500～1000），此一思想尚未顯著呈現。此因五河流域時代的古印度人可說都是素樸的、樂天的，尚未意識性的痛感生活上的矛盾。然而當雅利安民族逐漸移居東南方的恒河上游，開拓其文明時，對於生活本質逐漸予以深思，解脫思想遂徐徐開發。梵書（B.C.1000～800）初始，隨處可見其思想萌芽，尤其至其終期，已極為顯著明白。亦即自此時起，印度思想家逐漸探詢自我的本質，視此為不生不滅之靈體，認為毫無隱蔽的完全發現，將是吾人究竟之理想，韋伯認為解脫思想是伴隨輪迴思想而起，反之，多伊森認為即使沒有輪迴思想，當自我思想成熟時，也能單獨生起，但筆者認為其輪迴思想仍是阿特曼思想的產物，故兩者所說其實相同。亦即當感受到在萬有之中，尤其在吾人之中，真相與假相之間有非常大的對比時，遂意圖脫離假象而歸於真相，解脫思想因茲生起。但若就印度見之，明顯痛感真相與假相之對比，而最盛行論究阿特曼之問題的，無庸贅言，是始自於奧義書時代。從而解脫問題作為生死攸關之大事而被論述的，仍是始自奧義書時代（B.C.800～500），直至奧義書時代，解脫觀才得以真正定型。《奧義書》認為吾人本性之真我實與宇宙實在之梵同性，是本來純淨無垢，永恆不變之妙樂體。因於愚迷，昧其真相而分裂成個我，故輪迴於各處，沉淪於繫縛之境。離脫此不自由之境，安立於其本性，即是吾人究竟之理想。《奧義書》雖提出種種教理，然其最後之歸著不外於此。但當至於此境時，一方面越發高麗的寫象其理想鄉，另一方面回顧現實界，越發發現其不能填滿，厭世觀的思想遂逐漸養成，而解脫的欲求也趨於轉盛。如是，受《奧義書》所涵養的哲學思想所趨，縱使是不承認阿特曼的學派，仍以解脫為其最高理想，最後終於如前所述，成為諸派共通之理想，而此乃是解脫思想之起源與成立之大觀。

二、解脫觀的種類

基於前述，《奧義書》以後的諸派皆以解脫為其中心，故其解脫觀之種類也極為複雜。此因同樣說為解脫，然對於解脫後的風光及其實現方法等，依學派不同而有差別。亦即諸派的教理既以解脫為其中心，因於學派的教理不同，自然其解脫觀的種類也有差異。今基於方便處理，將依循其性質與傾向作簡單分類，大約可以用四種收納之。此下是此等的簡單說明。

(一) 依據人格神攝取的解脫觀。

善人死後，於耶摩天國享受種種福利，是梨俱吠陀時代已有的信仰，但在奧義書時代，如此的信仰被視為不究竟，乃至天國亦被視為未解脫之境，雖然如此，但此一信仰至少在通俗社會擁有非常勢力。《奧義書》將靈魂所行說為祖道、天道，其所謂的天道，即是天國之義，此天道或被視為輪迴之境，或被視為究竟之地。學派時代時，一神教的有神說擡頭，此一信仰越發興盛，將受唯一的人格神攝取視為是理想的解脫。毘紐拏主義諸派、濕婆主義諸派的解脫觀全皆屬此。佛教的佛土往生信仰，也暗屬此一系統。恐是此解脫觀既屬通俗性，又富於宗教氣息，故廣受一般社會人士歡迎。此解脫觀之特徵在於他力的。吾人得以解脫現世束縛，獲得自由境地之所以，是因於神之恩寵。西洋所行的解脫觀若可攝於此中，則基督教的立場正屬此部類。

（二）依據個人精神之獨立的解脫觀。

各人的精神本是不壞純淨之靈體，受非精神性的物體所障，故有此不自由不淨之身。職是之故——其非精神之物，無論具有實在性或只是假現性——若能脫其障礙，則個人的精神得以成為自主獨立之解脫境，此乃是第二種之解脫觀。此解脫觀認為無須於個人的精神之上，別立神或實在的宇宙，從而除了自己的本性，無須轉向其他。如同鏡塵之拂去，從隱蔽心性的某物脫出，即可直達理想鄉。奧義書時代，此解脫觀已充分圓熟，但予以顯著表現的，是數論派及瑜伽派。萬有是由精神性的神我與物性的自性兩者結合所成，從而受縛的原因也在此，故若斷絕兩者的結合，力求神我獨存，即是解脫道。數論派以及教理稍似的耆那派的解脫觀大致與此相同，精神從物的羈絆脫離是其最終理想。佛教中，大眾部徒提出心性本淨說，大乘認為人人之本性即是靈體，故煩惱客塵去除時，此中自有解脫涅槃，故也暗屬此系統。總之，此一部類之解脫觀皆屬哲學思辨之產物，更且常具有二元論的傾向。此因彼等強烈感受到自我與非我之間的對立。在實現的方法上，相較於信仰，較著重於智慧，通常是須依據自力修行。柏拉圖認為肉體是精神的牢獄，意圖解脫之，故若欲予以納入，應是屬此部類的解脫觀。此解脫觀的優點在於著重個性，然由於一一的脫離，遂與統一的原理毫無關聯，不免有萎縮的、分力的、非活動的弊病。

（三）依據否定生存意志的解脫觀。

先前所述的解脫觀是二元論的，一方面保留確乎不動，另一方面則捨去不固定的要素。除此之外，另有第三種的解脫觀。亦即以迷妄作為現實生活根柢，從而以完全予以否定作為獲得自由之境的唯一方法。小乘佛教的理想即此。小乘佛教標榜無神主義、無我主義，以諸行無常、一切皆苦為人生觀綱要。從而吾人之究竟理想不能於此求之，而應從完全捨棄，亦即從生存意志絕滅中探求。彼等稱此境地為涅槃（nirvāṇa）。「涅槃」一語，在原始佛教的用例上，雖含有積極的意義，但若認為其語根是具有「熄滅」（nir-vā）之義的 nir-vā，則是非常適合此時情境之用語。此因至少表象上，異於往生思想的轉向他方，也異於獨存的純精神之獨立，是完全的存在之滅。從而將此境界解釋成如消極的虛無境地的人也不少，小乘諸派中，例如經量部，早已有此解釋。當然實際言之，絕對的虛無並非吾人的理想，即使是小乘徒，於其虛無的涅槃背後，仍有不能言知的常恆偉大的光明界，此乃不爭之事實。雖然如此，但表象上，含有可解為前述的理由，也是不能否定之事實。至少此一境界，須依生存意志之否定始可到達，應是無可懷疑。西洋叔本華的解脫觀大致是承自此一系統。

（四）依自己體現實在的解脫觀。

先前所揭的三種解脫觀中，無論第一或第二種，可說都具有二元的或多元的傾向，第三種有虛無的傾向，相對於此，可稱為一元的積極的解脫觀是此第四種部類。亦即宇宙的本體與吾人的自我本是同一。因於愚迷，故有隔歷，其迷若解，吾人本身直是本體之全面目。如是，微少、分裂、暫有、不淨、不自由的自己若完全達到全一、普通、永恒、清淨、自主之境地，即是解脫境。此即是《奧義書》、吠檀多諸派、大乘佛教等之所唱。此解脫觀的形而上學的立足點是觀念的實體一元主義，或是萬有神教的，將宇宙本體視為唯一精神的存在，萬有是其發展或顯現。吠檀多所謂的梵或大我，大乘佛教的真如或法身等，皆悉屬此。從而在表象其解脫境界時，極其豐富，且是活動的，無須捨去現實界，現實即是本體，則完全是解脫的境地。《奧義書》說為「實則此一切是梵」，天台宗說為「一色一香無非中道」，從解脫的立場而言，萬有悉呈永恆之相，是無礙自由風光之顯現。華嚴宗立事事無礙的法界觀，禪宗談生死即涅槃，真言宗說即身成佛等等，無非皆是此一立場之自然發揮。至此，印度的解脫觀，至少在理論上，厭世觀與樂天觀得以調和，此岸與彼岸得以融通，動與靜得以相即，實在與現象得以連結，潤達自在之範圍得以開拓。

上來是簡單為印度解脫觀的種類作分類，當然，實際言之，更有不列於上來所揭範圍內的，或者跨越兩者的解脫觀，但大體上，一切的解脫觀皆可含攝於前揭四種之中。

三、解脫的體驗性意義

雖同樣以解脫為理想，但有如是的種種流派，從而對此，彼等之間有真偽優劣之爭，自是當然。但就筆者所見，此主要是理論上的問題，至於在體驗的意義上，其差異不如主義的差異。此因雖有理論之樹立，但解脫的真義在於精神生活全體大轉向，據此而獲得超越苦樂的大滿足，獲得超越真偽的大確信，獲得超越動靜的自由，一言以蔽之，在於獲得意志絕對解放之境地。若依此見地，其形而上的理論若說為只是其意志趨進絕對解放境地的目標，並無不可。當然，依其目標如何，解脫者的性格以及風光也有顯著差異，但若就自主活動而言，可以說都是相同的。

從而就體驗的立場而言，論及此等種種解脫中，何者為真，何者是偽，可說是多餘的問題。主要在於得否，若達於此域，可說皆為真。此依理論的見地以及依實際的見地而大有不同，從理論上而言，二元論與一元論，有神說與無神說是互不相容的見地，但若依以此為基礎的解脫之實際體驗而言，其間自有融通之道。此因無論說為一元，或說為二元，說為有神，或說為無神，其差別只在於如何表象小意志與絕對意志，在實際的體驗上，至少從小意志解放都是相同的。試就古今東西方宗教聖者的言行見之，在教義不同，背景不同，性格不同之中，非偶然的，彼等有諸多共通點存在的原因在此。

四、解脫境與創造

其次，若是如此，解脫境是本有，或者吾人的精神生活是開拓創造此解脫境之境地？此依見地如何，皆有得以解釋的理由。但也可以說「創造開拓所得結果」之說，才是正確的解釋。此因吾人本具無限生命之要求，因於此要求，故求解脫，而從中覺醒，即可發見，然其無限生命須依實現才具有實在性。有神派固然無庸贅言，《奧義書》與大乘佛教等也曾將解脫境說為本來的家鄉，但實則是力說當為即是存在。予以實現才是永恆的安宅，若不實現，則只是圖案而已。對此，或許有人非難筆者所說是相當輕率的解釋，但理論上，古來的解釋不僅有種種的不妥當，更且無論是《奧義書》，或是大乘佛教，若尋其真意，實應歸著於此，故不能忽視。

> 此一切誠是梵。應觀念此為 tajjalan（依此而生，依此生息，歿於此）。誠然入依志向（kratu）而成。如現在依志向而成，歿後亦然。故宜應注意志向……造一切業，滿足一切願望，嗅一切香，品嚐一切味，包容一切，沉默無憂。此我是心內之我，此即是梵，余於此死歿，惶恐謹言（《歌者奧義書》Chāndogya up.314）。

此中指出一切是梵，此即是心內的我，先是揭出觀念之目標的圖案，進而所說的依志向，是揭出圖案悉皆依吾等的志向而被實現被創造。可說是一種以梵我融合為公案，努力思念時，則得以實現的創造觀。雖稍具神話色彩，但佛教的「諸佛依多劫之修行，各自建立其淨土」的信仰，若依此意解釋，可以說其意完全相同。例如就法藏菩薩（爾後的阿彌陀佛）歷經五劫思惟，永劫修行，建設極樂淨土的信仰而言，五劫思惟是其極樂世界圖案之構成期，永劫修行是努力實現的期間，如是，作為結果而被創造的解脫境地，即是極樂世界。《起信論》述及本覺、始覺之區別，若就筆者所見，本覺是圖案，始覺是其實現狀態。能作如此理解，其幽意才能明瞭。如是，圖案也是吾人所構成，努力志向當然也是吾人本身之所行，其結果的解脫境當然是吾人本身所創造。

五、解脫的根據與保證

雖然如此，但並非輕率構成圖案而求其實現，則皆得以實現。無論是圖案或是努力，悉應基於人類深厚的精神生活之本質與要求。若是如此，其根據何在？作為生命自我之特質，吾人實具備超越自己，趨於永恒的、靈性的方面，以及受感覺支配，受肉欲引領的獸性方面。而兩方面皆是意志所發表，此如前述。筆者暫將前者稱為向上的意志，稱後者為向下的意志。但所謂解脫，概括而言，如先前所述，是意志的絕對自由，亦即超越向下的意志而向上的意志得以自立，因此無論是其圖案或實現方法——無論是意識性的或無意識的——必然是基於此。更且如先前所述，雖有種種解脫觀，但在此一方面，皆悉相同。亦即有神的解脫觀是人格神化向上的意志；基於精神獨立的解脫觀是將向上的意志與向下的意志分隔；否定意志的解脫觀是著重於否定向下的意志，且不另外提及向上的意志；依據自己實現宇宙之實在的解脫觀是意圖依向上的意志而同化向下的意志。此等至少是先聖們自己所體驗的結果，此中有活生生的保證，任何人只要如是努力，皆能達其域。其根柢是熾熱的道心與不斷的努力。所說雖不相同，然其逮得者皆有偉大力之所以全在於此。從而不觸及此，僅只漫然依空虛的希望與空虛的概念，輕率地自己樹立解脫觀，絕對無法創造其真境，此自是當然。沒有正確意志活動伴隨的空想解脫觀絕對無法使生活轉向。

此中的疑問是，解脫之真意若是如此，其解脫之境地畢竟是吾人主觀性的產物，絲毫不具有普遍的妥當性。對此是然是否，筆者無法回答。因為此有兩方面。因為解脫的目標不同，修行的方式差異，故所到達的解脫境地只是個人的主觀狀態，雖然如此，但皆以意志之大轉向為其本質，更且其意志的本質是各人共通，故此中仍有普遍的意義存在。釋迦個人的解脫觀超過三千年，但至少得以引導半個世界之所以，在於釋迦主觀的解脫境仍代表萬人共通的理想。就此而言，解脫境是主觀的，同時，也是客觀的、普遍的。

六、種種的解脫觀及其價值

最後，種種的解脫觀若皆有效，其價值是否同一？未必如此。此因縱使意志的轉向相同，大滿足的程度相同，然其活動的風光非常不同。從而作為其結果，及於文化進步的影響，是否有益於全人類，也大為不同。活動的解脫觀的大乘教徒破斥非活動的小乘教徒之所以，其因在此。但支配此解脫境之風光的，不外於仍是圖案的形而上學的原理，因此，若欲對種種解脫觀下價值判斷，終究必須回歸於此。至此，從解脫觀所見的哲學原理再次具有重要意義，雖然如此，此處無法就此一一批判，故略過不談。

筆者曾經指出印度哲學皆是廣義的實用學。之所以作此說，係因於彼等僅著重於實用與超世間的事項，故與現實生活無關。無論如何活動，仍不離其解脫的出世色彩。但若進一步的廣義解釋解脫的意義，則未必如此，應與實際社會具有非常的關係。此因解脫的本質若在於脫離感覺界，安住於超感覺的，融合各個部分而開拓全一境地，則宗教固然無庸贅言，無論哲學或科學，無論文明或進步，不外於皆是廣義的解脫欲之產物。若吾人完全埋頭於現實，認為只有感覺世界是真，則此中既無文明之進步，亦無學問的要求，宗教的渴仰絕對不能生起。吾人所以有求真理之心，是意圖超脫感覺的不透明，吾人所以有求永恒之希求，是因於意圖脫離現實界之暫有性。就此而言，將人類特有的精神事業說為皆依廣義的解脫欲而開拓，並非誣言。從而可以說任何人於實際生活上，本有一種解脫觀，且必須有對此要求的努力。

如是看來，以此為中心而發展的印度哲學，作為實用學，實具有無限妙趣。只是彼等往往忽略現實，高飛於理想界，故難以作為現實生活之規準。是故此解脫觀若稍作近代的改造，於實際生活上給予意義，更且開啟形而上的理想鄉，此即是新理想主義，真正如字面上之所顯示，是世出世之真道。

第三節 ◆ 佛教解脫觀的特徵

佛教的範圍非常廣，其解脫觀也有種種，但概括而言，仍可包括於前節所述的四種解脫觀之中。從而對於此等，若一一檢討其特質，將只是重覆前節所述，故此下主要是就前節所舉的第三種，亦即基於意志之否定的解脫觀，闡明其意。此因在種種解脫觀之中，此最能代表佛教的特質。發展的佛教中，般若系的空之世界觀最能保存此一系統，且是最為開展的思想，故今一方面慮及於此，另一方面稍稍論述涅槃之真義。

佛教解脫觀的主要立場在於超越離去此欲望之世界，此佛教的世界觀來自不承認作為原理的神，也不承認作為個人之原理的不變的我，一切只是基於因緣的關係而顯現，其因緣之根據在於吾人意志，故有此結論。職是之故，作為根據的意志之欲望若是斷絕，即是解脫，而解脫也不存在。其他學派認為應解脫此現世，然其所述，無論是不變的真我，或是宇宙最高實在的神，皆有所據，但佛教不立此等，故至少表象上，難以給予積極的意義。佛教稱此理想為涅槃，所謂涅槃，就字面意義而言，是熄滅之意，以熄滅此欲的存在為究竟的理想。尤其大乘的《般若經》等，明白稱此為空，空空、大空、畢竟空是宇宙的真相，若逮達此一真相，即是解脫涅槃。因此，西洋的佛教學者之中，有人認為佛教的理想是入於虛無，將一切存在歸於無有是其目的。但佛教中，未必皆持此說，不少人認為此係因於對恐懼虛無的根基未熟者，揭示有某物的存在所導致，或借用外道所說，將根本精神稍作變化所導致。從而也有不少人認為佛教的人生意義完全是出世間的，若就確守其根本精神而言，以肯定現實世界之建立作為標的之舉，並不適切，此固然無庸贅言。

果真如此？的確，從表面的論理看來，佛教解脫觀之歸結確是如此。但應予以注意的是，說為解脫，卻僅以抽象的理論解釋基於味覺體驗的事情，未必正確。為闡明佛教解脫主義的真正特徵，對於實際的意義，此下再予以探討。

從稱為解脫後的作用立場而言，對於印度一般所行的解脫觀採取積極主義的，在作用方面卻是極為消極。《奧義書》的解脫觀極為崇高，基於梵我同一的信念，達到我即是宇宙大原理的梵之體現的大自覺，即是彼等所說的解脫。雖然如此，但從稱此為作用看來，彼等的解脫者只是一個沉默靜寂隱居於森林中的乞食者。數論的解脫觀精妙至極，彼等將不變不動的真我之獨立視為解脫，亦即將超然離脫一切物質的束縛，僅存虛靈不昧之精神力視為解脫。但若從作用而言，也只是一個與人生無交涉的沉默仙人而已。此外，佛陀時代雖有基於種種方法的解脫者，但都是於森林中，沉默自持，自我體會解脫之境，與世間毫無交涉。因此，當時的聖者皆有牟尼（沉默）之名。若是如此，無任何寄託的空寂主義的佛教解脫觀其作用又是如何？若徵於佛陀的行動，佛陀的解脫是在三十五歲完成，同樣有牟尼之名。然此牟尼並不是於森林中默坐的牟尼，而是直至八十歲的四十五年之中，佈教化導，且說且行，更且以當時的都市為中心，為人類幸福而活動的救世主。

其他學派皆悉採取超然主義，不甚重視世間的道德，反之，佛陀以慈悲博愛為主，專致於道德性的教化眾人，即是其解脫的福音。印度雖有種種宗教，但以全人類為對象，全面佈教傳道的，唯獨佛教，更且如佛教的富於人間性，無出其右。佛教得以擴展成世界性的，其因全在於此，故若只從純理論的立場來看，實是不可思議的現象。雖有梵，或我，或神之樹立，卻是無活動的，反之，不將此等表象化，看似以虛無為理想的佛教，確是發揮最多的實際人生意義，此實是不可解。此事令筆者認為將佛教解脫的思想解釋成滅無並不正確。

更進一步言之，就某種意義而言，佛陀是現實主義者。無論說為解脫，或說為涅槃，若對實際的生活毫無助益，則不具任何意義。佛陀認為現在的一瞬間，包含著過去與未來，吾人的生活主要是常處於永遠的現今。從而其解脫也於「現今」實現，於現今的一瞬間，從欲的束縛脫離，所得的永遠的自由與歡喜，即是解脫之真諦。換言之，其他學派認為相對於現實世界，另有其本體，且將能臻於此的，視為解脫，因此還處在現實世界中，即是未解脫之徵證，但佛陀認為無論是能超越的人，或是所超越的境，仍不脫離此現實的世界，此乃是佛教所說解脫的最大特徵。

從而佛教認為雖說為解脫，卻否定或背離此世界的價值，反而害其真意。雖有必要一度採取否定之道，但若能再度歸來，才可說是真正完成解脫。當然此乃非常困難之舉，身處此世界，於此解脫，同時又在此世界活動，若非真正殊勝的聖者不易行之。因此，佛弟子中，認為解脫只是脫離，無視於在此世活動才是完成其意義，以恬淡無為或灰身滅智為理想的人輩出的，即是所謂的小乘佛教。雖然如此，但此終究非佛陀真意，故猛然對此產生反抗運動的，即是大乘佛教。此中，般若教屬於其最早時期，且最為純粹。般若以主張徹底的空為其立場，故《大般若》六百卷之所說，無非「空」之一字。但般若的空絕非消極活動的空，從某一方面而言，是否定一切，佛是空，眾生是空，世界是空，迷與悟皆空，一切皆空，但一旦空達於巔峰，先前的否定皆予以肯定，更且對應千差萬別之事，將此歸著於無礙自由的人格活動，即是般若佛教之特色。

如此看來，佛教的解脫主義，從表面而言，是空寂主義，但若從佛陀的人格活動，或從可以推知此人格的教理真義看來，絕非只是以虛無為其理想，此完全無可懷疑。反之，佛教的解脫主義其特長在於最具體的活動主義。西洋學者中，之所以有人將佛教視為消極的宗教，主要是因於不理解此根本精神，故不能說其見解正確。可說是只見其一面，不見另一面的批評。從而大乘佛教樹立種種積極原理，或稱為佛，或稱為真如，或稱為如來藏等，以此為解脫標的，絕非只是借用而已。雖然此中有後世發展的思想，但皆悉出自佛陀的精神，此乃是佛教史的研究上，所不能忽視的。

要言之，從某一方面而言，佛教確實是否定主義。現實世界固然無庸贅言，無論是實我，或是神，或是理念的實體，皆予以否定，終歸於空。雖然如此，佛教的特長是一旦到達此涅槃，則需百尺竿頭更進一步的回歸。此際，先前所否定的，今再予以肯定，最後此現實界亦予以肯定，此乃是大乘佛教成為汎神觀之所以。如此的經過未必是在佛陀的時代完成，就歷史看來，佛陀只是揭示超越現實界而至於空，並由此空再回歸現實界活動的方針。而繼此方針，且止揚種種的解脫說，以空為基礎，而朝向肯定方面的，即是大乘佛教。如是，遂承認作為佛的人格神，承認如來藏的真我，進而以現象即實在之立場談即身成佛，開展佛教的教理。而此中一貫的佛教解脫主義的特徵，固然是自己的絕對的滿足，但此外也有為世界的幸福，為人類的改造而作努力。

第三章　唯意志論之發展及其概觀——以原始佛教為歸著點

第一節◆序說

「意志本位說」在現代歐美思想界是最具有勢力的學說，當然持反對的學者也不少，但總括來說，某種形式的以意志為中心，解決種種問題的風氣已蔚成流行之風潮，此乃是事實。因此筆者此下將應用其光，略述古代印度唯意志論之發展。此因印度的唯意志論作為其自身問題，不僅值得注意，更且經由叔本華間接的、某種程度的影響歐洲學界，因此在東西方思想交流上，亦頗值得予以注意。但由於印度思想系統甚為亂雜且曖昧，欲將某一問題組織於一系統之下，探其開展之迹，將是甚為困難。尤其若欲從思想分化不明的印度，將唯意志論與被西洋人視為其主要對手的主知論（Intellectu-alismus）劃分開來，並且探究其發展，更是困難至極。故此下將以古代印度唯意志論之代表的原始佛教作為歸著點，以此為目標，闡明其思想發展，即可視為此一目的略見完成。從而無法如西洋人的——揭出其時代及主張者，乃至探究其間的連絡。亦即只是籠統的從一般潮流之變遷中，探察與唯意志論相關的，依其時代探究前後關係，以及逐漸朝向原始佛教所論之方向而已，此乃必須預作聲明的。又必須預先聲明的是，一一的年代與文獻的考證，及其進展的追蹤可說非常繁雜，更且筆者於他處已有述及，因此，此下僅依內在發展之立場作觀察。

在進入本題之前，首先略述西洋唯意志論的意義及種類。此因唯意志論（Voulntarismus）一語，原是西洋哲學用語，印度並無與此相當之語，因此雖是在述說印度的思想，但關於一般意義的論述，還是有必要依準西洋。

茲就唯意志論一語的意義述之，無庸贅言，此乃是用於汎稱欲以意志解決種種問題的主張或態度。但必須注意的是，說為意志，未必是指「知情意三分法」時的「意志」。如前所述，唯意志論是主知主義的相反主張，一般說來，是將心理活動區分成二部分，將其中的一部分視為知（亦即表象要素），其他部分則視為活動要素，但就後者提出所謂的唯意志論。亦即提出唯意志論的人，大抵認為意志之中也含有感情要素，而感情至少就其原始作用而言，是意志的動機，是促成行動，因此將它攝於廣義的意志中，並非不恰當。現今的唯意志論者包爾認為將心三分為知情意，此在理解心體上並不恰當。因為在原始狀態下，情與意志不能區分，因此將心作用二分為表象與意志才恰當（Einleitung in die Ph. p. 127）。又可說是唯意志的心理學者的溫德雖承認意志的特別作用，但著重於意志經過（Willensvorgänge），且視此為是一種感情經過，亦即以情意不離而提出其唯意志論，故可視為所說相同。此外，種種唯意志論者所說的意志其意義雖未必一致，但總括來說，心作用中的活動要素——無論是表現於行動或未表現於行動的動機——只要是以行動作為目標的全部心的作用，皆以意志一語表現。而此正是反唯意志論者非難唯意志論者所說的意志意義曖昧，但總括來說，唯意志論者所說的意志，大體如上來所揭。從而在探究印度的唯意志論時，縱使沒有以意志一語表現，仍具有如此趣意，更且將以此為中心而考察事物的態度，稱為唯意志的態度。

其次，將述說的是，以此意志為本位的唯意志論的種類，但筆者首先必須指出：籠統而言，是以意志為中心探查種種問題的態度，即汎稱為唯意志論。但究竟是以何等意志為中心，並不相同。基於方便述說，筆者大體上是分成二種類。其一，主要是依據道德的價值，另一是從生物學的，或從心理學的事實出發。可以說前者是以意志的最高活動為出發點立言，後者則以最低活動為出發點。

若依據前者，吾等的價值與其說在於「知」，不如說在於「行」，尤其是「合法則」的行。此行雖受知指導，然其最後仍決定在於意志自身，藉用斯戈圖斯所說，相較於知，意志是在上位（voluntas superior est intellectu）。如是，基於此立場，應用於形而上的是認為神的主屬性在於全能甚於全知的斯戈圖斯的神學的唯意志論，以及認為宇宙的本體在於道德我的費希特的道德的唯意志論。從而基於如此唯意志論的人生觀在於肯定意志，此固然無庸贅言，實有之神祕僅依意志而體現，是故亦可總稱此一立場為合理的唯意志論。

反之，基於意志最低活動的唯意志論，主要是以發生的觀察為基礎而立論，是基於心理學的生物學事實。亦即若觀察吾等現在的心作用，雖含有種種要素，然若探其原始狀態，則只是相應單純的欲求或相應刺激的衝動是其原本要素。此原本要素若經發展，則形成所謂的意識的意志（der bewusste Wille），然其自身可說是無意識的意志（der unbewusste Wille）。在成為一切生命活動之根源方面，此以意志為本位。唯意志論者多伊森如次說道：「此處所說的意志，是指處於一切內在的刺激、欲望、努力、希望、要求、渴望、愛、喜悅等之根柢者，發則成為吾人的行動，然其自身，無法依其他顯現的心作用得以說明。」（Elemente der Metaphysik S. 2 Anm）

如是，將意志視為宇宙之本體，而宇宙則是由無饜足的意志所顯現，此即是以叔本華為開祖的形而上學的唯意志論。相對於先前所揭合理的唯意志論，如此的唯意志論正可稱為盲目的唯意志論，故此下將使用叔本華所說的「盲目意志」一語。從而依此立場，唯意志論的人生觀，其結論並不是以肯定意志為理想，彼等認為意志的本質是無限的無饜足，由於有意志，而吾人又不能獲得滿足，因此必須予以否定。叔本華的厭世觀，不外於成立於此。當然尼采始終以肯定為理想的立場也得以至於此，但異於合理唯意志論者的肯定只是預想，此係就事實而論。

如是，同樣的唯意志論者可大別為二類，就歷史看來，大抵合理的唯意志論先興起，盲目的唯意志論稍後，此乃是哲學史之所告知。此因以斯戈圖斯神學的唯意志論為首，經由康德表現在意志批判中的意志至上（Primat des willens）的思想，到費希特的道德我之思想，皆屬合理的唯意志主義，而盲目的唯意志說是由叔本華開始提出。從唯意志主義的適用範圍看來——其基礎當然是心理學的觀察——初始是專取形而上學的形式，逐漸才以心理學的生物學事實為主。亦即斯戈圖斯以來，直至叔本華，都是形而上學的，當然今日仍有其沿襲者，但從稱為世界意志等看來，顯然在科學範圍內，持此主張者較多。

作為序言，上來所述稍見繁瑣，但要言之，若論及唯意志論的一般特徵，可以說重視活動甚於靜止，重視意欲甚於理智。

依據上來所述而探究印度的唯意志論，乃是本文的目的。但應予以注意的是，所述完不完整另當別論，印度的唯意志論大體上具有前述的種類，更且也有前述的發展次第。此乃雖認為繁瑣，但仍作上來準備之所以。

第二節 ✦ 數論之前

一、印度唯意志論的地位及其發展之區劃

印度的思想大抵以實際（宗教）為目標而發展，因此任何理論於其最後仍必須考慮到體驗。此即如康德之流所說：「印度思想不是從純粹理性的立場出發，大抵是出自實踐理性的要求。」從而就此而言，可以說印度思想是廣義的實用主義，或可視為屬於實際的唯意志論的部類。但此只是大致上的，若探查其內在，總體而言，應是主知主義勝於唯意志主義。至少《奧義書》以降，印度全部的思想是由智慧至上（Primat des Intellektes）的思想所貫串。此因自《奧義書》以降，印度思想是以自我觀為中心而發展，而彼等大抵認為自我之特性是睿智的、不動的，且將體驗其當體視為最高目的之解脫。從而以此自我觀為出發點所成的形而上學，是將宇宙本體視為不變不動，自足完了，唯一常恆的知的靈體，至於認為彼受欲求所驅，營造自發的活動，則是吾等觀察者無知所致，或因於實有假象方面的作用。吠檀多派的本體觀是如此，而大乘佛教所說，例如《起信論》的真如觀也是如此。從而若依此見地，則將吾等與宇宙本體交流的契機點，視為不在於情意方面，而在於純化的最高理智、神祕的直感，也是自然之數。此即印度思想雖以宗教為中心而發展，但特為重視思辨之所以，且將其思辨之極致的明（vidyā），或般若之智慧（prajñā）視為實現理想之最高手段，又認為聖者得此的聖者之資格，與其說是在於活動，不如說在於靜寂。

但反過來說，此實是大致的觀察。的確，總體上印度思想的特徵是智見主義，但另一方面，至少

若就所謂現實的觀察而言，不能說不具有唯意志論的傾向。此因印度的思想家雖無明言，但大抵在心理的觀察上，是承認知識與情意作用的相對立，而且在價值上，知識作用雖居上位，但仍承認情意作用的堅忍獨立性。例如可說是主知主義之樣本的商羯羅，其吠檀多思想雖認為實有之當體是純知（cinmātra），但也認為現象界是對應情意的活動，至少就現實界的原動力而言，是承認意志性的獨立活動。何況在種種印度思想中，由於認為神的意志是所有合乎法則之淵源，因此或認為吾人之欲求是宇宙支點，乃至或從知性的原理類推，而意圖以意志的原理解決一切，如此名符其實的唯意志論的見解絕對不少。而其種類既有以合理的意志為主的，也有依據盲目意志的，乃至有神學的，有形而上學的，有心理學的等等，非常雜然，此前述歐洲唯意志論諸型皆得以窺見。故筆者大體上完全同意印度思想是智見主義，但此間唯意志論的要素也不少，此當切記莫忘。尤其在現象界的說明上，諸派一致認為是從意志的原理所導出。而此等唯意志論雖然是在學派時代（原始佛教時代）以後，才分化成整然之形，然其釀成期，無疑是《奧義書》之前的無學派時代，因此從發展史看來，印度的唯意志論有必要認為是從此時開始。筆者此下以原始佛教為其終點，探其發展次第之所以，是意圖藉由探察由未整然推進至整然之形的經過，作為觀察其全體之伏線。

若是如此，如何區劃此間的發展次第才是恰當？

印度哲學思想之興起是在西元前一千年前左右，亦即在《梨俱吠陀》終期，而佛教之興起是在西元前五百年左右，此間大抵經過五百年。就此間的思想發展傾向見之，大體上初始專以理想之追求為主，從中期開始，逐漸注意到現實界。亦即若以《奧義書》作為分水嶺，《奧義書》中期以前，主要是將當然當作存在之形，從實有探求理想之根據；《奧義書》中期以後，逐漸對於「何故現實是如此」

的問題多加注意。此因在奧義書時代，逐漸意識到理想與現實的對比，且強烈的覺察到——為實現理想，首先必須理解現實何以是如此。從而興起於此間的唯意志論的傾向，大體而言，前期主要是流行合理的唯意志論，到了後期，則盛行所謂盲目的唯意志論。此因前期認為現實界是隨順理想界，到了後期，則認為現實界在某種意義上，是蒙蔽理想界。從而前期主要是論究神學的，或形而上學的，反之，後期則以事實的，尤其心理學的觀察為主；因此，相對於前期的重視普遍性，後期逐漸重視個人方面，也是自然之數。此因印度人也認為理想界是統一的，而事實界是個別的。簡言之，此五百年間的唯意志論的傾向，亦如同西洋的——從合理的，成為盲目的；從神學的變遷為心理學的，因而其人生觀，在前期是肯定的樂天，但到了後期，逐漸成為否定的厭世。

但如此的區分可說是相當概括性的。若更作區劃，筆者認為可以如此區劃：

第一期：《吠陀》、《梵書》的唯意志論（BC 1000 ～ 800）。

第二期：《奧義書》的唯意志論（BC 800 ～ 600）。

第三期：數論的唯意志論（BC 600？）。

第四期：佛教的唯意志論（BC 500）。

若簡單略述此等的特色——第一期的唯意志論是將最高原理視為意志的存在，更且是從其意志導出一切道德的宗教法則，所謂合理的唯意志論是採取神學形式之時期。第二期的《奧義書》時期，是將前文所說的合理的意志分成合理（知）與意志（盲目活動），以知為本體，且置於上位，然其內在逐漸傾向於心理學方面，同時也養成形而上學的盲目意志的思想。第三數論的唯意志論是承受前說，但意圖將宇宙的盲目的意志獨立出來，而且大幅縮小知性的獨立。最後佛教所提出的，是純然的唯意志論，此時全然否定知性之獨立，且意圖以個人的盲目意志為中心而說明一切。

以下將依此區分述說其開展次第。

二、吠陀、梵書時代（西元前一〇〇〇～八〇〇年）

如前所述，印度的哲學思想萌芽自梨俱吠陀終期。自此時期開始整理從前雜多的神話宇宙觀，並從統一的見地探求理想標的，同時也述說萬有之起源。《梨俱吠陀》第十卷所收的，被稱為「創造讚歌」的讚歌即是其成果。固然其表現法不正確，思想也不具有組織，但就此中至少含有後來種種大思想的種子而言，頗值得予以注意。從而無庸贅言，後來所開展的主知傾向，或唯意志傾向，皆已呈現於此中。主知的傾向暫且不論，對於唯意志的傾向，吾人首先必須注意的是，此等讚歌的其中一首，幾乎能令人想起叔本華的唯意志論。此即有名的〈無有歌〉（nāsadāsiya sūkta）的思想。據彼所述，宇宙之太原是一顆混沌未分的種子，彼依熱力（tapas）而動，成為欲愛（kāma），欲愛更成為現識（manas），萬有之成立即於此間完成。所說的一顆種子，即是根本生命；所說的欲愛，是指生命自體之欲求，亦即生存之意志（Wille zum Leben），現識即相當於所謂的表象（Vorstellungen）（參照《印度哲學宗教史》一九一頁，繁體中文版一一一頁），豈不是令人驚嘆且極其明顯的唯意志論。此〈無有歌〉明白的斷言欲愛是實有與現象之連鎖，揭示吾人之生存意志一方面與實有界相通，另一方面則是現象界之支點，進而推進至認識的問題，就古代思想而言，確實不得不令人驚嘆。印度所有的唯意志論皆由此湧出。無論是原始佛教或數論的思想，都遠承此一系統，筆者亦曾於他處述及（參照《印度哲學宗教史》一九四頁，繁體中文版一一三頁）。但若就文獻而言，印度的唯意志論並非如此簡單跨出其開展步伐。此因此中所說的一顆種子雖是根本生命之義，雖是以無意識的混沌體，所謂以低級意志為基礎所得的觀察結果，但如前所述，大體上第一期的支配唯意志說是神學的，是合理的唯意志說。亦即在此〈無有歌〉的思想成為支配一代思潮的原動力之前，是以種種形式維持其思想系統。

若是如此，此〈無有歌〉以外的其他創造歌所表現的唯意志傾向又是如何？當然其自身並非相當明顯，但至少若依稍後之意看來，此等皆具有朝向合理的唯意志說的素質，乃是無可懷疑之事實。亦即貫串於此等讚歌的思想是，於第一原理創造又開展萬有之際，作為其原動力或順序，應隨順道德的宗教規定。換言之，此等讚歌認為宇宙之創造次第應與人類所規定的廣義道德行為（包含宗教儀式）一致，是以宇宙秩序與人間秩序一致的思想構成其創造觀。在先前純然的神話宇宙觀時代，認為神是規律（Ṛtam）之主體，其規律的活動成為宇宙的秩序，成為人事的秩序，至此時期，基於統一的原理此觀念更為清晰。此因在梨俱吠陀終期，當時的宗教界逐漸著重於祭祀，所謂的神學者為給予其所祭祀具有宇宙論的根柢，故提出如此說辭，總括來說，雖是依據神意的合乎法則而述說宇宙之創造與秩序，但仍應視為是合理的唯意志論之先驅。

如是接續梨俱吠陀終期的是梵書（brāhmaṇa）的神學時代，當時的時代思潮越發以祭祀為中心，故相較於先前，其神學根柢之宇宙觀是更為整然合理的唯意志論。其例眾多，今無暇列舉，茲僅揭出當時世界創造觀的常套說明如次：

So 'kāmayata bahu syām prjāyeya-iti
Sa tapoatapyata sa tapas taptvā idam sarvam asṛjata
彼起意欲，我欲多，我欲繁殖。如是，彼施行熱力。依熱力創造全宇宙。

此中所說的彼，是第一原理之汎稱，在梵書初期，主要是指被稱為生主（Prajāpati）的人格神，但在此句中，未必僅侷限於指稱生主，而是任何原理也適用的常套口吻。第一原理在創造萬有之前，首先欲自我增殖，作為其手段，是生起努力之意志，依此而創造萬有。亦即將先前《梨俱吠陀》的〈無有歌〉的一顆種子，轉換成稱為「彼」的意識原理；而欲愛的第二次原理，在此則是被說為意欲（kāmayati）的第一原理之欲求；現識的第三次開展，在此是被轉成萬有（idam sarvam）。如此的轉換是梵書認為宇宙人事秩序是由第一原理的合目的及合理的意志所導出，可以說是將《梨俱吠陀》〈無有歌〉盲目意志說與其他諸讚歌的思想結合而成。總之，《梵書》的立場是將第一原理視為唯一精神的實有，而其本質在於意志方面——事實上，尚未清楚意識到知識與意志的關係——但可認為是由此意志活動而導出萬有，因此可以斷定是合理的唯意志論。從而若依據《梵書》所揭，客觀的宇宙秩序皆來自第一原理的意志，尤其在祭祀之次第與四姓的義務方面，予以論證一舉手、一投足，不外於都是第一原理的合理意志所示現。極言之，第一原理之意志即是法（dharmata），為實現此法，最高原理自我起意欲，施予力量，創造世界，可以說此乃是《梵書》的根本哲學。當然其說明方式是機械性的，且其分配幾乎令人啞然，但至少就其精神而言，如此結論並沒有超出《梵書》的立場。更且此思想成為爾後佛教雖否定其所說的第一原理，但仍承認其自然法與道德法的歷史背景，此當切記莫忘。

要言之，梵書時代若就宗教而言，婆羅門是以儀式制度為生命；若就社會而言，四姓階級的義務逐漸確立，彼等將此類規定視為皆由第一原理導出，遂有前述之立場。但彼等並不是以第一原理之觀念作此規定，而是以意志，是以所謂的神學唯意志論。又從《梵書》名此為第一原理的精神看來，也得以知之。彼等初始主要是以「生主」之名指稱第一原理，但逐漸認為只是人格化有所不足，遂於其中期，作為純神學的產物，且是合理意志的代表而採用「梵」（brahman）一語。此因「梵」一語，原是用於指稱「祈禱」，據彼等所述，「祈禱」是宗教儀式的本質，同時也是吾人情意最緊張的狀態，且是合理意志的中心。此語不久之後，即與自我結合，成為知的本體，但至少若從其命名的精神而言，認為初始被視為是意志的，應是恰當。

要言之，《吠陀》、《梵書》的唯意志論，若從其全體而言，是其初期；若就表面看來，甚為亂雜，且有時甚為樸素。但總括來說，予以純化而朝向哲學時，是朝向費希特等所唱的道德我的思想，此應無可懷疑。從而作為其結果（或許說為前提將較適當），當時的思想界可說是相當實際的，若用爾後的術語表現，可說是重視行業（karma）甚於智（jñāna），之所以如此，也是自然之數。

三、《奧義書》的唯意志論（西元前八〇〇～六〇〇年）

上來所述的合理唯意志論，不只是《梵書》，直至奧義書時代，爾後很長的時間，是由一部分的有神論者所採用。但理論上，此唯意志論不能只是停留於此。既然是合理的意志，其背後必然有作為合理的源泉知性。只因《梵書》著重於活動，故意志性的看待第一原理，雖然如此，但在暗默之中，仍是承認令活動成為合乎法則根源的第一原理具有睿智性。隨著神學者其思想推進，此一問題逐漸被意識，究竟是知性為主，或活動性為主的主知論與唯意志論的問題遂隨之出現，而此即是《奧義書》應予以解決的問題。

在《奧義書》中，最高原理的名稱也是梵。亦即梵書時代，被視為意志之「合目的性」的代表者──「祈禱」，但此時其內容大為變化，超越昔日的祈禱之義，是被當作觀念的原理使用。亦即《奧義書》的思索家認為實有的本質不在於動的方面，而在於睿智方面，當時的時代風潮雖已呈現崇尚寂靜甚於活動，但主要還是結合此時達於最高峰的自我觀所致。在此無暇述及此自我觀之發展，但要言之，此乃是梵書時代終期極為顯著的問題。初始仍將此寫象為活動體，但到了奧義書時代，顯著強調其認識，遂被視為認識的主體之外，不具有何等屬性。自我觀直接被移用於本體觀，作為梵我一如說之結論，如同自我之本性，大我的梵之本性也是認識，亦即也是知性（cit, jñāna. prajña）。從而第一原理的意志性──生起我欲多，我欲繁殖之意欲，施行其熱力的活動性──，在《奧義書》中是被視為第二次的，尤其依據有名的商羯羅阿闍梨的解釋，將梵視為具有創造力，是出自於無明之迷見。《奧義書》雖未作此說，但總括來說，認為梵具有知性與活動性，而知性是其真相，活動性是顯相；知性是在上位，意志性居下位，應是無可懷疑的事實。甚至也有認為於同一實有中，知性與意志性是相反的，亦即逐漸趨向於二元論。

如是，出自價值的見地的合理唯意志主義，在《奧義書》時代有一大轉折。不可忘記的是，依據心理主義的盲目意志觀念也逐漸於此時出現於舞臺表面。此因《奧義書》既將《梵書》的實有觀分析成知性與意志性，縱使將知性置於上位，但只要是以某種形式活動，則必須論及作為此活動之源泉的意志性──無知的意志，亦即盲目意志──。何況如先前所述，《奧義書》的中期以降，逐漸對於活動的方面，亦即對於現象界多加注意，因此實有的意志方面的觀察日益成為重要問題，也是自然之數。亦即知性與意志性的問題是當時哲學界的中心問題，而意志性雖居知性之下位，但已逐漸跨出自己的步伐。

若是如此，《奧義書》的思索家是依據何者而觀察實有的意志？無庸贅言，是伴隨自我觀的心理觀察。亦即直接將吾等心理活動的意志性應用在實有，此即筆者稱《奧義書》的唯意志論為心理的、形而上學的唯意志論之所以。

《奧義書》在進行心理學的觀察意志時，是先從作為意志之表現的全部身體。吾等的自我本性雖是不變不動之靈體，但因於有意志之呈現的身體而得以活動。此處所說的身體，並非意指肉體而已，依據《奧義書》所述，吾等的身體以肉體作為外殼，是由稱為五風的生理機關與稱為十根的感覺及活動機關所成立。但《奧義書》並不是直接將此視為活動之源泉，而是認為於其深處更有一機關。亦即由於「有稱為意」或「廣稱為心」的 Manas，身體才有活動。此 Manas 雖是心理機關，但依據《奧義書》所述，其仍異於不變不動之睿智體的阿特曼（真我），故仍屬於廣義的身體。亦即如同亞里斯多德所述，《奧義書》認為真正的靈魂之外，另有身體的精神。此 Manas 的作用，就現象的活動而言，兼具今日所謂的知、情、意等三種作用，然其自身並不是究竟之原動力。作為令此 Manas 活動的根本動力，《奧義書》所立的，即是無意識的意志。《奧義書》在表述此意志時，是使用種種術語。欲愛（kāma）一語也適用於此，固然無庸贅言，新術語則是意作（mano kṛta）、業（karma）、無明（avidyā）等爾後被視為相當重要的語詞，為此目的也使用之。當然，嚴格說來，在用法上，此等之間稍有差異，但由於與情意之本源有關，且在表述現象心之根本動力上，大致是相同的。此中，稱為「意作」的是指意識的意志活動；稱為「業」的是指作為意志活動之結果，意志自身作習性的性格，雖是無意識的，但又具有支配創造後來的行動與境界的意志本身之力，而此乃是《奧義書》才明顯呈現的思想。又，稱為無明的，雖有種種解釋，但主要是指欲愛之根本，亦即盲目的根本意志。今嘗試基於此等，將《奧義書》的唯意志觀，予以彙整——意志之根本是無明（盲目的存在意志），據此而生起欲愛，以欲愛為基礎，生起意識的意志，此成為中心，開展出現象心（Manas），作為現象心之表現，生起身體的活動，其結果是在意志自體上，附予特定性格，依其性格更經營將來的自己，故形成無限的相續。當然《奧義書》中，尚未作如此整然的解釋，但若依其精神而予以組織，確實可作此說。《大林間奧義書》4.4.5（*Bṛhadāraṇyaka upaniṣad*）有如次應予以注目之述說：

> 人依欲（kāma）而成，隨從欲而有志向（kratu），隨從志向而有業（karma），隨從業而有果（phala）。

此不正是引用《梨俱吠陀》的〈無有歌〉思想，且是萌發佛教緣起觀的架橋性組織？依《奧義書》所述，此連結成一串意志的組織（從無明至身體）是居於知的真我之下位，且是依其光才發現心理的機能，就此而言，尚不能視為是純粹的唯意志論，但總括來說，已相當接近，應是無可懷疑之事實。何況《奧義書》雖視此意志的組織是在真我之下位，但就某種意義而言，是在真我之對向，是得以味其光的根本，因此至少可以說《奧義書》的心理觀是知性與意志性的二元論。而《奧義書》認為真我是一切生物同性（心理上，未必說為同一我），但在現實上，生物有種種差異之所以，是因於其意志的活動，就此而言，可以說一切生物皆依意志而成。先前所說的「人依欲而成」，不外於即是此意。亦即如此看來，《奧義書》的表面立場，無論是本體論或價值論，都是主知的，然其反面則養成作為主知主義之對手的唯意志主義，此終究是不能忽視的事實。

上來主要是依據個人心理的觀察，如前所述，《奧義書》的思想家據此觀察本體梵之性質。從而梵的知性與活動性之關係，主要是個人的擴大，甚且可以說彼等認為梵的性質原是如此，遂與其縮影的個人生起前述的關係，以下稍作說明。

《奧義書》對於本體的知性與活動性的關係，大體上是依三階段觀察。

（一）梵的自體是純知性，意志的活動是 Manas，可以說是似有非有的思想。此乃是《奧義書》最高峰之思想，是純主知的見解。

（二）梵的自體是睿智之體，但作為第二次的作用，生起意志活動，據此開展出萬有。此因雖將梵書思想與奧義書思想予以調和，但對於不動的睿智體如何生起意志的活動問題，不能不說是頗為困難。因此提出第三段的解決法。

（三）梵具有兩方面，一方面是不動的知性，另一方面是活動的意志性，此正是相應先前心理觀的內在二元論觀察。亦即知性的方面在價值上，雖居上位，但意志性也有獨立的屬性。

而應予以注意的是，對於此一立場的實有意志之本質，古聖典彼此所述則有淺深之差別。例如《大林間奧義書》1.6 指出此意志性，其內在的名（nāma）、色（rūpa）、業（karma）等三者為一體，而屬於新聖典的《白淨識者奧義書》5.1（*Śvetāśvatara up.*），是將知性的方面說為明（vidyā），對於意志的方面，則簡單地說為無明（avidyā）。此因說為「名色業」，廣義而言，是指一般的現象心（名）、一般的物質（色）、一般的力（業）；狹義而言，是指心、身與行為，亦即《大林間奧義書》是將現象組織以及前述的意志組織，視為本體意志之屬性，反之，《白淨識者奧義書》進而將此歸結於根本的盲目意志。總括來說，依據此等所述，本體的梵，一方面是依宇宙的知性而成立，若予以個人化，則成各人之真我，另一方面具有盲目的宇宙意志，此意志若顯現，廣則成為所有現象，狹則成為個人的意志組織。前者其本質上是維持不變不動的自然靈體，後者則永不歇止的追求欲，不斷的活動變化，不曾停止。而如此彼此相反的知我（Intel-lectuelles Ich）與活動我（Handelndes Ich）得以相合，且構成一個人格之所以，主要是其原型是「實有」。

如是，《奧義書》其初始作為究竟理想，是為求不變的睿智之實有而出發，因此在現實的說明上，受論理所推，不得不陷於將盲目的活動，亦即將迷之本源歸於實有的矛盾之中。而此不外於出自承認意志的重大作用，此乃必須切記莫忘的。

四、數論（西元前六〇〇年）

如是，《奧義書》揭出知性與意志性之對立。從而《奧義書》至此，已可說是二元論的，只是受《梨俱吠陀》以來統一的思想所驅，其二元論還停留於內在的，但若從精神面看來，至少於其終期，無可懷疑，已是清楚的二元論。此因作為唯一實有的兩種層面，知性與意志性雖然對立，但如《奧義書》所述，若就作為不動之靈體，憧憬追求實有的原來精神而言，實有其本身具有活動的意志性，此中有其矛盾存在。實有本身具有意志性，吾人若欲體現之，必然苦於知性與意志之對立。於是為解決人生觀上的根本問題，進而解決此《奧義書》其宇宙論上之矛盾的，即是於《奧義書》終期興起的數論潮流。當然，實際而言，對於數論思想之起源及其成立年代，有諸多議論，但在此暫依唯意志論的立場，視為是在佛教之前，敬請讀者諒解。

數論師認為此宇宙若作物理的觀察，是變動不已的，何況若徵於心理的事實，意欲的活動是其根本，此乃是無可懷疑之事實。從而必須承認作為此等之本源，作為《奧義書》所立的梵，另一半面盲目意志性的存在，但不能承認其另一半面的宇宙睿知性存在。此因若允許其存在，將與不能懷疑其存在的意志性存在產生矛盾，就價值而言，此世界有諸多的不完全——此時多苦觀逐漸成熟——故不能相信其根柢有自足完了之睿智體。如是，數論斷然否定《奧義書》所揭的知性的梵，僅只採用無知的梵構成其世界觀。

數論稱此無知的梵為自性（prakṛti）或冥諦（tamas）。其自身是混沌未分的所謂非變異（avyakta），且具備開展出三方面的可能性。以術語表現，即是悅性（sattva）、變性（rajas）、惰性（tamas）等三德，若依今日所說的方式，廣義是指一般的精神、力、物，狹義則是心理的知、意、情的原態（參照《宗教研究》第二號〈數論之三德論〉）。亦即數論承受《大林間奧義書》所揭作為活動的梵之屬性的名色業觀念，進而將此轉成《白淨識者奧義書》所說的無明觀念，且遙與《梨俱吠陀》的〈無有歌〉的「一顆種子」之說保持聯絡，遂提出作為宇宙意志的自性。

對於將數論所說的自性理解成意志的原理，學者或有異論，但只要是依循前述的思想系統，且掌握住數論對於自性所作說明之精神，無論如何，確實是必須理解成意志的存在。直言之，數論的自性主要是將《奧義書》所揭的身體、現象、根本意志等皆含括在內的睿智的、意志組織的宇宙之根源獨立開來。此依數論認為從自性開展出覺、我慢、五唯、十一根、五大等生理與心理機關，構成廣義的身體（也含心理組織）看來，應是無可懷疑。就此而言，數論的自性並非如從前的學者所解釋——只是物質的原理。其自身應是無知覺體，但具有生生發展不已的意志力。若是如此，此實是基於《梨俱吠陀》，經由《奧義書》而發展出盲目意志的形而上的唯意志說，稍稍至於其所應至，就此而言，至少推進至近似叔本華所謂的意志與表象（Welt and wille）之觀念。雖然如此，但數論尚未進展至真正的唯意志論，此因雖否定作為世界原理的唯一睿智體，但仍承認於意志的自性以外，另有作為個人原理的、睿智的神我（puruṣa）。亦即《奧義書》所說梵的意志性方面，數論視為是完全唯一的獨立原理，但放棄梵所具的知性方面，更且樹立個人分割形態的原理。之所以如此，恐是因於自性原是盲目的意志，縱使由此發展而作出種種心理組織，然其自身並無意識性之力，故若不藉由其他認識體之光，則不能是所謂的心理，以及若無不變不動之靈體，則無解脫標的。但必須立真我的理由若只是如此，則其存在的理由極為薄弱，幾乎是若有似無，至少與世界觀沒有太大關係，也是自然之數。

如上來所述，從吠陀終期至梵書時代，作為神學問題而開始出現的印度唯意志論的傾向，在《奧義書》時期，成為心理學之形而上學的，在數論時，則歸著於世界意志的思想。亦即稍稍類似西洋的——始自於斯戈圖斯，經由康德、費希特而叔本華大成的唯意志論，但當切記莫忘的是，唯意志論的發展仍有不能就此中止的理由。

其主要理由有二。第一，仍然承認個人的神我。數論雖認為將宇宙之原理的梵視為具有知性與意志性等種種對立的屬性之舉，屬於非論理，但仍然認為個人的組織於現象之外，另有本體心，可以說仍是容許個人的宇宙非論理。第二，將根本意志之自性視為宇宙意志。實言之，形而上的唯意志論皆是類推之產物，基於吾等的心理組織是以意志為根源的理由，而認為宇宙之本源也是如此。當然，作為意志的體驗所得結果，唯意志論者之中，也有論及宇宙意志的，但若就論理而言，不外於只是類推的結果。若是如此，如何確認其類推具有客觀的妥當性？或許真的有可以適合個物也適合世界的。倡說宇宙意志論的叔本華被非難之所以，即在於此。而印度的數論之受到非難，仍在於其宇宙的自性。有感於此等缺點，因而全然否定知我，將自性回歸於個人的原理，以所謂心理的唯意志論作為立足點，組織其宇宙觀的，即是原始佛教。

第三節 ✦ 從唯意志論的見地所見的原始佛教之世界觀

上來筆者所述，是從吠陀時代到數論時代的唯意志論之發展。此下將以上來所述為背景，略述原始佛教唯意志論的世界觀。前段是以唯意志論之開展為主，此下則將觀察其作為總結的原始佛教立場。當然，大體上其結果無大異於通常所說，但或許能提出若許新的見解。又必須預先聲明的是，原始佛教的特色雖在於其理想論，但此下將以事實的觀察為主而作論究。此因此一方面唯意志論的特色較多，同時潛藏較多的哲學問題。

一、佛陀的事實觀

佛陀觀察此現實世界是採取何等態度？若採用今日所說方式，佛陀是採用相當批判性的科學態度。亦即懷疑從前的哲學者所著重的意的形而上學之成立，而將被視為第二次的現象界當作主要對象，致力於如實（yathābhūtam）探究其活動法則（dhamma）。雖說為現象，但未必只是經驗範圍之內。縱使當時學界一般所承認的，今日若有必要予以說明，則仍視為事實而論究，但對於梵或神的第一原理則抱持懷疑，著重於客觀事實之觀察，相當具批判性的，而且可以說是科學的。但佛陀未必是將現象界全體，尤其物理的現象作為其主要觀察對象。佛陀所著重的，仍是與人生、有情組織與命運有關的所謂人生現象；對於物理的客觀世界，只基於人生觀的意義而論究，至於有關世界的問題則不大感興趣。簡言之，佛陀將此人生視為是客觀的事實，且意圖闡明與此有關的活動法則。生命的原態、其開展的方式、心理生理的組織、其統一中心、持續的相狀，乃至以人生觀為見地的世界全體價值等等的問題是其中心主題。而其觀察方法是，相對於從前直感的形而上學，主要是重視倫理學的心理學觀察，分析心理的種種要素，且依倫理的宗教的修行立場予以分類配列，令如實了知人生活動，因此可以說是相當科學的。當然就歷史而言，如上來所述，如此的學風畢竟是《奧義書》中期以降逐漸興盛的傾向，但佛陀令其至於其所應至，佛教的觀察法遂具有相當異於他派的特色。

經由上來種種階段而開展出的唯意志論，之所以在佛陀手中才成為澈底，完全是因於如此的觀察態度與方法，此當切記莫忘。此因如上來所述，數論雖某種形式的承認知性的本體，更且對於現象論也採用意志的原理，但佛教則完全除去形而上的本體觀，因此只有意志的原理是萬有本源。亦即至此已不承認知性的原理與意志的原理的相對立，而是斷然將知識視為是從意志所起的第二次現象。而其意志觀也異於《奧義書》與數論稱為世界意志的見解，完全依準於個人的心理事實而論證，可以說相當類似現代心理學或生物學的唯意志論。

二、生命觀

佛教生命觀或自我觀中，最具特徵的，可以說是佛陀據此去除實體之概念。亦即當時一般所承認的半物體狀靈魂，固然無庸贅言，對於《奧義書》與數論視為有情之本體的常住不變的知我，佛陀也予以否定而提出所謂的無我論（anattā vāda）。依據佛陀所述，無論生命或自我，主要是一種活動現象，以術語表示，只是因緣所生法，此外並無固定不變的實體。佛陀為予以證明，提出種種說明，要言之，吾等的心理活動念念生滅，雖是連續的統一，但難求其固定的中心；就實踐而言，縱使真有此物，也只是徒增我執我欲的利己心而已，對於增進人生的價值無所助益。雖然如此，但佛教絕非唯物論者，佛教並不是主張有某種物質因某種方式的結合，而暫時生起生命現象或心理現象。佛教的批評家之中，雖有人認為佛教是純唯物論者的遮盧婆迦（順世派，Lokā-yata）的同類，但此乃是極大的誤解。佛陀仍然承認生命活動的特殊活動，且此乃是無始無終，既無起源，亦無終滅，此當切記莫忘。此乃是非固定的，是不斷變化且持續不已，若用現今流行的話語表示，可說是流動的，此與從來的有我論大不相同，故稱為無我論。

若是如此，大體上佛陀認為生命活動的本質究竟是如何？對此，佛陀提出意欲，認為生命活動之本質在於永遠不知足的渴望（tanhā or tṛṣṇā），此即其唯意志論之基點。此因渴望，就筆者所知，是佛教使用相當頻繁之術語，事實上，其與梨俱吠陀以來，以種種形式使用的愛欲（kāmā），可說是相同意義，不外於意以指廣義的意欲。但從前是認為此意欲是所有生活活動的動機，且於其背後承認真我，反之，佛陀認為意欲即是全體，故得以說是澈底的唯意志論。亦即依據佛陀所述，就發生面而言，此意欲成為本源，能令其他種種生理的心理活動生起；從構成而言，以此意欲為中心而統一其他的種種活動，因此若無意欲，既無生命，亦無心。又依據佛陀所述，此意欲有三種：有欲（bhava tanhā）、繁榮欲（vibhava tanhā）與愛欲（kāma tanhā）。所謂有欲，即是生存欲，也就是叔本華所說的生存的意志，此乃是最根本的欲求；其他二欲是伴隨此生存欲而起的。此中，繁榮欲是指意圖繁榮的持續其生存，此又可名為權財欲；愛欲即是生殖欲，意欲自己既能持續也能擴張。

依據佛陀所述，所有的生活活動皆是此三欲以種種形式顯現的結果，反過來說，由於有此三欲，亦即由於活動有此三種傾向，而得以稱為生命現象。但既然是稱為欲，即是心理學的命名，因此稱為有欲、繁榮欲、愛欲，無非是加入幾分判斷及觀察後所作的分類，依據佛陀所述，生命原本的本質雖是心理學的欲望，然其自身其實只是一種無意識的衝動。就此而言，佛陀在述說生命的發生時，最常用以表現其最原本之本質的，與其說是「欲」，不如說是「無明」（avijjā or avidyā）。若依據佛教表面的解釋，所謂無明，意指不知四諦之理，亦即被視為是智識性的，可若考察《奧義書》以來的背景及其發展，佛教所說的無明，其實是指根本欲的無意識之當體，亦即相當於叔本華所說的盲目意志。

然而，說為無明（亦即盲目意志），並不表示其活動並無目的或方向，作為其自身的自我規定，而有以持續、擴大與繁榮為目標的生存之欲求，但對此的意識尚未發生。從而無論說為無明，或說為欲，終究所指相同，差別只在於欲是意識性的，而無明是無意識的。若就發生面而言，則無明在前，欲在後，此乃是佛陀於其緣起觀中，置無明為第一，置無明的活動的「行」（saṅkhāra），亦即意欲活動為第二之所以。要言之，就歷史背景看來，佛陀說為無明的，不外於是將《奧義書》中梵之屬性的無明（avidyā），或數論作為世界之意志的 avyakta 予以個人化。就不將此視為形而上的原理而言，是有別於《奧義書》與數論，但若就視其當體是混沌未分無意識的意志，且於此中含有爾後將開展的種種生命活動要素看來，仍與《奧義書》與數論所述相同。

若是如此，此根本欲的無明是經由如何次第而成為現實的生物，尤其是人類？述及此的，即是有名的十二因緣說。其所作解釋甚為困難，故今僅就必要事項稍作說明。

眾所周知，置於十二因緣說之首的，即是無明。依據佛陀所述，此乃是就客觀的事實，故無須說明何以如此。此一方面，恐是基於《奧義書》以來的歷史；另一方面，則是佛陀本身所作分析性的觀察。列於此無明之次的是行（saṅkhāra or saṃskāra），亦即以無明為原因而有行之生起。對於「行」的意義，雖有種種解釋，但簡言之，主要是指受無明之根本欲刺激，故依循其自身之規定而作用其目標。亦即無意識的衝動逐漸移至有為的活動，可說是著重於情志行動而作的觀察。

就歷史而言，可以視為相當於《大林間奧義書》所說的「依欲而有志向（kratu）」中的志向。但此「行」，主要是意欲的行動，並不是真正理解目的的行動，根本欲若為達成其目的，僅只有「行」並不足夠。於是，對於「行」，作為給予光明，照亮其前途的機關而生起的第三段，即是識（viññāna or vijñāna）。此係承自《梨俱吠陀》〈無有歌〉的「由愛生現識（manas）」之系統，相當於叔本華所說的「依意志而生表象」。亦即依據佛陀所述，生命活動至此才移至心理活動，從而無庸贅言，認識是作為意志的方便而起。筆者認為直至原始佛教所說的唯意志論，才是真正唯意志論的理由，即在於此。

但從無明之根本欲出發，而生起識（亦即認識）的生命活動，在形式上仍不能說是完成的組織。既然說為認識，必然有其認識的對象，因此生命自體自我分裂，一方面自然而然的，識即成為主觀，但另一方面，作為客觀而定置自己的，即是第四段的名色（nāmarūpa）。所謂名色，廣義而言，是形式與質料之義；狹義而言，是心與身體之義，但此處主要用以總稱認識的主體除外之內外對境。識與名色的關係相互關聯，離此則彼不能成立，可以說只是同一存在分化成二方面的現象，因此必是兩者相合才能現出表象界。就此而言，佛陀在《長阿含・大緣經》（mahānidāna sutta）中，指出以識為緣而有名色，以名色為緣而有識。至此，根本意欲的形式才完全，可以說至此才形成自己的世界。此因至此根本欲才是為實現自己的完全組織，而生起生理與心理的種種機關，訂定內外分野的準備才告整然。而佛陀對於此一組織，主要是從心理學見地分成五類而作觀察，此即是五蘊說。

所謂五蘊，是指色（rūpa）、受（vedanā）、想（saññā）、行（saṅkhāra）、識（viññāṇa），所謂色，是物質（肉身）之義，受是感覺及感情之義，想是知覺或表象之義，行是意志之義，識是知識或悟性之義。此等作為各別的要素，常變化生滅不已，而作為其根柢的意欲則有不斷的執著，雖應此執著而有不斷的變化，但此間仍有一定的統一，經常導出相等的五蘊，故生命得以無限的相續。要言之，依據佛陀所述，生命本質是無明，亦即無意識的盲目意志，此無明常受含有持續、擴大的生存欲所驅，生起活動時，作為引導之光而生起智識，進而此智識內則覺察內部意志所向，外則安置其活動舞臺的客觀界，如此而成立的完全的心理組織，即是佛陀的生命觀、現實觀。

三、生命相續的方式

如前所述，佛陀認為生命的組織要素中，並無常恆不變的某物。始自於欲而終於識，皆生滅變遷不已。雖說為生命的持續，其實此生滅之連續恰如水流，或如燈焰，外表上雖暫有定住之相，實則不曾剎那停止。雖然如此，但生命的持續仍異於水流或燈焰，其因在於水流或燈焰並無中心，只是不斷的流動，而生命雖有生滅，但仍有貫串此間的某者，且具有創造經營自己的未來之力。就根本而言，此力即是生存的意志，但若就第二次的而言，則是此意志無意識的性格（或可稱為氣質）的「業」。

關於業的本質雖有種種解釋，但不外於是指積聚的經驗，無意識的對於一再發生的意志活動給予一定方向，唯識佛教明白的視此為思種子，亦即意志的潛在勢力。從而對於根本意志，此業雖是第二次的，但此主要是就形式而言，實則意志即業，換言之，生命相續之中心即是業，此因無性格的意志並不存在。亦即依據佛陀所述，吾等的內外經驗，雖是當下泯滅，然其印象立即給予生命，亦即給予意志一種性格，作為無意識的習癖而殘留，成為支配其未來的根柢，因此自己所組織的五蘊固然無庸贅言，所對的環境也有不同。一切生物皆以根本意志，亦即皆以無明為根柢，然其種類，或者命運所以有種種差別，即因於各自的業，亦即各自的性格不同。

簡言之，過去的經驗作為無意識的性格，聚集於現在，創造其境遇，現在的經驗又與過去的經驗結合而孕育未來，創造與此對應的自己，對於如此的過程，佛陀稱為生命之持續。佛教所說的因果，不外於是指此性格與創造之間的一定關係。可以說十二因緣說無非是如此關係的彙整。依據佛陀所述，如此的關係不只是此生，而是從永遠的過去及至永劫的未來，且此間一刻也不曾間斷。無我論者且力說剎那生滅的佛陀，就某種意義而言，是認許及於無限的自己的同一，據此而論及道德上的無限責任其根據實在於此。佛教稱此為三世因果，或稱此為輪迴轉生。

A–A′–A″–A‴–An……anB–B′–B″–B‴–Bn……bnC–C′……

今試依路易斯戴維斯夫人所揭（*Buddhism 131*），將佛教的生命相續圖表如上。

此中，稱為A的，可視為是暫居生命亦即意志的某種狀態之位。而A′與A″的指數是表示經驗對自己的影響，亦即因於業而有變化的性格。亦即A的一定性格因於自己的經驗，而成為A′的性格，A′更因於某種經驗而成為A″，其次的A‴成為An，此乃是第一項之意。但如前所述，此A′A″A‴的變化異於水流，只是更換其場所，在A′中既已指示A″，同時A″中也內含A′。雖不斷地變化，然其變化之間，有一定的秩序連絡，過去與現在，現在與未來之間，自己連續、同一的進行。例如筆者自出生以來，四十有餘歲，此間無論心或身是時常的變化，但筆者的經驗——縱使不是全部記憶，但仍將形成筆者無意識的性格，依此性格之連續，當時嬰兒的筆者與今日的筆者仍然同一，佛教稱此為業的生命之相續。故嚴格說來，佛陀認為生命是永久的變化，沒有一刻是自己的同一。雖然如此，但由於在先前的經驗之上，添加後來的經驗，因此其性格，在量上以及在質上，形成變化，對於如此不斷的一定的連續，佛陀稱為生命之相續。佛陀的此一觀念，稍稍類似萊布尼茲將單子的開展視為依據連續律，更且在現在的單子之中，能窺見其過去與未來。差別的是，萊布尼茲所說的單子是就其表象見之，反之，佛陀所說的是意志，亦即業。

上來所說，只是A－A′－A″－A‴－An的第一項之意，此依點線而連續的anB－B′－B″－B‴－Bn……bnC的第二項則在顯示從現世持續至未來的，所謂的輪迴或再生。此因佛陀仍依循《奧義書》以來的思想，認為此性格的變化與連續，並非僅限於現世，而是及於隔生的未來，更且也能成為種類不同的生物。但佛陀所見異於從前，亦即從前認為吾等死時，固定的靈魂將離開身體，往返於諸境，反之，佛陀不承認有此靈魂，認為輪迴轉生也是依據變化與連續。

若是如此，佛陀所說的轉生究竟其意如何？回答此一疑問的，即是先前依點線而持續的 anB－B′⋯⋯的公式。依據佛陀所述，現世生命之持續，雖是不斷變化，然由於名稱，或與周圍的一定關係，或記憶之連鎖，或外形之類似，某種程度得以維持表面的同一，此即 A－A′－A″－An。但次第改變的性格變化並不能維持此表面的同一，因此產生可稱為人格之躍進或後退的急激變化，此即通常稱為由死而從現生移至未來的現象，此即是先前所揭公式的點線之意。

此際，無論是記憶或是關係，或是形相之類似生命的第二次現象皆悉消失，僅存無意識的性格，若用術語表現，則是僅存業的相續，且形成相應此的 B 之特定生命組織。先前所揭的無明－行－識－名色的生命組織經過，不外於在說明此，但稱為 B 的組織之中，含有作為潛力的所謂前生經驗之總和的 An，決定一出生就具有某種程度的 B 之性格，即是 anB。如是，以 anB 為基本，又創造連續其次的 B′B″B‴乃至 Bn 的性格，此一方式完全同於 A′A″。

從而若將 A 與 Bn 作比較，外表上似乎完全毫無關係，但內在可以說 Bn 中含 A′，換言之，A′為遙遠的 Bn 奠下基礎，據此，雖然隔生，但仍得以談自己之連續，以及對於前生之所作，今世應負其責的道德的因果理法。佛陀對於「若無我，則誰作業受報酬」之問，是以「既非作者與受者同一，亦非作者與受者有別」的回答，其原因不外於此。而吾人不能記憶前世經驗之所以，應如叔本華所作的解釋，記憶雖屬於智，然其智是第二次的，是與此生共死，他生不能延續，只有性格附隨於意志而無限的延續。從而，就此而言，佛教的生命相續之說，雖如柏格森等所說的「創造的進化」，但佛教著重於經驗之質，故不說為「進化」，而是說為「輪迴」。依據佛陀所述，吾等的經驗，價值上（特依道德的立場）未必是上等的，因此有時雖依上等的經驗，作出上等的性格，更且應此而創造上等的自己，但由於此間也有下等的經驗，應此而創造下等的自己，故大觀而言，是或進化或退化的輪轉。

佛陀雖同樣認為生命的無限相續是指無限的輪迴，但其中仍有差異，亦即對於輪迴或受報，佛陀不認為此中有一固定的作者，且此作者往返於各趣，受其果報。佛陀所說的輪迴，是指性格的變化，是指變化之當相，未必需留待死後，從而其受報，也不是生於其他境界，而是應自己所作性格而自我創造各種境遇。此因如屢屢所言，佛陀認為生命的流動一刻也不曾停止，因此其實質的存在只是永遠的「今」，同樣的事物並不是不變化的持續。亦即並不是一般所說的，人死而生為馬，而是吾等的創造意志於應其所定性格而變化的經過中，將自己創造為馬。

地獄或天堂，並不是作為客觀的事實而自然齊備，而是吾等之業使自己的境遇形成地獄或天堂。吾等生命的變化，恰如春蠶之化為蛹，化為蛾。亦即並非蠶死，其靈魂再生為蛹，蛹死再生為蛾，而是蠶本身變化而成為蛹，蛹本身變化而成為蛾，而在各種狀況下，蠶的世界觀可能也有所不同，吾等的輪迴不是來回於某些空間，空間乃是業所創造。當然佛陀並沒有直接明言，但若從佛陀的真意推定，必然應是如此，爾後的唯識佛教即是將此觀念作單子哲學的組織，對此叔本華業已道破。亦即彼經由席耶松培與比爾諾松等學習原始佛教，依其深刻的洞見力，理解到佛陀內秘教的輪迴說並不是靈魂之輪迴（Metempsychose transmigration），而是立於道德基礎的性格再生（Palingenese. *Gesammtliche Werke II* p. 591）。近年來，路易斯戴維斯夫人同樣論及此事，夫人認為佛陀的輪迴說恰如舊瓶裝新酒，其形雖似古說，然其內容大異（*Buddhism* p. 137）。又瓦雷（Warren）也指出佛教的再生並不是輪迴（*Buddhism in translation* p. 347）。在探究佛教的輪迴論時，此當切記莫忘。

四、世界之真相

上來所述，主要是有關生命的觀察，其次的問題是，佛陀是如何觀察此世界？當然此一問題已見於前述的生命論中，但此處再稍作整理述之。

佛陀的世界觀，從一方面而言，是實有論的。就材料而言，無論物或心，其態度是都視為客觀的事實，但對於世界本身，佛陀並沒有特加注意，故不知其詳，更且沒有人的世界，並不是哲學上的問題，佛陀的世界觀徹底是成立於「吾等所面對的世界」是如何的問題。

若依此見地探察佛陀的世界觀，總括來說，可以說佛陀認為此世界是吾等所作，嚴格說來，是「我」所作，所說的「我」，其意有淺深之別。首先就淺的方面言之，此世界是吾等的認識所產，能令認識生起的材料，雖是客觀的，至少得以成為吾等所對的世界，是吾等的表象所致——佛陀如此明言。《長阿含．堅固經》（*Kevadha sutta*）曰：

> 識無形，無邊，自有光。由是滅而四大滅，麤細好醜滅，於是名滅。即識滅，餘亦滅。

此中所說的識，廣則相當於一般的意識，狹則相當於悟性，亦即無論是地水火風等物質，或因此而產生的好惡美醜之差別，一切現象之建設皆依自有光明的識。又曰：

知有手而有取捨，知有足而有往來，……有眼觸因緣，故眼內覺生……耳鼻舌身意亦復如是。

（漢譯《雜阿含》第四卷）

亦即佛陀認為吾等經驗的世界皆是感覺與悟性之所作，至少依感覺與悟性而成立「我所對的世界」，常識上此雖被視為外界，但事實上仍是吾等認識力所使然。就此而言，佛陀的世界觀可以用叔本華所說「世界是我的表象」的思想作為代表。雖然如此，但不能認為此認識論的唯心論就是原始佛教唯心論的世界觀。此因如前所述，佛陀認為認識的機關主要是作為意志的手段而產生，因此其根柢是由意志支配之。

佛陀進而探究此識之原動力，指出此世界形成的原因在於吾等的欲，亦即是欲所創造，相較於基於識的世界觀，此乃是更深入的見解。徵於聖典，相較於認識論的唯心論，據此而述說之例非常多。十二因緣觀中，其第九支與第十支的關係是依「取」（upādāna）而有「有」（phāva），依據巴利本《長部．大緣經》的解釋，此處所說的「取」，是執著，亦即意欲之義；所說的「有」，是指欲界、色界、無色界等三界，亦即宇宙之義，第九支與第十支之間的關係是，依意欲而有世界。

略言之，三界乃是吾等的意欲所創造。此徵於以欲界、色界、無色界作為三界名稱，得以知之。此等原是相應禪定階位的世界觀，換言之，對於吾等的精神狀態，就個人而言，佛陀是視為禪修階段；就世界而言，是視為世界的種類。但應予以注意的是，由於說為依意欲而創造與此相應的世界，故此意欲不僅只是希求之意。此因佛陀所說的取，亦即意欲，並非只是感情的欲求，而是成為意志，成為行動而統一全人格的狀態。當此之時，吾等的表象力作出相應其意欲的表象界，吾等的感情獲得與此相應之味，吾等的意志營作與此相應的行為，故創造出與此相應的世界。但意志之統一全人格，完成其創造，並非只是一時性的努力，而是無始以來所養成的意志習性（亦即業）之顯現，因此可以說吾等的世界實是吾等的業力所作。對於萬有，佛陀以與意志或業同義的「行」（saṅkhāra）一語表示，又以有「作者」之意的有為（saṅkhata）一語表示的理由，不外於是在揭示由意志所造成的結果。從而就此而言，佛陀的世界觀雖然仍認為世界是意志，但佛陀並不認為世界的本體是唯一意志，此乃大異於依個人的心理根據而立論的叔本華。

如是看來，佛陀認為此世界是個人的，縱使有客觀的共通基礎，但就吾人所面對的世界（Die Welt-für-uns）而言，甲乙丙丁有各自的世界。此因世界之基礎的意欲係依各人之業而有差別，甚至可以進一步言之，相應吾等生命的不斷變化，縱使對於同一人，同一的世界仍是一刻也不停止的變化其舞臺，此恰如電影。若將生命的變化持續比擬為如膠卷之迴轉，則世界正猶如映在白布上的膠卷當體。爾後，大眾部與大乘佛教主張現在只是一剎那，過去與未來無體之所以，無非是在表示此意。從而就此而言，佛陀的世界觀遂成為個人的唯心論（solipsism），且是剎那主義。亦即對於我而言，只有現今所呈現的世界是實有的世界，他人的世界固然無庸贅言，就我本身而言，當下以外的，都只是類推或概念的世界。般若佛教的一切皆空論，就世界觀而言，實可推至此一觀念。

但此僅只是大概的議論，不能由於佛陀的世界觀是個人剎那主義的唯心論，因而斷定佛陀是無條件否定普遍性的世界，此當切記莫忘。此因所說的剎那所說的個人之中，也都包含著永遠性與普遍性。首先就剎那而言，如前所述，佛陀所謂的剎那剎那的連續並不是如珠串的串連，而是一剎那中含無限的過去，且孕育永遠的未來。換言之，任何一剎那都是以「永遠」的現今形態存在，從而雖說為剎那生滅，但各個剎那無非是過現未三世的實有。相對於大眾部徒的現在一剎那之主張，上座部——尤其有部——所主張的三世實有法體恒有，即是力說此意。從而無庸贅言，說為世界是剎那的存在，然其剎那絕非具有空無的性質，而是的的確確的存在。更且就個人而言，佛陀的世界觀確實是個人的，但對於各人所以作其世界的法則，佛陀則是完全承認其普遍性與必然性。佛陀所說的法（dhamma or dharma）或法性（dhammatā or dharmatā）即此，依據佛陀所述，此宇宙的生滅變化之間，存在著一定的法則，且此法則不只是支配自己的世界，也支配一切世界。

> 無論如來出世或不出世，此世界是法性常住，法性堅固，緣起如實。（*S. H* p.25）

在此句之次，如來指出佛陀的目的主要在於揭示眾生應如實悟此常住的法性。就此而言，如同筆者於前段所述，佛陀雖否定梵書時代的第一原理，但仍是肯定其第一原理的意志所含法則。當然，若依據佛陀所述，此常住之法性，剋實言之，不外於個人意志之法則，亦即其性格與創造之間的一定制約，但從佛陀將此個人意志的法則視為一般意志之法則看來，仍相當類似梵書時代世界規律（ṛtam）的觀念。佛陀雖認為此世界是我所創造，然從佛陀將我的法則視為一般法則看來，世界並不是各別的，至少其法則是共通的，是有其普遍性與一般的妥當性。

但更進一步言之，個人意志的法則如何與他人意志並行，此乃是非常困難的問題，僅只依據原始佛教的材料難以明瞭。縱使意志法則皆同一，但相應意志法則的甲態之某時的甲的世界，以及相應乙態之某時的乙的世界，彼此之間有幾許共通與差別的問題，僅只依據原始佛教所述，並不能解決。爾後《起信》哲學興起，以如同《奧義書》所說唯一的形而上原理解釋世界的原因，雖有種種，但若就世界觀而言，意在會通此未解決的問題應是原因之一。但就此而言，如先前所述，佛陀所述頗為類似萊布尼茲的單子觀念。萊布尼茲認為單子雖是各自獨立，但各個都是全宇宙之縮影，各單子所表象的世界一致，而佛陀所說的各人之業相當於單子，業雖是各人獨立，但各含與此相應的世界，因此其所創造的世界，大體上可說是眾人共通。爾後唯識佛教等所說的此世界雖是各人各自變作，但由於共業所感，遂呈現同一世界之相，應是此意。

第四章 佛教的業觀與意志的自由

第一節 ◆ 問題範圍

在處理原始佛教的思想時，筆者是盡可能地作論理的探究而至其所至。尤其有關業的問題方面，是從心理與倫理二方面作觀察，探究其間潛在的種種問題。彙整此等所成的，即是拙著《原始佛教思想論》第二篇第四章〈業與輪迴〉。然若就今日看來，當時所見實有不足之處，當時筆者是將重點置於說明業的因果律，但此舉恐令讀者以為佛教是立足於極端的決定論（determinism）或必然論（necessitarianism）。當然佛陀的立場絕非如此，其實際觀的部分是始終明白的揭示，而筆者對此不但沒有作彙整或統合，也沒有觸及基於何等論據可以調和業的因果律與自由意志的理論，故所述終究不完整。今為補此缺陷，而提出此一問題，並揭出筆者對此的解釋，希望讀者能給予指正。

為述及原始佛教自由意志的問題，首先有必要就生命觀與心理觀述之。但此一問題筆者在《原始佛教思想論》既已作過詳細論述，故此處僅就極其必要的，加以探究而已。

依據佛陀所指出，吾等的生命活動是以欲（taṇhā）為中心，亦即以有欲（bhava-taṇhā, Wille zum

Leben）為核心，而形成愛欲（kama-taihā）、繁榮欲（vidhava-taihā），經營種種活動的，即是生命現象。但如佛陀所述，就本質而言，「欲」並不是意識性的，而是無意識的衝動。所謂無明，不外於是指此無意識的衝動，亦即叔本華所說的盲目意志。在此盲目意志的無明之中，就其發生而言，含有可開展出色（形成物質的作用）、受（感情）、想（表象）、行（意志）、識（悟性、理性）的心理要素，而識則是其最初開展的。恐是無明（生存意志）為完成其生存的目的，需要有一予以指導的機關，而識正是擔任此一職務，所以認為識最初發生。亦即如叔本華所說，從意志發生表象，如是，生命活動遂成為心理活動，但若依據佛陀所見，無論是生命活動或心理活動，其間並無一固定之物作為中心，一切都在不斷的流動，同一狀態片刻不曾停止。至於貫串於此間，令前後得以聯貫，使其活動不至於間斷的原理，佛陀認為在於經驗的連絡。更確實的說是，在於經驗之積聚的性格，亦即依據佛陀所述，吾等的活動無論是意識性的或無意識的，作為其反動，必然在吾等的心理活動上銘刻一種性格，此被銘刻的性格又成為決定其次活動之因。如是，依行動而決定性格，依性格而決定行動的，即是生命活動或心理活動的樣式。

亞里斯多德說是依行動而產生性格，叔本華說是依性格而有行動，而佛陀由於承認無限的輪迴，因此對於兩種都予以認可。吾等的意志活動雖是不斷的變化、流動，但令此所謂的自己得以保持同一之所以，實因於此性格之連續。佛教所說的業，實際上是指依此行動而被銘刻的性格，並將此行動與性格、性格與行動之間的一定關係，名之為因果。依據佛陀所述，此因果關係有二重的表現，其一是心理活動，另一是禍福的命運。換言之，積累善業的人一方面自己能令自己更成為善人，另一方面則令自己成為幸福者，至於累積惡業者則是獲得與此相反的結果，而善惡、禍福的彼此交錯，正是人人有千差萬別的原因（以上參照《原始佛教思想論》第二篇第四章〈業與輪迴〉）。

如此看來，吾等所以有今日，固然是因於命運，而即使是心理的活動，也都是無始以來的業使然，一切都是生已注定。此因雖出生以來累積種種經驗，然其經驗不外於受先天的性格所推。亦即在經營某種行動時，若有二種以上的動機，對於應選擇何者，作種種考慮，最後終於選擇其中之一，從表面看來，此中似乎有自由意志的作用，但實際上其選擇的動機仍符合其先天的性格，亦即先天的性格作為無意識的原動力而予以規定。如是，遂導致佛陀所說同於宿作因論（pubbakatahetu-vāda），可以說完全是決定的命運論，完全沒有自由意志存在的餘地。對於從現在至未來，如王山部（Rājaagirika）、義成部（Siddhattika）等部派，提出「一切基於業」（sabbam idaiṃ kammato ti. *Kathāvatthu XVII, 3.*）的主張，彼等認為佛陀的真意是一切都歸於宿業。

但此只是大體的見解，至少不是佛陀所肯定的結論。此因若涉獵諸經，可以窺見對於當時盛行於世的極端的決定論、命運論，佛陀始終與彼等爭論的記事。例如《中阿含》第三卷《度經》（*Aṅguttara I*, p.173）揭出三種外道說，並予以反駁，其中至少有二種是決定論的主張。亦即其一是神意論（issaranimmā nahetu-vāda），一切都歸諸神意，從而吾等的意志行動，或暗默之間，都是神在操作；另一是宿業論（pubba-katahetu-vāda），一切都歸諸前世之業。亦即不只是神意論，將一切歸於前業且澈底的決定說，佛陀也認為不正確而予以破斥。又《沙門果經》（*Sāmaññaphala-sutta*）所介紹的六師之中，摩訶梨瞿舍羅（Makkhali Gosāla）是將一切歸諸自然的規定，不承認吾人的自由意志，對此佛陀也認為極其非理，故大為非難。

尤其若依據巴利文的《雜阿含》（*Saṃyutta Nikāya IV* ,pp. 230-231）所載，有一名為尸婆迦（Moliya

Siaka）的人，曾詢問佛陀對於將苦樂的經驗都歸諸宿業的看法，佛陀的回答是，此乃錯誤的見解，佛陀認為吾等的苦樂雖一部分因於宿業，但除此之外，仍有後天的原因存在。亦即佛陀絕非執著於宿業觀的必然論者。加之，徵於爾後部派的主張，王山部及義成部因主張宿命觀，而被正統的上座部視為異端，此依《論事》（*Kathāvatthu*）為予以反駁而引用的事實，得以知之。又依據《異部宗輪論》所載，大眾部的末執中有持「少法自所作，少法他所作，少法俱所作，少法眾緣生」之論者。古來視此為難解之頌文，雖可依循中國、日本的佛教學者所作的解釋，若依筆者所見，此不外是在揭示苦樂的原因。亦即吾等的苦樂經驗未必僅限於前世之業，實是種種原因、事情相寄所致，而此又可分成自、他、俱、眾緣等釋之，要言之，是將先前佛陀為尸婆迦所作解答作分析性的探究。從而若視此為意志論，則吾等的意志活動，一部分是受前世業及其他事情制約，另一部分是自發的。如是，王山部、義成部等極端分子除外，其他的部派大抵是某種程度的自由論者，認為此才是佛陀的真意，此應是無可懷疑之事實。

亦即佛陀的「我是作用論」（ahaṃ kriyavādo）、「我是努力論」（ahaṃ viriyavādo）的所謂自由論的主張，至少在法相上，是佛教的通則。從而將佛教視為凡事都歸諸宿業的，至少在理論上是違反佛教表面方針的。

若是如此，問題是，其理論的根據何在？此因如同宿業說而採用自由說的，簡言之，主要是在於所謂中道的態度，但欠缺其理論根據，往往被視為只是一種妥協而已。但若從其他狀況推定，佛陀的中道說絕非妥協的，其中含有完善的根據，在此題目若提出微溫的妥協說，實是無法想像。但佛陀——其他的問題亦然——對此沒有作理論的說明，因此其根據何在，除了從佛陀全體的教說探究之外，別無他法。

筆者在此提出此一問題，實是希望就此稍作論述。從而無庸贅言，此篇小文所論究的問題所在，一如表題所揭，完全是業論與意志的自由，簡言之，是探究吾等先天的性格或氣質，與後天自發的行動關係。自由意志的問題由於其關係範圍極廣，若不限定一定的範圍與觀點，將有不得要領之虞。為此，本文是將範圍限定在前揭的關係上，在此先作聲明。

第二節 ◆ 性格與意志自由的根據

為闡明此一問題──雖嫌重覆──，但有必要再說明心理活動的樣式。

如前所述，佛陀認為生命的本質是無意識的意志，但當予以發動，從中展開心理活動時，則成為意識性的。在十二因緣的系列中，是以無明（根本意志）──行（意志）──識（主觀）──名色（客觀）的順序開展，而將此形式視為是由受（感情）、想（表象）、行（意志）、識（悟性、理性）等四種要素所成立的，則是佛教的心理觀。此中，說為行的，是指心的動態作用，無可懷疑的，是相當於意志，從而若從心的本質之立場看來，唯意志論者的佛教，於其方針中，此乃是最為根本的，之所以佛陀有「一切依行而立」之說，實因於此。但若從意識的、認識存在的立場看來，擔任最重要職務的要素，無庸贅言，當然是識。此因識既是認識的主體，且是令心得以統一的原理，然而從開展的順序而言，相對於行（亦即意志）是先天的，至少在活動上，識是後天的，因此列於行之後，雖然在心理價值上，無可懷疑「識」是居於諸要素之上位。「一切依識而立」──之所以佛陀有此述說，不外於是依此觀察所作的結論。

若是如此，此行與識的作用關係又是如何？若依目前此一立場見之，識作為行的嚮導，隨行之所欲而導引之，是其職務。此因在系列上，行列於識之前，是為照亮自己的方向而開展出識。

亦即就此而言，識只是在處理行（意志）之旨意，換言之，可以說只是祕書而已。但此中吾等必須深加注意的是，識朝理性的認識進行時，絕對不甘於只是當意志的奴僕。當其大發展時，對於意志反而有倒戈的作用。抑制基於意志的我執我欲，具有被淨化之識（亦即理智心）的根據其實是在此作用之中。如是，總括來說，此間的關係是，識的發展若低則越低，吾等的活動受本能意志，亦即受先天的氣質所支配；但識的發展若高則越高，故可脫離其支配。反過來說，識發展若高，則可支配本性的性格，若其發展度低，則識不得不受先天的性格所支配。

佛教的意志自由之根據實在於此，簡言之，識有支配行的作用，亦即有自由意志的源泉。此因行是業如實發動之位，亦即屬於先天的性癖，反之，識屬於後天的活動，故依此而支配行，此至少是從業習的某種程度解脫。

雖是如此，但切莫認為以識抑制先天的意欲，並不是意志的自由，而是顯示其不自由之所以。此因此處所說的意志自由，並不是指在問題的約束上可以牽引出先天的性格，而是指順應後天之情事，依認識之光，得以批判性的規定其行為的作用。但吾等必須大為注意的是，以理智費盡千辛萬苦，最後所決定的行為，或許仍是隱藏的先天性格的作用，亦即業的隱藏作用。至少不容易斷言此係違背宿業的決定。此因從種種動機中，判定最為合理且作選擇的、終究是隱藏的性格使然。種種動機的發生既已順應性格，則以識制行——縱使承認有此——也絕非容易，此當切記莫忘。此即佛陀認為宿業之力極大之所以，實際上佛陀以宿業說明其弟子的種種性格癖好之例絕對不少。雖然如此，但依智慧的修練而制御宿業的性癖或氣質，此乃佛陀完全承認的，佛陀的教誡原則除此別無他求。佛陀始終教導吾等應脫離情執，如實認識事物，令吾等相信從必然自由解放之道，不外於依所謂的如實智見（yathābhūtajñāna）改造先天的性格。佛陀承認業習，同時又承認自由的所謂中道觀的根據，首先可說就在於此。

進而的問題是，如前所述，若依據佛教的方針，認識若是作為給予欲動之光的機關而生起，則此認識是澈底立於欲動的支配之下，卻具有倒戈之力，其理由何在？對此，佛陀當然沒有明白說明，筆者認為可以如次解釋：

從表面看來，欲動只是以存在欲（bhava-taiṅhā）為中心，而延伸性欲（kāma taiṅhā）、權財欲（vibhava taiṅhā）的欲求，但若探究其中含意，絕非僅以完成其表面活動作為究竟目的。意欲生存的意志或意欲擴展的意志內在，若予以延長，終將擴展成對於無限生命的要求。縱使不可能完成，總之，作為要求，在欲動的內在，含有朝向無限生命的進展——此暫且略過——在種種徵證上，應是無可懷疑的事實。從而為完成此目的的認識，其職務當然有深淺等種種階段。其最淺的，隨著欲動，迂迴的完成其職務；較深的，則以欲動所含意味，亦即以無限生命為標準而引導欲動，故仍可視為是忠於欲動。就最卑近的例子而言，欲動是以盲目的情欲之遂行為要求。認識猶低時，無反省的，只是就完成其欲動的方法而考慮，但稍往前進，前後多加考慮，確定此是否確實是契合大生命進展之道，然後再採取或是制止或是遂行之道。此因暗默之間，欲情之遂行雖含有子孫之延續或擴大生命之意，但依其遂行的方法、時期、場合等的不同，則有或是契合內在所含意義或不然的狀況。若是不契合，認識則違反活動的表面要求而予以制止，大體上此雖是不忠於欲動，但對於其內含的意味卻是忠實的，此固然無庸贅言。

如是，吾等的欲動受認識之光所照，遂帶來劣等欲與高等欲等二種性質。亦即受限於表面的動，是劣等，順從其內在意義的動是高等欲。認識是欲動的奴僕，卻有反欲動的作用，其根據全在於此，而此不外於是以高等欲抑制劣等欲之意，因此，同樣是欲動的奴僕，從而就此而言，所謂的意志自由，主要是指以高等欲抑制劣等欲，而所謂的不自由，是指受劣等欲所牽引，違背高等欲之意。此因受先天的欲動牽引，此雖是受基於業的性格所規定，但若依從此意味的高等欲，則是依從普遍性而脫離特殊性。但若欲依從高的價值而選定動機，此須付予非常的努力，通常受本性的性格規定乃是吾人日常的生活形態。

此即佛陀常開智見，將依高等價值抑制低劣欲動，視為修行眼目而特為獎勵之所以。

當然，筆者作此說並不是意味著佛陀認為對於惡事沒有意志的自由。在認識的活動中，對於惡事也有違反先天性格之力，縱使是宿業的善者因於現在習得惡事而形成惡性格的原因在此。若依據佛陀所述，此主要是識在判斷動機的價值時，發生錯誤所致，此依長養正確智見則可避免。若真正了解生命的深切要求，則能徹見惡事是違反其要求。違反生命的深切要求，故稱惡事，此依爾後阿毘達磨所作「以違反法性為惡」的定義，得以知之。更且世上的惡事因於先天的惡業習所牽引之外，也因於吾等的價值判斷往往陷於誤謬而征服先天的善業習。就此而言，可以說佛陀如同蘇格拉底，是將無智與惡等同視之，在此佛陀是將無明視為諸惡根源，因此若說無明就相當於惡，並無不可。

如是，佛陀認為從必然而自由解放之道，消極而言，是破除無明；積極而言，在於如實智見或無漏智之養成，而特為獎勵的修行是所謂的般若（prajñā，智慧）修行，所提出獲得智慧的方法是，修習禪定三昧。據此，可以說依直觀而契合最高的當為（Sollen）的，即是大悟，可以說稱為涅槃，或稱為羅漢，或稱為佛陀的，實是意指實現此境界的人，至此完全從業習解脫，依據當為的自律規定之外，至少其心的境界不受任何制限。佛教認為至此境界時，具備顯現神通作用之力，就物理上而言，是指有奇怪的現象顯現，但主要是將意志到達絕對的自由作比喻性的敘述，至少就體驗的事實而言，此乃是被承認的。

第三節 ◆ 基於前述的法觀與大乘思想

綜合上來所述——佛陀認為吾等一出生，已依前世業力而帶來一定的性格，吾等的行動常受此性格規定。從而吾等若不作任何修行的養成或行動，則吾等的意志活動全然是決定性的，可以說是能預先算定的。但吾等的識不只是隨順性格而引導意志，更具有順應潛藏於意欲內部的生命價值，為意志指示方向之力。此即意志活動有自由之所以，更且也是對應其價值程度之無數而無法預先計算之所以。如是營造一定的活動時，此又作為新業形成自己的性格，成為規定其次的意志活動之業因，雖然如此，但理性的認識能於次一剎那再度擊破其性格，令生起任何活動，因此只要有理性認識的作用，則吾等雖時時刻刻形成墮性的性格，但又時時刻刻開啟新的進路。雖具有一定的性格而出生，但吾人對於眼前的行為必須負責的根據，就佛教而言，實因於對於吾等有此作用。

若是如此，佛陀的法觀是如何看待此一問題？依此一立場而言，四諦法門實是揭示此一問題的兩方面。亦即苦集系列是有關存在的法則，所揭示的是，受命運推行的方面。此若開之，則是十二因緣的往觀方面（無明↓行↓……），直至於道，縱使此中有一進一退，但受因果所縛，遂不得澈底的自由。

反之，滅道系列可以說是與當為有關，就十二因緣而言，是相當於滅道方面（無明滅則行滅……），依循此一方向，吾人才得以踏上真正自由之道。但依據佛陀所述，關於存在的因果律也是法性，關於當為的道程也是法性，可以說都是法爾自然之道。不同的是，此係已被給予，彼則是依實現才能事實化，此即佛陀常提示應脫離存在的法則，努力實現當為的自由之所以。

此處的問題是，若是如此，佛陀是否認為最高當為的涅槃是打破全部的存在才得以實現之境？簡言之，佛陀是否認為死後且灰身滅智之當體才是涅槃之完成，此因所謂打破存在的法則，不外於是只存在之絕滅。從表面而言，吾等不得不作如此肯定，將無餘涅槃視為最高理想的解釋實基於此一見解。但剋實而言，此主要是表面上的解釋，可以說是所謂小乘的解釋。此因若依據佛陀的真意，其最高目的之境界應於此身實現，而且是此身實現才可說是完成其修行的意義。至少從佛陀的自內證看來，其三十五歲成道至八十歲入滅之間的行為，完全是就存在實現最高當為之當體。（參照《原始佛教思想論》第三篇第六章〈涅槃論〉）

此中，更成為問題的是，如何將前揭事實配合法觀？此因前揭事實是就存在而實現當為，因此並非僅基於存在的法則（苦集諦），也不是只基於當為的法則（滅道諦），可以說若無第三者的存在——當為的法則則無其根據。若是如此，佛陀是否立下止揚苦集與滅道等兩種法則的第三法則？表面上看來，佛陀的教說並沒有觸及於此。只是言及予以體驗而實現佛陀的人格，沒有朝向作為其實現基礎的法則論推進。

朝此推進的，即是爾後的大乘教，尤其是在《起信論》的真如觀中完成。此因《起信論》所揭的真如特性是，一方面以此為存在的根據，另一方面則以此為最高當為之根據，更且將此視為一體，此不外是將存在——當為的法則予以形而上化。亦即至此，無論是苦集的法則，或是滅道的法則皆予以止揚統合。

對應此統合的法則，予以具體化的方法或標準，即是菩薩所謂不住般涅槃的思想。亦即將涅槃視為最高理想，但基於上求菩提下化眾生的誓願，步入涅槃道，卻不住涅槃，正是止揚存在與當為法則的具體化。爾後佛教所說的生死即涅槃等，不外是指此當體。從而若以此為必然、自由的問題，則此主體主要是脫離必然而獲得自由，從自由而至更高之必然，再從更高的必然向更高的自由，彼此交互無窮的進展，可說是螺旋形的無限向上的修道。「至佛也不退的修行」之意實在於此，更且直至「此不住般涅槃」的思想提出，佛陀的自由論才可說是臻於圓滿。

第五章　自力主義與他力主義

第一節◆外教的自力與他力

吾等的安心立命是依自力的精進得之？或是依高於吾等的某者而得？此乃是宗教信仰的一大問題。徵於世界上的大宗教，例如立人格神的基督教、伊斯蘭教以及婆羅門教中的一派等，大體上是立於他力主義，但佛教（尤其是原始佛教）、耆那教等，大體上是自力主義。

但此僅只是大觀。嚴格說來，「自力他力」未必與作為信仰對象而立人格客體的問題一致。若依宗教史之所顯示，以所謂智性信仰為主的，既有自力主義，也有他力主義；同樣的，以情性的信仰為主的，也有此兩種主義的對立，故難以一概而論。今試揭其例如次。

基督教的信仰，如前所述，大體上是他力主義，如耶穌認為並非自己的意志得以完成，而是來自於神的意志。然其神學上的解釋也出現矛盾的情形，認為救度全然是依據神的恩寵，故產生吾等無能為力的預定觀（prädestinationstheotie），但某些教派卻認為還須加上吾等的精進努力才能贏得神的恩寵，亦即至少初期的神學者之間看法未必一致。今之正統派神學調和前揭兩種，認為濟度是立於自力與恩寵兩者協同而成立的所謂協同作用（Synergismus）之上，但至此之前，需要相當的考慮。似此且更為有趣的是，印度的羅摩笯闍派（紀元後十二世紀成立）之南北派的爭議。無庸贅言，兩者都是仰望最高神毘紐拏（Viṣṇu）的恩寵，但關於其救度的條件，也有他力與自力之爭。其南方派（Teṅgalai）認為神之救度吾等，恰如母貓照顧其尚未能步行的仔貓，亦即仔貓不費任何努力，母貓即自行運彼等至諸所，保育之，如是，無須被救者的努力，神將主動救度吾等。據此，通常稱此派為貓說（mārjāra-nyāya），相對於此，北方派（Vaḍagalai）主張所謂的猿說（markaṭa-nyāya）。神雖以慈悲救拔吾等，但為獲得救拔，吾等亦須付出努力，此恰如仔猿以抱緊母猿片刻不離而護其身。亦即貓說是絕對無條件的他力主義，猿說則於此間加上自力條件的他力主義，亦即主張一種協同作用，此與基督教神學有顯著的類似。

第二節◆佛教的自力、他力說之開展

進而就不立人格神，大體上是以自力主義作為立足點而看待此一問題的原始佛教，無庸贅言，完全是自力主義，「以自己為光，以自己為依據而住，不依其他依據而住」是其主張。但對於入悟之門，卻有持他力主義者，亦即有持「依他而得以入聖道」之論調的（大眾部的主張），因此教團內出現爭議，此是初期佛教教史上有名的事實。有趣的是，同樣發生在印度，數論派（Sāṃkhya）與瑜伽派（Yoga）之間的差異。兩者幾乎立於相同的教理上，同樣以智性信仰為主，認為徹見自己的本性才是真解脫、才是濟度，但數論派認為完全依自力的觀法達於其域，反之，雖與其本體觀不調和，但瑜伽派樹立一種神，認為仰賴神之加被力至少是達其目的之方便。上來兩例大體上都是自力主義，但其間又有自力與他力之對立。

此一問題最為顯著開展的，無庸贅言，當然是大乘佛教。自力聖道門與他力淨土門之優劣，在佛教信仰上，在某種場合，一直是激發論戰的問題。此因大乘佛教可說是原始佛教的延長或開展，前文所揭的自力、他力主義之分化至此時代，形成明顯的對立，尤其大乘佛教的特徵之一是，一方面承認吾人之心具有神性，但另一方面又開展出作為慈悲濟度之主體的佛身常住思想，因此自力他力的問題自然因此而生起。如是，自力論者認為雖說是佛陀濟度，但終究是基於指導者之意，真正的解脫濟度仍在於吾等自我的努力，在於開發出所謂的佛性，相對於此，他力論者認為佛陀是以其無緣的慈悲心救度一切眾生，因此無須吾等的要求與努力，佛將主動來救度。兩種主張之間，遂產生種種孰優孰劣的批判等等。例如就日本現在各宗而言，淨土宗、真宗屬於他力淨土門，其他宗派則屬於自力聖道門，其中最顯著的是，真宗與禪宗的對立。真宗將一切歸諸彌陀本願，亦即一絲一毫毋須自力，反之，禪宗主張直指人心見性成佛，將一切都歸諸自力。兩方皆最為澈底。

筆者此處所將論述，並不是以述說自力主義、他力主義的歷史作為目的，因此事實的指出到此為止，若所有宗教皆依此見地而探究時，在某種形態應探查何以產生兩種主義之對立。此未必侷限於在承認人格神上是否一致，如前所述，皆有所涉，此顯示兩種主義之對立，在宗教的本質上是具有最重要意義的問題。

筆者在此提起此一問題，並非意在批判性的揭出自力、他力的優劣得失。而是意圖闡明分成自力主義、他力主義的宗教意識，盡可能尋出其調和點。此因依據筆者所見，從宗教意識而言，無論是自力或是他力，終究只是文辭上或概念上的差別，其本質並無如此差異。至少在歷史上，此一爭議大多是忽視己中含他，他中含己的道理，只拘泥於名相而引起，此乃是不爭之事實。從而若稍稍得以闡明兩種主義的本質，相信在除去宗派的偏見上，至少有若干功能，此乃筆者撰此小文之所以。

第三節 ◆ 生命活動的本質

為闡明前揭兩種主義的本質，首先有必要說明宗教意識的自體。但為闡明宗教意識的自體，首先更須從吾等生命活動的本質開始論述。

宇宙論上的問題暫且不論，生物的本質在於欲，亦即想要生存的意志，此乃是佛陀、叔本華以及吾等都同意的。此想要生存的意志，其自體本是盲目的，用佛教術語表示，即是所謂的無明自體，若依叔本華所說，則是所謂的盲目意志，而此欲本身具備可向三種方向活動的傾向。借用佛陀所說，此即是以生存欲為中心，而往愛欲、權財欲擴展，亦即作為本能的食欲（自己保存欲）、性欲（種族保存欲）、遊戲欲（自由欲）而表現的，即此。一切生物不論是意識性的或無意識的，實以此三欲為基本，經營一切活動，此乃筆者屢屢所論。

若是如此，宗教意識在此生命活動中，具有何等地位與意義？前揭的生命活動，其自體雖是盲目的，但隨其開展而生起心理活動。此即佛陀所說的依行（意志）而識生，叔本華所說的依意志而有表象。恐是將此視為給予此盲目的欲動光明，是將此導向於目的的機關。如是，生命活動進展成心理活動，尤其成為人類其理性發展時，於此中生起所謂的自我意識。亦即對於盲目的衝動所含的意味或方向的反省，而其結果是生起對於無限生命的要求。此因我等的欲動若從表面看來，不外於要求滿足現前之渴欲，但若一旦探尋沉潛於其內在的意義，不外於是以生命的持續、擴大、自由為目標而進展。當然未必人人都有此意識的自覺，但縱使是無意識的，應是直接或間接的，皆以此作為目的而行動，此乃不能忽視的事實。更且其持續、自由、擴大，若不臻於無限則無法終止，就此而言，可以說人類是以無限作為目標而思惟而行動。在所有方面，有限的吾人有對於無限的要求，有憧憬之所以，實基於此，筆者暫將稱此為無限生命或絕對的要求。當然就心理學而言，如此要求主要是要求延長現實的生命，或是對於不能補足的缺陷予以之彌補觀念，因此不具有客觀的妥當性，或許可以說是投影的產物。縱使如此，但此要求至少作為創造的目標，能激勵吾等，更且成為所有希望、計畫、施設的基礎，具有活生生的實在性，此無論如何是必須承認的。說為覺醒自我，或說為生命澈底等，至少在宗教上，不外於是如實地痛感對此絕對生命的憧憬。

第四節◆無限生命的要求與宗教意識

如是，一旦覺醒此一要求，吾等的意志要求則具有二種性質。其一是現實的、求樂的傾動（基於眼前的欲動），另一是對於絕對的、理想的生命之憧憬。此兩種要求其實是生命本身所具的表面與內在的相異，但至少在對比其兩極時，此中呈現出絕對不相容之貌。其一是切切的要求，另一則是全一的要求，從而相對於前者的個體性，後者是普遍性；相對於前者是物質的，後者則是精神的、靈性的；相對於前者的不斷追求，後者是絕對的滿足；相對於前者是暫有的，後者是永遠的。如是，兩者遂成為你我，彼此之間呈現不許妥協的對立。亦即此兩種要求，若就其發生面看來，雖有向上的、漸進的聯絡，但一旦高躍於理想生活之頂點，以此為基點而回顧現實生活時，痛感此中實有天壤之別。意志之分割如是生起，靈肉之爭由此而生。

如是考察全體的生命活動時，最後推至宗教意識的問題——無庸贅言，宗教的成立有種類與程度的差別，但若從要求看來，不外於都是意圖以絕對生命作為自內證，希望自己得以實現。亦即要求用靈性的交涉之形，將以無限的持續、自由、光明為屬性的無限生命，以及現實的自己密切不離的結合在一起。此要求之心，即稱為宗教心或菩提心，其結合的自覺，即是悟、救度或解脫的狀態。以全智全能為屬性的基督教的神，以無量壽與無量光為屬性的阿彌陀佛，或是久遠實成，常在靈鷲山的釋迦佛——不外於皆是應此要求的絕對生命的異名。佛教之中雖有以涅槃空寂為理想的部派，但若就其精神而言，其所謂的涅槃空寂畢竟只是此無限生命的不同表現，此乃筆者在他處屢屢所論，與上來所述絕無差異。種種宗教中，雖然也有不能如實到達無限，其理想有所侷限，但此等主要是因於其要求的程度低，實則其內部仍有隱含至於無限之意。如是一切宗教皆以某種形式，至少隱約之間，是以無限生命為目標，以其之實現為本質。

第五節 ◆ 無限生命的自我實現與自力、他力說

若是如此，如何自我實現絕對生命？此正是自力主義、他力主義的中心題目。

大體上，就宗教史看來，古來作為實現的方法而採用的宗教修行法有無數種類，若就與前述宗教

意識相關聯的而作分類，相互關聯但名目全異的有二種。其一是專以現實的生命之遣去為要旨，另一是在於絕對的生命其自身的活躍。

就以前者為要旨而言，吾等雖有無限生命的要求，卻不能如實實現之所以，是因於吾等過分拘泥於現實生活。執著於物欲所縛的感覺，受制於個別，遂不能高躍於理想的絕對之生命。是故，為實現絕對的生命，與其強調絕對的生命，不如以超越現實的不自由生活作為急務。但超越現實的生活在於抑制本能的欲望，尤其是我執我欲，若能如是，則深藏在吾等內在的絕對生命不求也將自我呈露。所說的解脫（mukti, Erlosung），實是指從此方面推進而獲得安心之自覺；所謂的自力主義實是指在如是的觀念下，推進其修行。此因若依據此一方法，我執我欲之抑制完全在於自己的努力，必須有為精神生活而不斷奮鬥的勇猛心。

相對於此，第二種是在於絕對的、生命自身的活躍，此小我無論如何努力，畢竟力微。不具有獨立躍進絕對生命之力，此恰如無法以自力支撐自己在空中一般。從而自己實現絕對的生命之道，不外於希望對方攝取微小的自己。更且（從此側之立場而言）絕對的生命其特質是以慈悲博愛救人，因此只要至心祈願，則無漏失其救度之理由。只要有祈願，且有敬虔心就已足夠，無須特殊的自力行法。若能如是，絕對意志之所動乃是天啟或作為攝取而發現，此中能得更生之自覺，亦即從此方面推進絕對的意志。說為他力主義的，即是澈底推進此一觀念，主要是於小我之外求絕對的生命。從此方面推進的結果是，相對於稱依第一種方法而得的稱為解脫，通常稱此為救濟攝理。

如是，獲得成立根據的兩種主義，作為展現絕對生命的二種方法，在種種宗教中，依其立場，以種種形式主張的，即是先前之所例示，諸宗教有兩種主義對立之所以。當然嚴格說來，此兩種主義為取其純粹之形，是依存於其信仰的哲學基礎，而非只是方法不同，因此絕對他力主義、絕對自立主義的對立主張，未必見於所有宗教。對於真宗的持此主張，日本的禪宗是視為同一宗教的異派，可以說是罕見之例。不向絕對推進，則可說是相對的自他力主義，如前所述，無論任何宗教或宗派都有的二種傾向，往往成為爭議種苗。然其所基，完全是對於前述實現絕對生命的看法有別，此當切記莫忘。

第六節◆自力與他力之間的相互關係

若是如此，前揭兩種主義相互的關係是如何？其調和之道又是如何？

若從籠統且無批判看來，諸多宗教可以說是立於兩種主義的自我調和之上。此間雖有或較多傾向於自力，或較多傾向於他力的差別，但在所謂相對的範圍內，從某一方面可以窺出兩種主義的調和，亦即一方面某種程度的依我執我欲之自力制御，償其所謂的罪；另一方面仰賴寫象為神或佛的絕對者的他力救度，作為到達安心立命之道，此乃是一般宗教行法經常可見的現象。例如依神前奉上犧牲，祈求加護的信仰，進而依苦行、內觀、德行等契合絕對者恩寵的行法，可說是兩種主義的調和或中間的行法。但實言之，如此的行法，與其說是兩種主義的調和，不如說是未分化的行法。此因既已說為主義，則此中應含有強烈澈底的批判之意味，而此方法大抵欠缺此一用意，從而其自他關係不出於不澈底的妥協。絕對的他力主義者常貶此行法為雜行雜修，而絕對的自力主義的立場也是如此。

筆者在此所求兩種主義的關係及其調和，並不是此毫無批判地妥協行法。而是澈底的，從絕對的自力主義與絕對的他力主義之中，探討此間是否有統一的可能性。

如前文既已暗示，此一問題就其形式看來，兩種主義是絕對不相容，但宗教的純粹經驗則無差別，可以說只在於將同一經驗轉譯為不同的表象。

首先從絕對自力主義見之，基於方便，且就原始佛教與禪宗的立場述之。不仰賴神，不仰賴天，僅依小我的自制而求大悟澈底，即是自力主義修行的大方針，但於其悟證時，仍需一種他力。此因到達悟證之行法雖受行者的意志所左右，但悟證的當體最後仍須所謂的時節因緣，行者本身無能為力。更且其悟證（亦即解脫）的實現，大抵是無意中的爆發，因此從修行者而言，說為有天啟之感並無不可。佛陀為成正覺，費時六年，而阿難隨侍佛陀二十五年，直至佛滅後，其心地才開發，其因在於此天降的爆發尚未到來。尤其從中國、日本等禪者的悟道誌看來，此最為明顯，雖有所謂的南頓北漸的區別，但在悟證時，都視為是屬於超越分別思慮的一種天啟事項。此天啟的爆發襲來，大體上當然是對應認真修行的結果，但未必是唯一條件。其中的一種無從說明的機會——所謂的時節因緣——扮演重要的職務，此頗為類似絕對他力的信仰中，其濟度來否與遲速完全歸諸絕對者意志的所謂預定論等。叩則開啟，求則給予，乃是他力主義的耶穌之所道破，自力主義的禪者則將此叩則開，求則予的關係說為啐啄同時。亦即（依據傳說）如同卵將孵化時，雛鳥從內部啐殼，同一瞬時，母鳥從外部啄之，兩者相輔相成，始見新生之欣，悟證之境也是依學人的努力與所謂時節因緣的內外合致才能逮得。自力主義之極地與深意的他力主義吻合，將是無可懷疑的事實。此因解脫境縱使是於其內部求之，但超越小我，也能將此視為他。

再從他力主義見之，為完全沒卻我意，對於絕對者表示全然依憑是其主義的中心，但就其入信的當體而言，不能忽視此間含有絕大的自力作用。祈求之心雖來自於絕對者，但此如赤子之純真的心源是由何者養成？主張我欲自身的，認為是意志的秉性，而全然捨離之，雖全委賴於絕對者，但若無絕大的努力亦不能到達。之所以親鸞上人認為無論信心或念佛，皆是彌陀本願賜予，以此作為入信之要，強調排除疑情，有精進的願作佛之心，實在於此。但就此而言，此與以我執我欲之遣去為要旨的自力修行，本質上有何差異？其差異只在於表象上，自力主義者視此為自己的意志力，相對於此，他力主義者認為是他者所導致。無論哪一種，將捨離我執我欲的個人意志，當作其入信或悟證的條件，在實質上完全相同。

如是，若從兩方面觀察，自力之中含有他力的道理，他力之中含有自力的道理，更且說為自他，終究只是觀點的差異，此乃不能否定的事實。尤其所到達的境界，至少就宗教意識自體而言，不外於同一之心態，此徵於立場不同，但種種聖者之間有驚人的一致點，應是無可懷疑的。稱為彌陀，稱為上帝，稱為心性，稱為阿特曼的，基於此絕對生命的要求，宛如自己實現的覺的當體，無論是從歷史或教理，可以說只是將此轉譯為不同的表象與名稱而已。此與安住於以無限的持續（不死）、自由與光明為屬性之所謂絕對生命的自內證完全無所差異。此間無論感悟小我是大生命所降，或感悟大生命是受小生命牽引，實質上可有任何差異？

第七節◆自力與他力的止揚方法

以前揭的考察為基礎，更將此表象以及實行的精神，可有調和兩種主義之道？換言之，以何等教理支持前揭的純粹意識，以何等心意氣實現之，兩種主義因而得以止揚，得以統合，乃是其次必須論述的問題。

首先就教理問題述之，宗教意識的教理化雖有種種發展階段，但筆者認為依據多里斯（A.Drews）所述分成三段，將較為方便：

（一）感覺的直觀（Die sinnliche Anshauung）之形。所謂多神教，自己以外，設定種種的神。

（二）表象（Die Vorstellung）之形。二元論的一神教，認為神是統一的、唯一的，而世界以及生物是神以外的存在。

（三）理念（Die Idee）。多里斯稱為具體的一元論（Der konkrete Monismus），神在吾等內部，且是超越個人意識的存在，可以說是一種汎神論的考察。（Arthur Drews; Die Religion als Selbstbewusstsein des Gottes, S.163 ~ 184）

若是如此，上來所揭何者適合止揚統合自力他力主義，無庸贅言，當然是第三所謂理念的考察。此因第一多神教雖適合所謂雜行雜修的對象，但依此徹底生起自力或他力主義有所困難，從而不適合於統合；第二超越的一神教可以生起絕對的他力主義，而且也適合支持，但在統合上同樣不適當，反之，第三理念的宗教，性質上兼有兩種主義，更且具有立於其上的資格。例如大乘佛教中，《起信論》的哲學正是立於此立場，更且是批判性的統合兩種主義。亦即以心真如（理念之體）揭示實現自己經過，一方面是依據自修的向上法，另一方面則是揭示依據淨法熏習，真如自體有降下照亮迷情的作用，此完全是止揚兩種主義的說明法，更且其立場的理念之中，有其成功的根據。幾乎近於此一理念宗教立場的《奧義書》中，也透露這般消息：

其眞我非依吠陀，非依理解力，非依多學而得，唯依眞我自身選擇而得。

（《卡達奧義書》一・二・二八）

亦即真我當體非依雜行雜修而得，可以說真我自身，唯依天啟的活動而得。《奧義書》將真我完全解為是吾等的本性，是宇宙的中心，其實現法，大體上可說是自力主義，但此間所透露他力主義的口吻，不但不矛盾，還寓含綜合兩種主義的意味。此徵於爾後吠檀多派明顯揭出《奧義書》的此一思想，即可知之。

依上來二例看來，理念的宗教是唯一統一兩種主義的教理組織，從而是最近於純粹宗教意識自體的轉譯形式，將理念的宗教視為宗教中最高之所以的原因實在於此。但若更作論理的究明，並解決此中所含種種問題將是非常大的事業，非簡單幾句得以解決，故大體上所述僅止於此。

若是如此，對應此理念的宗教，予以實現的實際生活上的態度與心態又是如何？簡言之，自力主義的特長在於努力，他力主義的特長在於安於物。若是如此，止揚兩種主義，將此統合於實際生活的方法，主要是常安住，更且不斷的努力。更且此係澈底入於理念宗教之真髓時，自然湧出的態度與心態。此因依據理念的宗教，絕對的生命與吾等都是世界的本質，因此吾等已具有被保證絕對安住的身分，雖然如此，若就客觀的現狀而言，在尚未如實實現其應有之當體時，應有不斷努力實修的必要。雖是古喻，但以理念宗教為背景的吾等，實際生活的態度必須如寶珠之常磨；磨磚成鏡終將以失望告終，但磨珠放光則能實現本來確實具備的可能性，努力、希望與歡喜，合而為一的實行。以理念的信仰為背景的實際態度完全應是如此，簡言之，受永遠的理想鼓舞，歡喜踴躍，朝其目標前進，無論自力或他力皆予以統合。筆者認為泰戈爾對此所道破的一句，意味甚深。曰：

梵是梵。彼是對於完全的無窮的理想。然吾人未能眞正至吾人之地位。吾人必須不斷的眞。不斷地成爲梵。於此有與成之間，有無限的奏樂。在此秘密之底，有無限的創造，支持進行所有眞與美的根源。

（R. Tagore, *The Realisation of Life*, p.155）

第六章　佛陀的道德論

第一節◆宗教的生活與道德的生活

宗教的生活在本質上其範圍未必與道德生活一致，此因道德的生活是成立於人與人的關係上，但宗教的生活則成立於人與絕對的關係上。此即古代宗教中，往往含有非道德的要素，甚且直至今日，某種宗教的信者之中，其道德上表現出令人非議的行為，卻不認為此舉是違背其信仰之所以。

但反過來說，若從道德是結合人與人之最高連鎖而類推，也得以認為人與絕對的結合其主要的連鎖也在於道德的行為。此因若就人類的宗教意識活動見之，彼等在規定自己與絕對的關係時，至少在表象的形式上，是類推人與人的關係之規定等，此依種種事例看來，即可知之。例如古代將人當作犧牲，用以供奉神，且視此為最虔敬的行為，此舉若就人類相互之間的規定而言，是應予以排斥的，但若推及彼等的精神，仍出自對於自己所尊敬或有某種要求的人，以贈呈難得且珍稀之物表示己之誠意，因此對於神，尤其對於軍神、兇神等，更需要以珍物獻之，因此遂有以人作為犧牲的極端行為。況且如正義、仁愛、信實等道德行為可說是最安全且普遍，能獲得他人好感而與自己結交的方法，因此伴隨道德意識的發展，作為宗教生活之要求，此占有最重要的地位，也是自然之數。更且若依宗教本質看來，如上來所述，宗教是由人與絕對的關係而成立，然其關係主要在於人人去除我欲的執見而服從絕對的意志。從而為到達宗教最深奧之處，至少需要否定所謂的個人意志。

否定此個人意志的方法，雖有苦行、禪定等等，但道德的生活則是最為有力的一種方法。此因道德之起源縱使起於自利的動機，但至少於其當下是自我犧牲，亦即為謀他人利益而某種程度的犧牲己利，乃是道德行為之必要條件。易言之，為完成道德的自我犧牲，在宗教上是作為否定意志（服從絕對意志之條件）的一種方法。隨著道德意識與宗教意識之發展，道德成為宗教生活不可缺的條件之一，其因在此。加之，從道德方面而言，道德是人與人之間的關係規定，但絕非民約的，大抵是基於社會態勢與人類的自然性，故可說是自然發展。從而隨著人與人之間的道德意識加深，對於人類本來所要求的普遍欲與必然欲，不再認為其道德根柢只是人與人的關係，而是從普遍的必然根據所導出，因此如同宗教，絕對意志遂成為其根柢。儒家所說的「天命曰性，從性曰德」，將道德的根柢置於天命的理由也在於此。

如是，種種的原因與事情結合，其結果是高等的宗教觀念與高等道德的觀念幾乎一致，道德至少是宗教不可欠缺的條件，同時，因為是道德的，所以必然是宗教的，可以說具有如此密切的關係。此即被稱為最高程度的宗教能產生倫理的宗教之所以，至此無論宗教或道德都增加尊嚴，尤其宗教對於世界具有普遍的有用性，因此倫理的宗教具有普遍的宗教主張，且有其資格。此中之代表者，實是佛教與基督教。

基督教姑且不論，此下且就佛教詳述上來所說。

第二節 ◆ 佛教的特徵

佛教出現以前，印度已出現卓越的宗教與哲學。其中最主要的是古代的婆羅門教，無論在教理上或制度上，都有非常優秀的發展。但若就道德而言，仍有不完全之處，縱使不是非道德的，但若就實際面而言，彼等重視儀式與制度甚於道德；在理論上則是趨於超道德的理想，並不是以真正健全的道德生活作為宗教生活之必須條件。當然若從其教理中一一拾集，《奧義書》與《法經》等存有眾多種種的道德規定與教訓，但此等皆不純然，往往含有非人道的規定，因此不能視為倫理的宗教。

至於佛教，若還原其教理中的種種要素，雖然甚多出自婆羅門的法典等，然其最盡力之處，是將一切予以倫理的淨化，嚴肅的結合道德生活與宗教生活。而佛陀對此最能發揮其批評的見識，依道德的見地而被視為不純的，即盡可能地予以排斥，縱使基於教化，需要保留其原型，但至少於其內容常添加清新的道德意義。例如佛陀為不知所以然而禮拜天地四方的婆羅門子，分別給予六方所具的倫理意義；對於輕率的認為浸入水中即是淨行的人，佛陀教導應清淨其心；又對於無意義的禮拜火者，佛陀教導應滅卻煩惱之心火等等，不勝枚舉。亦即恰如砂與金相混，婆羅門教只是在祭式與其他便宜的條件中，述說道德，反之，佛陀是漉砂存金，且依佛陀的人格而越發純化，更為豐富，此即佛教的一大特色。當然某些學者將佛教，尤其是將原始佛教視為婆羅門教的倫理運動，雖然此乃屬逸脫佛教深義之評論，但至少著重倫理道德是佛教的一大特色，將是無可懷疑的事實。

諸惡莫作　眾善奉行
自淨其意　是諸佛教
Sabbapāpassa akaraṇaṁ, kusalassa upasampadā
Sacittaparyodapanaṁ ; etaṁ buddhāna sāsanaṁ.

被稱為七佛通誡偈的佛教德目是以此為出發點，而且也都攝於此中。亦即任何佛出現，其根本教條是停止諸惡，多修諸善，自淨其心。此因所謂自淨其心，無非是斷煩惱，雖然佛陀以前的宗教也有此說，但就認為欲斷煩惱，行止惡修善是其必要條件而言，可說是佛陀的特色。今試將與此偈文口吻稍稍類似的《奧義書》中的一句對照如次。《卡達奧義書》六・一五，曰：

於此世，胸中一切繫縛斷盡時，爾時，死者不死——此實是梵教之教髓。

「此實是梵教之教髓」的口吻與「此實是諸佛所教」的口吻頗為相似，或許佛教是模仿前者而作此偈。無論是佛陀，或是《奧義書》，同樣以斷繫縛為理想，但佛陀特別加上《奧義書》沒有明言的防非修善，可以說相對於《奧義書》的超倫理，佛教特為重視道德面。

如是，《奧義書》與《法典》等，作為解脫道之獨立德目，不曾提及防惡修善，反之，佛陀提出相當多的將「進善避惡，淑世濟民」當作修行的法門，三十七助道品中的四正斷即是其中一例。所謂四正斷，其第一是律儀斷，未生惡令不生；第二是斷斷，已生惡令斷；第三是隨護斷，未生善令生；

第四是修習斷，既生善令不斷。簡言之，是將惡事澈底征服，善事越發增進視為解脫道重要的一種德目，尤其慈悲博愛乃是佛陀最為重視的德目，佛陀作為一切眾生之慈父，是慈悲之權化，此固然無庸贅言，但特別強調慈心解脫，認為在所有的修德中，此恰如皓月之於星。此等皆與道德的內容問題有關聯，且留待他日再予述說，總括來說，佛陀之教，狹則印度諸教派，廣則世界宗教之中，最具有人道主義、倫理主義，此終究是不可懷疑之事實。

佛教縱使於其教理上開展出大小、顯密等種種深遠的哲理，但作為最通俗的宗教，得以通行於世界之所以，在於在實行上，其教法是以最貼近的道德為主。

第三節 ◆ 佛陀的善惡觀

如是，若將趨善避惡視為佛教的宗教生活的重要特徵之一，則其次所生起的問題是，何者是佛陀所說的善？何者是惡的善惡標準？就筆者所知，古記錄中，對此並沒有明確揭出定義，但若以爾後論師所揭定義為基礎而推論佛陀的精神，佛陀大抵是以二種立場看待。借用後世所用術語，是世俗諦與勝義諦的立場。世俗諦是道德的，其於最後仍有利益，故實行之；勝義諦是道德的，無關利益或不利益，乃是到達解脫的必須條件，同時又是解脫者的資格之一。前者主要的對象是俗人，後者主要的對象是出家人。若借用後世所說術語，前者的善是有漏善，或說為有所得善，後者的善是無漏善，又名無所得善。

亦即前者是立於肯定欲望的善事，後者是立於否定欲望之善。從而依據佛陀之真精神，無庸贅言，是以後者的無所得善為主，但前者的善事卻是後者的渠道，且是所謂自然法的因果律之規定，因此是佛陀最為著力之處。當然無論有漏善或無漏善，若從其形式而言，並沒有太大差別，亦即無關多少，都要求犧牲自己，差別在於行為者的動機或心情。

首先就有漏善述之，所謂有漏善，要言之，是指相信行善將受善果報，行惡將受惡果報，故應常作受善果報之行為。反過來說，受善果報的行為，即稱為善；受惡果報之行為，即稱為惡，可說是一種功利主義的道德觀。但所說的善果報或惡果報，未必僅就現在而論，現在雖是犧牲，但於未來仍受善果報的行為，即是善事，從而現在雖是利益自己的行為，但未來將招受不利果報的，即是惡。《唯識》第五卷對此，作如次彙整：

能為此世他世順益，故名為善。
能為此世他世違損，故名不善。

亦即不只現在，於未來，能令生活增大幸福的，即是善，反之，即是惡。佛陀是否確實揭出如此定義，筆者未能確定，但佛陀的說法中，確實有眾多如此的述說。尤其佛陀作為教化材料所用的因緣說，大抵是由此趣意而成，其歸結是，實行種種美德，無論是現在或未來，必受可喜之果報。此因佛陀的說法是以多數的俗人為對象，而彼等於功利之外，不容易進入教法之真髓。

但不能認為此因果之教法，只是佛陀的所謂方便，不具有事實的妥當性。依據佛陀所述，善因善果，惡因惡果可說是一種自然法，是佛陀出世或不出世皆無異的法則。佛陀只是利用此一法則，道德的引導人類，此當切記莫忘。因此為說明此有漏善，首先有必要先說明因果。

第四節◆因果法則

如康德所言：「善人有善之酬報，惡人有惡之酬報。」此縱使不能證明其實際的妥當性，但仍是吾等不能放棄之要求。誠然若無此要求，則所謂勸善懲惡的社會制度將成為無用的長物。雖然如此，但實際上此一要求，常不能獲得實現。義人受苦，不義者繁榮的矛盾現象並不少見。因此吾等的要求是，終有一日，能見兩者之一致。康德從其妥當之要請中，指出必須承認靈魂不死與操縱此的神之存在，而印度人從說為神之裁判的神話考察跳脫，認為自己所作之業乃是三世無漏，縱使此世不見善因善果、惡因惡果之規則，但在過去、現在、未來中，可窺見其妥當性。所謂的三世因果即此。

此絕非佛陀首唱，在佛以前，《奧義書》已有此說，就此而言，佛陀的因果觀可以說也是踵其先蹤。但佛陀的觀念異於從前之處，在於從前認為吾等有一固定不變的靈魂，當吾等死亡時，此靈魂脫離吾等身體，依生前所造之業，輪迴於彼方或此方，受適當之果報，而佛陀對此是大作修訂。本書所收的唯意志論之發展對此已有述說，故此處省略其說明。

總括來說，基於前述理由，佛陀認為迷於一時的利害而造作惡事，縱使亦一時行善，但由於已種下將於他日發生的惡種，所以仍應視為損事。反之，不迷於一時的利害而行善事，種下善種，則其結局是利益。此恰如今日努力，後日將招來幸福，反之，今日怠惰即等同求將來之苦——此即是佛陀所謂有漏善，或有所得善之教。就此而言，此一方面的道德觀可以說是一種功利主義，且是含括過、現、未等三世的一種功利主義。

反過來說，如此的道德教義，就世俗而言，確實有其必要，但若就道德而言，可說是甚為低級的立場。此因善因善果、惡因惡果，行善事、避惡事之說，只是一種勘定的道德。依據佛陀所述，此雖是自然法，但由於是有所為而為，故終究是基於我欲煩惱的道德。

第五節◆解脫道的道德

依據佛陀所述，吾等終局的目的在於脫離我欲、我執的最高當為的解脫之境。從而此解脫道的真道德，不能是如此勘定的道德。佛陀強烈主張無我之所以，若就事實的問題而言，是為顯示並無固定的自我，但若從理想方面看來，要言之，是為揭示必須實行無我的道德，此當切記莫忘。佛陀從所謂第一義諦的見地，看低如此的道德，貶為只是世間善，不是真正解脫的道德之所以，即在於此。真正的道德是毫無所期，只是善故為善，惡故避惡，亦即是從不問其結果對自己是福是禍的動機出發。其所據只是嚴格的法規（dharma），亦即解脫的標準，若依大乘的見地，真如法性是其標準，此即稱為無所得善或無漏善。就此而言，《菩薩瓔珞經》下卷對善惡的標準作如次述說：

順第一義諦起爲善。背第一義諦起爲惡。

此中所說的第一義，若就修行的經過而言，是解脫的目標；若就本體論而言，是真如法性之義，換言之，相應最高當為之義而行為的是「善」，否則即是「惡」。當然若從嚴格的史料見地看來，《瓔珞經》是否如實傳述佛陀所說，雖有異論，但至少是道破佛陀的精神，此當無可懷疑。此因若通觀最古紀錄的《阿含經》，如此的精神隨處可見。

此從佛陀的說法或救濟都是基於此等乃是善法而為之，名聞或果報非佛陀所考量而有佛教之建立看來，即可思之過半。

佛告梵志：汝將無謂佛爲利養而説法耶，勿起是心，若有利養盡以施汝。我所説法微妙第一，爲滅不善，增益善法。

又告梵志：汝將無謂佛爲名稱，爲尊重故，爲導首故，爲眷屬故，爲大眾故而説法耶。勿起是心，今汝眷屬盡屬於汝。我所説法爲滅不善，增長善法。

又告梵志：汝將無謂佛以汝置於不善聚，黑冥聚中耶。勿生是心。諸不善聚及黑冥聚汝但捨去。吾自爲汝説善淨法。

又告梵志：汝將勿謂佛黜汝於善聚法，清白聚耶。勿起是心。汝但於善法聚，清白聚中，精勤修行。吾自爲汝説善淨法，滅不善行，增益善法。

（《長阿含經第八．散陀那經》）

此即佛陀教誡外道尼俱陀梵志，揭示自己立場之宣言。無任何所求，只是為善法而公平宣揚善法之舉，絕非善因善果的勸定道德觀所能相提並論。般若系的大乘佛教主張空無所得的道德，主張縱使施物予人，然此中並無予物的自己、所施之物，以及受物的他人，只是為布施而布施，且稱此為三輪空寂，可以說是來自佛陀第一義的道德觀之結果。

就此而言，佛陀的道德觀是立於一種無上命令的見地，佛教道德的真髓實在於此，而以善惡禍福之一致為基礎的勸定道德，則是至此的入門，此當切記莫忘。

附錄

佛陀的女性觀

第一節 ◆ 當時的女性觀

順序上，首先從釋尊之前直至釋尊當時的女性觀見之。此因無論何人所說，若不能了解當時的一般風潮，僅依今日標準作判斷，並不恰當。例如穆罕默德允許多妻，允許一個男人可以擁有五名或六名妻子，若就今日一夫一婦的標準看來，顯然相當不道德。但若從當時阿拉伯男人認為任何女人都可以聘為妻的觀念看來，穆罕默德是作道德性的改革，將人數限制在五、六名以內，今日認為可以擁有五、六名妻子的法規，意義上實有別於穆罕默德當時之所認為。因此在探究佛陀的女性觀時，若不了解當時的一般觀念，則無法了解佛陀對於女性的態度與批評。

印度的古代——所說的古代，是指西元前一千年前的梨俱吠陀時代——大體上女性是相當自由的。未必受家庭以及丈夫所限制，從而此中有女宗教家或詩人出現——印度的詩人可以說即是宗教家，宗教家即是詩人——《梨俱吠陀》的讚歌中，載有名為阿特麗的女人所作的綺麗詩歌，古代女性擁有相當高的氣焰，據此可知。此事在爾後的紀錄中，也有回顧性的記載。例如印度的大史詩《摩訶婆羅多》曾提及此事：「往昔的女性不是閉居家中，隸屬其夫及親族。彼等可以隨心所欲的外出，自尋娛樂，無須忠實其夫。更且彼等不因有此行為而覺得有罪惡感，此乃當時所允許之習慣。」一要言之，古代的女性是相當自由的。

但此後直至西元前七、八百年前後，所謂的婆羅門教成為印度的國民宗教，且確立其制度。若就文明史而言，梨俱吠陀時代是遊牧時代，百姓以畜牧為主，而婆羅門教的確立是雅利安民族定居在恒河上游，以農作為主的時期，由於定居的生活，故制定其家族制度，目的是藉以維持家系純粹。彼等於此時代亦樹立四姓區別，防止雜婚是其主要用意。自然而然，女性相當受到限制，此因女性若恣意放縱，將紊亂其血統。若是如此，則無法維持其雅利安人種的純粹，而彼等的特權與地位也將無法維持，因此婆羅門極度束縛女性的自由。婆羅門認為女性存在的意義主要是傳宗接代，換言之，女性只是生育的工具。不只如此，作為家族制度之通例，子孫不可斷絕外，祭祀死去的先人是宗教上的要事。印度人相信過世的先人仍然生活在另一個世界中，因此子孫每個月必須祭拜物品，先人藉此才得以生活。若無子孫，則無祭品；無祭品，則無法生活。慮及於此，無論如何，都必須有子孫接續，而女性正是生育子孫的工具。如同中國人的社會，若無生育子女的妻子將被休去，印度也有類此的制度。婚後十年內，若不能受孕，將面臨離異的命運；十二年內，若只生女，也將被休離；十五年內，所生子若死，也可休之等等，乃是婆羅門教所制定的法律。甚至若某婦女尚未生育而丈夫死亡，其夫弟或親戚基於生育自己子女的目的，可以納此寡婦。《舊約》似乎也有類似的記載，總括來說，古代確實存在著夫死，其無子女的寡婦可由其親戚接收之情事。

如此的風氣使然，女性的自由逐漸受限，但任何時代都有可能出現抗拒只服從其夫制度的人，故對於女性，施予不利的評語，例如「獻給汙濁之神有三。女性、骰子及睡眠」「女性是汙濁」之說，女性因此不能具有獨立性。《法典》如是指出：「幼受其父保護，年長受其夫保護，老年受其子保護。

故女性不宜獨立。」雖然如此，但也有網開一面的情況，例如已至適婚期的女子，若雙親不為其擇偶，則得以自行婚嫁。因此對於通姦的女性——此雖是重罪——但有時也給予寬大的處置，例如於某特定祭日舉行懺悔儀式，則可豁免。其儀式進行時，祭官將詢問該婦女通姦男人姓名以及人數（數量多寡，是以稻稈表示。例如一人，則舉一根稻稈，三人則舉三根）。此時，受審婦女若有虛言，將受神罰，若誠實作答，則可免罪。雖然通姦，若當月仍有月事，可因此而除罪。此乃女性特有的除罪法，每月的月事自然除其所犯之罪。合理的解釋是，雖然通姦，但沒有懷孕，故得以豁免。

對於男女關係是如此的處理，又對於婚事也特為重視，就《法典》見之，大抵有五或七、八種方法。茲依序揭舉如次：

合法婚禮

第一稱為梵婚，子女盛妝，婚禮採用宗教儀式。

第二稱為神婚，父母將其女嫁予僧侶。

第三是生主婚，遵守法規雖有必要，但沒有採用宗教儀式，類似今日所行的公證結婚。

第四稱為聖婚，男方給女方的雙親二頭牛作為聘禮。

第五稱為乾闥婆婚，可以說是經由自由戀愛而成的婚禮，往昔的印度承認此仍是結婚的方式之一。

不合法婚禮

第六是阿修羅婚，給予女方父母金錢的買賣方式。
第七是畢遮荼婚，此乃是更等而下之，強力搶奪女方的方式。
補充：印度太古時代的婚禮，即是採用掠奪的方式，此如「結婚」（vivāha）一語，已具有奪取之意。隨從法規逐漸完備，今稱此為惡魔婚，但若思及往昔，其實是值得注意的一種方式。
第八的羅剎婚，更等而下之，是以殺害女方家族，奪取其女的方式。

（以上不合法婚禮記述，載於婆羅門的《法典》）

補充

此外，還有就今日所見，可說是相當時髦的所謂「自選法的婚禮」。但此一婚禮方式與其說行於婆羅門之間，不如說是行於剎帝利（亦即武士）之間。其方式是架設擂台，各地英雄好漢上台比武，最後勝出者即可雀屏中選，抱得美人歸，可以說是既能呈現勇武氣魄又具有詩意的一種方式。相傳釋尊當時即是依此方式取得其妃耶輸陀羅。

大體上，佛陀時代前後的婦女觀、結婚觀如上來所述。

總括來說，至少就形式上而言，女性是處於不自由的、被束縛的狀態，此固然無庸贅言。

第二節◆佛陀的女性觀

對此，佛陀是採取何等態度？佛陀對女性觀的態度並非始終如一。亦即其立場將隨著不同狀況而有所不同，故不能一概而論。例如佛陀在訓誡放肆驕縱的婦女時，用語非常嚴厲，但對於認為婦女是無用之物的人，佛陀則盛讚婦女的優點。又如在指導男性出家眾以女性作為欲望之觀察對象時，佛陀極力指出女性的弱點，但當比丘批評女性不可能於宗教的行持有所斬獲時，佛陀則指出女眾實不亞於男眾，總括來說，佛陀的態度並無一定。

總體上，大抵是如此。但若從人格的立場而言，佛陀對於婦女可說是相當尊重，此乃無可懷疑的。曾經有如次之事發生：

某日，佛陀的信徒憍薩羅國波斯匿王來謁見佛陀時，恰巧有人來通報其夫人末利產子的消息。波斯匿王隨即問通報者是生男或生女，使者回答是生女。波斯匿王聞之，頓時面現不悅之色。佛遂以「雖是女子，大王！可得勝於男子之人。可得有智慧有德，且能尊敬翁姑之嫁女，彼女所生之子可成為勇者，成為支配者。如是，賢婦之子足以指導王國。」曉諭之。

從佛陀安慰國王，若得賢婦之子，足以指導一國，雖生為女性，但若給予教養則得以勝過男子，故切莫看輕女性看來，佛陀對於女性是相當尊敬——雖沒有使用尊敬一語——至少不因於是女性而卑視之。從而在夫婦的關係上，大體上雖仍視丈夫居於上位，但也承認妻子的權利，主張應尊敬之。尤其如前所述，對於放肆驕縱的婦女，佛陀特為揭舉出婦女的弱點，促其反省。例如對於玉耶夫人的訓誡即是：

此名為玉耶的婦女是一名富家女。從而出嫁後，不曾將丈夫視為丈夫，將翁姑視為翁姑。男方（須達長者）可說是束手無策。佛陀在濟度此女時，特為揭舉身為女人的缺點。佛陀舉出世間法典的規定是「婦人有三障。幼時隨從雙親，出嫁從夫，老而從子。」

此外，女人有十種弱點。第一，出生時雙親不喜，此恐是當時的風習；第二，養育無味；第三，常憂嫁娶失禮；第四，處處畏人；第五，與父母別離；第六，倚他門户；第七，懷妊甚難；第八，產生時難；第九，畏夫主；第十，恆不得自在，沒有獲得丈夫許可，不能外出。如此的弱點是一般之所認為。因為有如此弱點，因此縱使是富家女，也不可趾高氣揚。玉耶女聽了佛陀一番開示之後，遂成為佛陀的信徒。

此上特殊情況之外，若就一般夫婦關係的立場而言，佛陀認為夫婦的關係應是對等的。在《六方禮經》中，佛陀指出夫婦的關係：

夫對妻應履行五項義務。第一，敬之；第二，不輕忽之；第三，守貞操；第四，委以家內全權；第五，給予衣服莊嚴，時時贈予時尚物品。

妻子對丈夫也同樣有五項義務。第一，治事有秩序；第二，能侍奉丈夫；第三，守貞操；第四，守護家財；第五，任何事皆精勵不怠惰。

今日緬甸的佛教婦女將學習及實行此五事視為佛教婦女應具有的資格。總括來說，佛陀大體上是立於夫婦平等的立場而述說夫婦之間的道德。尤其佛陀的婦女觀中，最值得注意的是，佛陀對於耶輸陀羅所採取的態度。

相傳佛陀還是太子身分時，是以自選法的方式娶得耶輸陀羅，婚後生下羅睺羅。但佛陀為了解決人生永遠的問題，遂斷絕夫妻的恩愛，出家修行。六、七年後，佛陀回到自己故鄉，當時眾人皆出宮門迎接，但耶輸陀羅並沒有現身。耶輸陀羅以「若太子仍視我為妻，仍然愛我，應先來見我」的理由，不肯出迎。佛陀得知其心意，即決定先去見她。當時舍利弗、目連隨侍在側，皆覺得不妥，二人認為佛陀若與昔日夫人在密室見面，將招來誤解，故此事萬萬不可行，遂向佛陀勸阻。對於弟子二人的勸阻，佛陀的答覆是，彼女守苦節六年，因此無論如何，我應前去見之。屆時，彼女或許將摟我抱我，但亦無妨。於是，佛陀斷然進入耶輸陀羅屋中。就此看來，佛陀顯然相當尊敬婦女且富有同情心，此終究不能否定。

第三節 ◆ 成為道機的女性觀

進而佛陀對於女性的學道是抱持何等態度？佛陀建立教團初始，並無意接受婦女進入教團，僅以男眾為其對象。然其姨母摩訶波闍波提希望能隨佛出家，佛陀為此相當困惱，擔心女子若進入教團，恐紊亂教團秩序。此恰如男子學校若收女性學子，風紀可能紊亂。但摩訶波闍波提無論如何一定要隨佛出家，時時追隨在佛身後，赤著腳，淌著血，日日追趕，且一再拜託阿難說情。阿難也一再請求，佛陀仍不應允。最後，阿難問佛：「女人是否不適合修道？縱使修道，是否白費力氣？」佛陀都以「並非如此」回答。阿難遂又問：「若是如此，何故允許男子出家，卻不許女子出家？」至此，釋尊實在無法再予以拒絕。

於是，佛陀制訂在遵守某些條件下，允許婦女加入僧團。其主要條項是，女子出家後，無論任何情況，都不可輕蔑新出家的男眾。縱使如此，但釋尊仍一直有男女相處在同一教團，將紊亂風紀，從而導致佛法早衰的擔憂。

但無論如何，摩訶波闍波提終於完成其心願，成為一名佛弟子。事實上，摩訶波闍波提亦非常人，作為佛陀姨母，又代理佛陀親生母親摩耶夫人養育佛陀長大成人，更且為了出家，不畏艱辛，一路追隨佛陀，開啟婦女出家先例，因此出家後，自然而然被推為比丘尼首。她平時為人處事相當低調，但若見比丘行不如法之事，仍毅然予以叱責。眾多比丘為此忿忿不平，摩訶波闍波提亦因此而受佛陀叱責。雖然如此，大體上由於佛陀的訓誡，以及摩訶波闍波提的善巧領導，僧團的男女眾之間，並沒有發生顯著弊害。不只如此，婦女出家者之中，開悟者多，至少在精神的境地上，不亞於比丘的婦女比比皆是。

若是如此，當時的婦女是基於何等動機而進入佛陀教團？雖然不是相當清楚明白，但可以說其動機是形形色色。既有只是單純見到佛陀，就生起信仰而出家的；也有經歷極為悲慘的經驗而決意加入僧團。有如次事蹟：

有一名為帕達遮拉的富家女，奉父母之命，嫁予一男子。婚後不久，其夫家道中落，遂舉家遷至他鄉，懷孕即將產子時，慮及夫家經濟困難，意圖回到家鄉產子。但丈夫不同意，帕達遮拉遂留書出走，在返鄉途中，半路產子。丈夫隨後尋來，攜母子同返夫家。爾後，再次懷孕，夫婦一同返鄉，途中又將臨盆，其夫欲伐木造一臨時產房。然印度多毒蛇，其夫為毒蛇所害，帕達遮拉只好獨自帶二名幼子返回家鄉。途中經過一河，由於無法一次背負二名幼童過河，遂將幼子留置岸邊，先背負長子渡河。豈知母子二人才到河中央，空中飛來大鳥叼走其幼子。帕達遮拉驚慌之下，一失手，背負的長子掉落河裡，時被河水沖走。失去丈夫與二子，傷心欲絕的帕達遮拉回到家中，卻見暫避風雨的屋舍也被無情大火燒得精光，一連串的打擊，帕達遮拉頓時發狂，赤身裸體，四處奔走，某日來到佛陀面前。佛陀憐憫之，為彼說法。聽聞佛陀說法後，帕達遮拉遂出家加入僧團。帕達遮拉爾後成為極為有名的比丘尼，隨其出家的弟子眾多。

又有一名為翅舍憍曇彌的婦人，某日於其高樓往外眺望，乍見一罪犯被差役押往監獄服刑。翅舍憍曇彌對此罪犯一見鍾情，生起救他出獄之心，遂賄賂獄卒，救出罪犯，兩人因此成為夫妻。婚後，男子告訴翅舍憍曇彌，曾向山神祈求免罪，今得自由之身，固然是翅舍憍曇彌所助，但也是蒙山神護佑，因此希望夫妻兩人前去向山神禮謝，翅舍憍曇彌不疑有他，欣然答應。然而男子其實心懷不軌，其所圖是翅舍憍曇彌身上的珍貴首飾，意圖在無人的山中奪之。當男子欲強力奪取時，翅舍憍曇彌軟言哀求男子，在殺她及奪取衣物之前，念在夫妻一場，再讓她擁抱男子一次。男子一口應允。翅舍憍曇彌雙手抱住男子，用力一推，將男子推落谷底墜死，自己亦趕緊逃離現場。在脫逃途中，翅舍憍曇彌痛感自己遇人不淑以及身負殺人罪等，遂前往佛前出家。

記載此等事蹟的《長老尼偈》，除此之外，也記載各個比丘尼有關自己開悟等等的偈頌。無庸贅言，若作歷史的嚴格批判，此等未必皆屬歷史的事實，此中當然也有後世加入的成分。但無論如何，從中得以窺見其歷史面影乃是無可懷疑。比丘尼眾中，未必都是痛感人生不幸而出家的，其中也有確實是認真修行，卻一直為煩惱所困的人。

如某一比丘尼二十五年以來，一直為情欲所惱，某日認為一切都是白費工夫，有意放棄出家生活時，豁然開悟，大喜而告白大眾；又有人八年之中，不斷地受情欲困擾，當意圖自殺時，卻突然開悟。從而僧團中，出家後又還俗的，數量也是不少，更且其中也有相當不堪的，對此，佛典也毫不隱瞞。

不只如此，凡進入教團者，絕不追究其先前的身分。即使是妓女，只要是真心誠意，也是可以加入僧團。無論是紳士淑女的集體供養，或只是一名妓女的供養，佛陀都欣然應供，因此有各種形態的女性加入僧團。從而真實求道者雖多，但就教團的統制而言，則是相對的困難。彼等之中，缺乏訓練或缺乏常識者相當多，也有一直替佛陀找麻煩，卻毫無歉意的。但正直的、溫順的接受佛陀教誨而修行的人也相當多，因此出現眾多令人尊敬的女性出家眾，此不能忽視。

第四節◆佛教女性之自覺

佛陀的教團是將佛弟子的修行境地分成四階段，此恰如今日學校中的一年級生、二年級生、三年級生、四年級生的區分。但佛教的修行階位並不是依時間而定，因此仍有別於學年制。此中，相當於四年級生的，即是羅漢的階位，此被視為解脫的最高境界。通常在家信眾可到達第三年級生的不還果，出家眾可達第四果。若是如此，對於可到達的階位，佛教的教團可有男女的區別？

應予以注意的是，對此完全是男女平等，亦即所謂的機會均等。男性信眾可到達第三級，女性信眾同樣可到達第三階位；比丘可證第四果，比丘尼也能證第四果。因此，佛教的女眾相對於男眾，具有一步也不退讓的氣概，也是自然之數，某比丘尼如此歌曰：「與身為婦女何干。心靜智慧生，則能見正法。——我若僅思及婦、男子等等事，惡魔則有隙可乘。」亦即真正見正法者，於道法上已超脫性別關係。

如是，如同男性佛弟子自詡是佛陀嫡子，從佛陀之口出生；女性佛弟子也認為自己是佛陀的嫡女，同樣是從佛口出生，可以說完全具有與男子同等的資格。從佛陀之口出生，乍見之下，似乎是非常可笑的說法，實則此與婆羅門教的思想有關，婆羅門認為婆羅門族是從梵天之口出生的種族，所以在四姓之中是最高位者。亦即婆羅門依據其從梵天之口出生的傳說，遂認為自己於人群中，擁有最上位者的權利，從而佛弟子認為自己是從超越梵天的佛陀正法之口出生，所以是更上位者，而女性的佛弟子也有自己是佛陀嫡女，是從佛陀所生的自覺。亦即佛陀教團中的女性生起自己並不是佛陀的女婢，而是佛陀之女，與男眾弟子是兄妹關係的自覺。

因此從形式上，佛教中的女性雖位居男眾之下，但精神的地位是同等的。從而事實上，彼等有相當的大事業——說法等頗為興盛。波斯匿王曾詢問有關涅槃之意義，而以「真正篤信佛教者能得之」回答的，正是某一比丘尼。又經典中，也有比丘尼為其出家前的丈夫述說深奧教理的說法紀錄。佛教的教條成立時，女性的說法扮演非常重要的角色，此乃是佛教發展史上，不能忽視的事實。例如佛教主張無我，常以車作為譬喻，但最早提出此一譬喻的，其實是一名比丘尼。在如此的風氣之下，比丘尼昂然的張其氣焰，絕非宗教中的無能力者。

上來主要是就出家女性，亦即比丘尼而論，至於在家女性之中，具有深厚信仰與見解者也不少：

建祇園精舍供養佛陀的舍衛城之須達長者，其全家族都是佛陀信眾，尤其相傳其女信仰也非常虔誠，且有意出家。但當時有另一有名的長者希望娶其過門，然對方信仰不同，須達長者為此相當苦惱，於是請示佛陀。佛陀告知長者其女不適合出家，宜應依禮出嫁。長者女遂向男方要求嫁入之後，仍將繼續學佛。男方口頭應允，但長者女嫁入之後，夫家強迫長者女改變信仰，經過一番論辯，最後長者女獲得勝利，夫家全部成為佛教信徒。

此乃是以經典形式紀錄的事蹟，除此之外，在家信女弘法事蹟散見於種種紀錄中，在此不遑一一枚舉。將此等理想化的，即是大乘《勝鬘經》中的勝鬘夫人，可以說完全將佛教婦女於深切理解教理之外，更且將意圖以佛教解救實際社會的理想呈現出來。就日本而言，作為歷史事實而實現的，即是光明皇后的人格與事蹟。

如是，關於佛陀的女性觀，若從教團內的女性理想或活動看來，有別於從來所見，佛陀認為女性具有強烈的靈性，終究是不能否定的事實，當然佛陀並非讚美女性如天使一般。如實的徹見事實乃是佛陀之標幟，因此在批評女性的弱點上，佛陀也相當銳利。尤其在教化欣慕虛榮的傲慢女性時，佛陀下手相當重。又，當面臨男性的佛弟子將女性視為愛欲對象時，佛陀更是強調女性醜陋的一面，幾乎是近於毫無價值。

雖然如此，但佛陀主要是基於方便教化，絕非認為婦女劣於男子。若就人格的立場而言，相對於其他宗教，佛教相當承認女性的價值。例如作為中國聖人的孔子，雖教育眾多弟子，但不曾聽聞其中有傑出的女性弟子，反而有「女子與小人難養」之說，亦即從教養的立場排斥女子。孔子雖尊重作為人母的女性，但對於一般的女性則持輕視態度。耶穌對於女性雖然甚表同情，但若就傳道的立場而言，仍是不甚重視。原始基督教會中，不允許女性發言，此可從《聖經》中窺見，尤其在中世紀，在所謂的聖徒心目中，女性是惡德的化身，甚至也有人不承認女性也有靈魂存在。此恐是男子專政的制度影響至宗教界、教育界所致。

佛陀既承認女性的弱點，但也承認其宗教的、道德的人格，並給予與男子等同的資格與教養，就當時的情勢而言，實是頗令人驚異。佛陀允許已證道者對國王說法之舉，可以說非常先進。迄今英國教會對於女性有否說教權還在諍論不已，相較之下，原始佛教的女性觀確實是非常先進。

第五節◆結論

上來所述是從佛教根本精神所見的女性觀，且是就女性的長處方面論述，若是如此，何以從來佛教界也是輕視女性。尤其相較於基督教等，佛教的女性觀非常落後，其因何在？此中當然有種種原因，但主要的——總括來說，西洋恐是承自羅馬時代遺風，盛行強調個人權利，尤其到了近代，女性逐漸覺醒其自身擁有的權利。因此未必是出自基督教的精神，而是強調作為人的權利，此從英國等國的婦女為了參政，彼等女性是如何不撓不屈的奮戰，即可知之。如此的風氣擴展至教會，導致教會雖非情願，但受情勢所迫，不得不承認女性的地位及人格實與男子等同。當然實際而言，時至今日，基督教會中，反對將女性與男子視為同等的教派也不少，總之，就一般的情勢而言，女性的地位在教會內逐漸提高，是不爭之事實。

如是，在基督教會中，每當女性提出自己的立場時，不知歷史的人皆誤以為是教會本身願意提高女性地位。事實上，從國外來的傳道師等正是如此自誇，同時抨擊東洋諸國的宗教。反之，佛陀的教法中，如前所述，曾經痛切指出女性弱點，而印度的婆羅門教或中國的儒教也都不承認女性的地位。甚且女性也只是安於自己的命運，可以說強調自己作為人的權利之舉，在東洋歷史中幾乎不得見。遺憾的是，佛教的教團也受此情勢影響，完全忘失佛陀的根本精神，更且喜歡強調其弱點，此乃佛教的女性觀無大別於婆羅門教或儒教之所在。亦即基督教的提高女性地位，與其說出自其根本精神，不如說是受四周情勢所逼，而佛教則受四周情勢影響，是以低於其根本立足點的立場看待女性。

雖然如此，但根本立足點即是根本立足點，真正體認佛教精神且強烈反對男尊女卑之陋習的人也不少，最為顯著的是曹洞宗開祖道元禪師。《正法眼藏》的〈禮拜得髓卷〉中，相當反對女人禁制的制度，認為在道法上附上男女的區別，無論從佛陀的教法而言，或從佛教史而言，都是不可取，可以說特為女性伸張正義。可惜的是，如此的聲音，不入俚耳，大多是誤以為五障三從是佛教的立場。

上來粗略的述說佛教女性觀的大要。若是如此，今後佛教的女性應如何覺悟？詳細說來，當然非常費事，茲僅揭出二、三種極為重要的，作為此文結論。

（一）關於道法，確信女性或男性具有相同的能力與資格。

（二）女性有男性所不及的長處，同時也有女性特有的弱點。

（三）澈底發揮其長處，為法、為人、為道而活動，同時基於前述的精神，為提高女性地位而努力。

（四）作為佛教信徒的通性，可以經營任何事業，但不能忘記上求菩提下化眾生的菩薩念願。

對此，以新的形態與已具體化的，即是佛教女子青年會等的率先成立，而就此向天下人廣傳的，即是出版社的任務。

根本佛教解脫道論：木村泰賢新大乘運動思想觀／木村泰賢著；江燦騰選編；釋依觀譯. -- 初版. -- 新北市：臺灣商務印書館股份有限公司，2021.03
416面；17×22公分. --（Open 2；77）
ISBN 978-957-05-3303-3（平裝）
1. 大乘佛教 2. 佛教哲學
220.133 110000973

OPEN 2

根本佛教解脫道論
木村泰賢新大乘運動思想觀

作　　者 — 木村泰賢
主　　編 — 江燦騰
譯　　者 — 釋依觀
發 行 人 — 王春申
選書顧問 — 林桶法、陳建守
總 編 輯 — 張曉蕊
責任編輯 — 何宣儀
美術設計 — 綠貝殼資訊有限公司

營業組長 — 王建棠
行銷組長 — 張家舜
影音組長 — 謝宜華
出版發行 — 臺灣商務印書館股份有限公司
23141 新北市新店區民權路 108-3 號 5 樓（同門市地址）
電話：（02）8667-3712　傳真：（02）8667-3709
讀者服務專線：0800056196
郵撥：0000165-1
E-mail：ecptw@cptw.com.tw
網路書店網址：www.cptw.com.tw
Facebook：facebook.com.tw/ecptw

局版北市業字第 993 號
初版一刷：2021 年 3 月
初版 1.4 刷：2023 年 4 月
印刷廠：沈氏藝術印刷股份有限公司
定價：新台幣 550 元
法律顧問—何一芃律師事務所